全国教育“十一五”规划课题项目

意识形态安全与大学生政治价值观研究

YU

李忠军 著

YISHI XINGTAI ANQUAN YU DAXUESHENG ZHENGZHI JIAZHIGUAN YANJIU

东北师范大学出版社 长 春

图书在版编目（CIP）数据

意识形态安全与大学生政治价值观研究/李忠军著.
—2版. 长春：东北师范大学出版社，2015.3（2025.7重印）
ISBN 978-7-5681-0363-3

Ⅰ.①意… Ⅱ.①李… Ⅲ.①大学生—思想政治教育—研究—中国 Ⅳ.G641

中国版本图书馆CIP数据核字（2015）第280797号

□责任编辑：曲　颖　□封面设计：张　然
□责任校对：王宏志　□责任印制：刘兆辉

东北师范大学出版社出版发行
长春净月经济开发区金宝街118号（邮政编码：130117）
网址：http：//www.nenup.com
东北师范大学出版社激光照排中心制版
河北省廊坊市永清县晔盛亚胶印有限公司
河北省廊坊市永清县燃气工业园榕花路3号（065600）
2015年3月第2版　2025年7月第3次印刷
幅面尺寸：148 mm×210 mm　印张：11.25　字数：295千

定价：62.00元

目　录

引　言

一、问题研究的缘起

（一）新时期意识形态安全问题凸显

意识形态安全作为国家政治安全和文化安全的核心内容，对国家安全具有重要的战略影响。特别是随着全球经济和社会相互依存程度的加深，国家安全的衡量已不再仅仅以军事安全作为唯一的评价标准。意识形态领域的安全已经越发成为备受关注的安全领域。历史告诉我们，一个国家放弃了意识形态阵地的争夺，就可能直接影响到国家与政权的存亡安危。

从现状上看，我国当前的意识形态安全状况尚好，但存在诸多威胁。

一方面，有目共睹，我国社会主义建设正取得巨大进步，社会实力在不断增强，以马克思主义为指导的社会主义意识形态在我国社会中居于主导地位。但是，我们也要看到，“西强我弱”的事实客观存在，我国距世界强国还有一定距离。西方发达国家对我国进行“西化”、“分化”的图谋依然存在，亡我之心不死，新自由主义、第三条道路等西方政治思潮在我国社会中有一定的市场，不断冲击侵袭我国主流意识形态，争夺话语权。

另一方面，在多数人的眼中，意识形态安全在很大程度上就是政治制度安全，强调如何在两制之争中维护社会主义制度，在冷战等特殊时期应予以重点关注，在和平年代无须再对其加以重视或作更深的探讨，特别是伴随着全球化浪潮，世界各国交往日益增多，国家间相互依存的关系加深，人们认为应该更多地强调如何加强国际经贸合作，拓展国际生存空间，而强调国家的意识形态安全是不合时宜的。这种淡化意识形态重要性的看法在很大程度上消解着人们的安全意识，并逐渐成为一种潜在的观念威胁。

历史的经验和教训都深刻地揭示给我们，社会主义道路是我国的根本道路，社会主义制度是我国的根本制度，我国的意识形态安全问题归根结底应该是，确保社会主义意识形态在我国的一元主导地位，确保社会主义道路的根本方向，确保社会主义制度的长治久安。

（二）从意识形态安全视角研究大学生政治价值观的基本动意

1. 深刻认识到加强青年大学生意识形态安全意识和政治价值观教育的迫切性。

我们党对青年的教育尤为重视，并且一直把对青年大学生的政治教育放在首位。把培养什么样的人，怎样培养人放在首位。把在意识形态领域对青年大学生的争夺放在首位。因此，加强大学生政治价值观教育是整个大学生思想政治教育工作的关键和根本。政治价值观是影响个人政治取向的抽象的政治信念或观念，它集中反映个人关于政治现实和政治理想的一般评价。但是在现有的思想政治教育中，政治价值观教育并没有得到应有的重视，这不仅表现在理论研究比较欠缺，更表现在实践工作层面，还没有形成围绕大学生政治价值观教育的相对成熟的运行体系和模式范例。因此，新时期加强对大学生政治价值观问题的研究尤为重要。

2. 深刻认识到理论与实践相结合是思想政治教育工作创新的重要途径。

我国正处于社会转型的特殊历史时期，在这一时期高校学生的思想政治教育从工作对象、工作内容到工作方式都发生了和正在发生着深刻的变化，大学生越来越成为社会变化和高校改革的矛盾突发点和聚集点；在大学生充分分享社会和高校改革成果的同时，一些利益冲突集中地在他们身上得到体现，一些前所未有的问题摆在我们面前。尽管我国的思想政治教育理论得到了较为长足的发展，但现实的发展是迅速和鲜活的。现有的理论在一定意义上指导了我们的实际工作，但又不能满足不断变化的工作需要，难以很好地回答和解决一些现存的突出矛盾和问题。因此，现实遇到的各种问题要求我们更好地在理论和实践中找到结合点，充分运用马克思主义思想政治教育的基本理论、国际政治的基本理论，为创新大学生思想教育工作奠定坚实的理论基础。

3. 从意识形态安全的角度出发审视和研究大学生政治价值观问题更具时代意义。

本研究希望在大学生政治价值观的研究中找到一个出发点和落脚点。在学习中笔者发现大学生的政治价值观与国家的意识形态安全存在着本质的必然联系，如果从国家意识形态安全的角度出发来审视大学生的政治价值观教育问题，并把大学生政治价值观教育的主要目的放在保障国家意识形态安全上，会更加提升大学生政治价值观教育的意义。意识形态安全是国家安全的思想观念保障。大学生是青年一代的优秀者，是党和国家未来的希望，一代大学生政治价值观的水平将在一定程度上决定和影响着一个国家的意识形态安全。因此，从国家意识形态安全的角度来进行大学生政治价值观的研究具有重大且深远的意义。

二、研究的理论价值和应用价值

（一）理论价值

首先，目前国内对大学生价值观的研究较多，对大学生政治价值观的研究还很少。本研究针对大学生政治价值观研究方法、研究维度、研究内容以及教育对策等方面进行深入系统的研究，可进一步丰富和完善大学生政治价值观的理论研究，弥补目前国内大学生政治价值观研究的某些不足。

其次，国内对意识形态安全的已有研究中尚未有涉及国家意识形态安全与大学生政治价值观教育的研究。本研究立足于当前国际政治、经济、文化背景，运用马克思主义关于历史唯物主义、科学社会主义的相关理论深入系统地阐述国家意识形态安全的内涵，政治价值观对国家意识形态安全的影响，以及国家意识形态安全与大学生政治价值观的关系。在充分理解和论证二者关系的同时，力争确立起国家意识形态安全与大学生政治价值观二者关系的理论视角，形成相对完善的理论认识，为今后这方面的研究作出理论方面的贡献。

第三，根据大学生政治价值观现状，构建政治价值观与意识形态安全意识衔接与互动的，具有中国特色的大学生政治价值观内容体系。在全面调查分析大学生当前意识形态安全意识和政治价值观现状的基础上，以国家意识形态安全为出发点和落脚点，以社会主义核心价值体系为指导思想，从认知层面、情感层面、意志层面和行为层面来构筑政治理论基础知识教育、国家安全意识教育、政治认同教育、政治宽容教育、政治立场教育、政治关注教育、政治参与教育等“七项教育”为主体的，较为系统的大学生政治价值观教育的内容体系。同时，对大学生政治价值观教育的方法论进行研究，在融会政治意识灌注、社会思潮引领、政治参与条件创设等方面的基础上，提出“灌”、“谈”、“染”、“励”、“调”、“比”、“省”、“导”、“行”九字诀，即政治理论灌输法、政治思想谈心法、政治文化熏染法、政治榜样激励法、政治心理调适法、政治现象比较法、政治素养提升法、政治行为规范法和政治生活体验法。在组织运行方面将提出基本载体、一般载体、特殊载体、复合载体等载体运行模式，以及运行中的体制、机制、队伍等方面的具体问题。通过这些整体设计，力图构建起有中国特色的大学生政治价值观教育的内容体系，可为高校开展大学生政治价值观教育提供研究的视角和直接借鉴的范例。

（二）应用价值

首先，本选题研究是维护社会稳定、保障意识形态安全、确保我国国际地位的战略需要。意识形态安全是国家政治安全的重要组成部分，关乎国家与政权的安危。青年寄托着国家和民族的希望，只有赢得青年，才能赢得未来。青年大学生热切关心祖国的前途和命运、民族的兴衰和繁荣，他们是推动社会进步、确保意识形态安全的一支重要政治力量。因此，从意识形态安全的角度出发，整体审视和研究当代大学生的政治价值观，掌握大学生的整体政治价值观水平，把握脉搏，发现问题，引导其政治价值观的形成方向，提升一代大学生整体政治价值观水平和政治成熟程度，是抵御“西化”与“分化”，反演变、反渗透的战略需要，也是提高大学生思想政治素质，把他们培养成中国特色社会主义事业的合格建设者和可靠接班人，确保国家长治久安，确保坚持党的基本路线一百年不动摇的战略需要。因此，本选题研究对维护社会稳定、保障意识形态安全、确保我国在激烈的国际竞争中始终立于不败之地具有深远的意义。

其次，本选题研究是构建大学生政治价值观内容体系，有效实施大学生思想政治教育的时代需要。当前，大学生面临着多元政治文化思潮和价值观念的冲击，其思想活动的独立性、价值的选择性、行为的多变性和差异性均日益增强。因此，高校一定要认真贯彻落实“讲政治”的要求，引导学生树立正确的政治价值观。政治价值观教育不仅是大学生思想政治教育的应有之义，而且是学校德育工作的中心环节。中共中央、国务院颁发的《关于进一步加强和改进大学生思想政治教育的意见》提出：“加强和改进大学生思想政治教育的主要任务，一是要以理想信念教育为核心，深入进行树立正确的世界观、人生观和价值观教育。”这表明，加强大学生的理想信念教育、政治价值观教育是完成思想政治教育任务的关键和首要任务。因此，加强和改进大学生思想政治教育，构建大学生政治价值观内容体系，充分发挥政治价值观教育的政治引领和政治培育作用，既是国际国内形势发展的客观要求，也是新时期加强大学生思想政治教育工作的时代需要。

第三，本选题研究是促进大学生政治社会化，将大学生培养成为“四个新一代”的现实需要。毛泽东曾指出：“没有正确的政治观点，就等于没有灵魂。”政治价值观之于大学生，就如同灵魂对于一个人一样，具有十分重要的意义。政治价值观是大学生社会意识的核心，正确的政治价值观能够规范大学生的价值选择与行为方式，使之保持在维系社会政治系统的正常运行和社会所能接受的范围内，而且能够制约过大或过激的政治偏离，指导大学生树立正确的政治态度和牢固的政治信念。中共中央、国务院 16 号文件强调，各级党委和政府要从战略和全局的高度，把“培养什么人”、“如何培养人”这一重大课题始终摆在重要位置。

三、研 究 现 状

（一）关于意识形态安全的研究状况

意识形态安全问题是政治学研究中一个非常重要的问题，它涉及国际政治、国家外交、政治文化等多方面内容，是一个综合性的研究课题。

从总体上看，改革开放以来，意识形态一直是国内哲学、政治学等领域研究的重点和热点问题之一。但是在我国国内对国家安全的研究中，涉及意识形态安全的研究仍处于发展阶段。在这些研究论著和文章中，学术界一方面大量评价西方的意识形态理论，另一方面广泛研究意识形态的各种问题，从意识形态安全概念到面临的各种威胁以及应采取的措施都有所涉猎。但从现有资料来看，1994年至今，在众多的关于国家安全、意识形态安全、军事安全、经济安全等相关论述中，对意识形态安全进行了严格界定的比较少，虽有一些学者著书立说，其中不乏对意识形态安全的定义，但也只是进行了简单的陈述式的说明，尚未形成普遍认可的概念。

从某种意义上说，意识形态安全理论的发展是滞后于实践的。从新中国成立到现在，我国还没有形成体系完备的关于意识形态安全的理论，尚未明确分析研究影响意识形态安全的各种要素。在论述国家安全的过程中，多偏重于国家的军事安全、领土安全、信息安全以及其他安全内容，而对意识形态安全用笔不多。当然，一部分国际政治学者在研究国家安全问题时，也论及了意识形态安全内容，但其侧重从国际关系的分析入手，重点研究国家间的政治关系对我国造成的政治压力。

（二）大学生政治价值观研究的整体发展趋势

政治价值观的研究是青年问题、思想政治问题、价值观问题等课题研究中的共同热点，许多学者从不同的角度对这个问题进行了大量的研究，总结起来体现出以下几个方面的特点：

1. 许多学者都立足于青年价值观角度辨析的基础上，从不同的学科领域对大学生政治价值观进行研究探讨，有的学者将大学生政治价值观作为价值观的重要组成来研究；有的学者从政治文化的角度对政治价值观进行探讨，如学者赵渭荣认为政治价值观是政治文化的核心；还有部分学者从思想政治教育的角度对大学生的政治价值观进行思考，他们在探索如何在新形势下开展政治观教育。

2. 从整体上看，当前大学生政治价值观研究缺乏系统性，研究层次仍需不断加深。当前，多数研究仍存在同质化的现象。具体表现为：第一，定性的研究多，定量的研究少。针对大学生政治价值观的变化趋势和内在特质，大多停留在初步的性质分析层面，尽管部分学者尝试着进行政治价值观的一些调查研究，但尚未形成系统的深层次调研，未形成有影响的理论。而且在调研中，由于较少地进行定量研究，且尚未形成动态的调研系统，因此其揭示的问题具有一定的重复性，而且部分思考论述显得缺乏事实依据。第二，大多从多元文化背景出发，探讨全球一体化格局下，西方政治价值观对于我国大学生的政治影响。这一方面的论述主要集中于西方近现代政治思潮的多重影响以及对于当前西方文化传播的分析探讨，其核心思想旨在探索如何在多元文化的冲击下，进一步加强我国的核心价值体系建设。

3. 从改革开放后的研究来看，呈现出由热变冷的趋势，目前专项研究较少。在 20 世纪的 80 年代末和 90 年代初，由于社会改革开放带来的思想文化的冲击，不少学者都对政治价值观进行了深入的研究探讨，使政治价值观研究一度成为理论研究领域的热点。这一时期无论是大型的研究课题还是出版的专门著作，都会涉及政治价值观这一重要领域。而进入90年代后期，随着我国政治环境、国际环境的逐渐改善、发展，以及国内政治环境的相对稳定，对于政治价值观的专项研究也越来越少。针对大学生政治价值观的研究也在各种德育和思想政治教育的研究中很少见到，大学生政治价值观教育也没能引起学界的重视。

4. 不同的研究者采取的研究方法存在较大的差异，成果相互借鉴力不强，一些学者较多采取定量研究方法，但研究较多注意客观描述，忽视政治、经济、社会和教育环境的综合影响，因而考虑教育的措施不全面，教育的针对性不够，在实际工作中发挥的作用有限。而更多的德育工作者对政治价值观研究则较多采取定性研究方法，单从政治、伦理等方面研究价值观，忽视了大学生的心理特点和成长规律，导致单纯地进行理论灌输和政治教育，研究的科学性不强，层次性不高，教育的实效性不强；对不同类型大学生政治价值观的系统研究较少，对政治价值观的研究着重从某一层次价值观的某个类型或者某一方面进行研究，比较零星、分散或“对症下药”式的个别问题的研究；政治价值观受社会文化、政治、经济发展、社会环境的影响和制约明显，不同类型的大学生政治价值观将存在一定差异，而对不同类型大学生政治价值观的比较研究上，至今还缺乏系统科学的研究成果。

（三）意识形态安全与大学生政治价值观教育的研究情况

新时期，意识形态安全问题、大学生政治价值观问题都是非常重要、有重大意义的时代性课题。以“意识形态安全”、“政治价值观”等词为关键词，查阅中国期刊网，经过分析、归纳，与本选题有关的中文文献共101篇，英文文献16篇。其中，以大学生群体为对象，探讨大学生政治价值观、政治价值观教育的研究较少，且较零散。从确保意识形态安全的视角探讨大学生政治价值，加强大学生政治价值观教育方面的国内研究尚不多见。

四、研究思路与研究内容

本论文从意识形态安全角度出发，深入系统考察意识形态安全与大学生政治价值观教育的关系，构建大学生政治价值观内容体系，系统阐述大学生政治价值观教育的方法论及切实有效的教育对策，对开展大学生政治价值观教育具有理论指导和实践意义。本论文研究内容主要包括以下几个部分：

（一）文献综述

本研究从中外现有资料与理论分析入手，归纳分析政治价值观与意识形态安全的研究状况，深入探讨意识形态安全与大学生政治价值观的关系。

1. 意识形态安全与大学生政治价值观教育研究的理论基础。

主要阐述马克思主义的科学体系是本文研究的理论基础，马克思主义关于社会历史发展总趋势和无产阶级历史使命的理论等若干具体理论是本文的直接理论依据。

2. 意识形态安全与政治价值观。

主要阐述意识形态安全的内涵与功能，并从政治意识、政治知识结构、政治行为等角度探讨政治价值观对意识形态安全的影响。

3. 意识形态安全与大学生政治价值观的关系。

主要阐述大学生政治价值观的内涵与特征，大学生政治价值观与意识形态安全的相互影响作用。

（二）大学生政治价值观现状的调查与分析

本部分旨在通过调研我国大学生政治价值观现状及存在的问题，了解、把握大学生群体政治价值观的主要特征，为科学构建大学生政治价值观教育的实施体系提供现实依据。

1. 大学生政治价值观现状调研。

一方面，从历史发展的角度，系统梳理大学生政治价值观在不同历史时期的基本特点；另一方面，调查分析新时期大学生政治价值观的现状及存在的问题。

2. 大学生政治价值观教育现状综述。

从教育内容、教育载体和现阶段的教育问题等方面对当前大学生政治价值观教育现状进行总结概括。

（三）西方政治思潮与中国传统政治思想对我国当代大学生政治价值观的影响

本部分从西方政治思潮和中国传统政治思想两个维度考察影响当前大学生政治价值观现状形成的两个重要因素，系统分析了它们对当代大学生政治价值观的双重影响。

（四）大学生政治价值观的形成规律和接受机制研究

从思想的形成规律和接受理论出发，研究探讨大学生政治价值观形成的三维影响规律和渐进形成规律，并在此基础上，研究了大学生政治价值观接受的内在作用机制。

（五）大学生政治价值观内容体系构建

这部分着重解决大学生政治价值观教育“教什么”的问题。主要从意识形态安全的视角探讨了新时期大学生政治价值观教育内容体系的指导思想与构建原则，并在此基础上提出了以政治理论基础知识教育、国家安全意识教育、政治认同教育等“七项教育”为主体的大学生政治价值观教育内容体系。

（六）大学生政治价值观教育方法论

本部分从大学生政治价值观教育方法论的概念及其意义、理论依据以及大学生政治价值观教育工作中的具体方法三个方面展开，在马克思主义唯物辩证法的理论基础上，探索构建了以政治理论灌输法、政治思想谈心法、政治文化熏染法等九个教育方法为核心的大学生政治价值观教育方法论体系。

（七）大学生政治价值观教育的具体实施

本部分从大学生政治价值观教育的载体、管理机制和队伍建设三个主要方面入手，探索构建了意识形态安全视角下的大学生政治价值观教育的载体体系、管理机制和队伍建设模式。

五、研究方法

本研究坚持以辩证唯物主义和历史唯物主义为指导，将国际政治理论、马克思主义政治学原理和中国意识形态安全与大学生政治价值观的基本理论同本课题的研究实际相结合，坚持课题研究的实效性、针对性和应用性，综合运用多种研究方法。

（一）文献研究与调查研究相结合的方法

文献研究是最直接、最快速的研究方法，可以直接继承前人的理论研究成果和先进经验，但文献的真实性与实用价值是制约其在课题研究中所起作用的关键，因此，还要与调查研究相结合，掌握最原始、最真实的资料，为课题研究提供翔实的依据。为此，笔者在东北师范大学本科四个年级学生中专门设立了大学生政治价值观调查观测小组，通过开展专项调研，形成反映全校学生政治价值观总体情况的报告和不同年级政治价值观变化进展情况的报告。同时，面向吉林省三所高校六千余名大学生进行了问卷调查，并开展了五次广泛深入的学生座谈，了解大学生政治价值观和政治价值观教育的现状。

（二）理论研究与实践研究相结合的方法

在大量收集、整理、分析资料的基础上，概括出有价值的理论，结合自己的研究思路，提出理论假设，并随着研究的深入逐步提出完整的理论体系，同时，对大学生政治价值观教育实践进行实践研究，探索形成大学生政治价值观教育的具体方法和途径载体。

六、本研究的难点与创新之处

（一）本研究的难点

本研究的难点主要有以下三个方面：

1. 理论难点的攻关。尽管笔者的本科专业为思想政治教育，硕士研究生的专业是政治学，博士研究生的专业为马克思主义理论与思想政治教育，但是，由于长期从事行政工作，对理论的学习不够系统和深入，虽然对本论文所涉及的“意识形态安全”、“政治价值观”等方面的相关理论和文献资料有一些收集，但对这个方面的理论的学习和掌握尚不够深入，特别是这些理论间的内在联系的把握方面还需进一步学习。意识形态安全与大学生政治价值观的关系既是本文的创新之处，又是全文立题的关键所在，也将成为本文写作的难点。攻破这一难点是本文写作的重中之重。

2. 以意识形态安全为出发点的大学生政治价值观内容体系的架构。我国已有研究中对大学生的政治价值观有一定的理论模型，但还不够成熟，未被大家公认，从意识形态安全的角度构建大学生政治价值观的内容体系尚属空白。没有参照，虽有利于探索和开拓，但也将面临许多困难和挑战。

3. 以意识形态安全为出发点的大学生政治价值观实践载体体系的架构。尽管笔者长期从事大学生的教育和管理工作，在工作中直观感觉到大学生政治价值的教育将对国家的意识形态安全起到至关重要的作用，也发现了当前在大学生政治价值观教育中存在的诸多问题，但形势是不断发展变化的，学生的思想观念也在不断变化，真正建构起在实践中可供借鉴的模式还有待长期的研究与探索。

（二）本研究的创新之处

1. 在研究视角上，本研究突破了以往多从国内着眼，以国内政治状况为切入点考察大学生政治价值观的基本特点，立足国际视角，以意识形态安全为切入点进行研究。这不仅能够结合时代背景更加深入考察大学生政治价值观，而且能够提高我们对大学生政治价值观教育的理解与认识。

2. 在研究方法上，本研究尝试综合运用了多种研究方法。本研究将国际政治理论、马克思主义政治学原理和中国意识形态安全与大学生政治价值观的基本理论同本课题的研究实际相结合，坚持课题研究的实效性、针对性、应用性，坚持文献研究与调查研究相结合，理论研究与实证研究相结合，定性分析与定量分析相结合，历史研究与比较研究相结合，利用多学科的理论和综合方法进行研究，力争实现课题成果的理论创新和实践价值。

3. 在研究内容上，本研究深入系统考察意识形态安全与大学生政治价值观教育，拓展了大学生政治价值观问题研究的范围和领域，丰富了大学生思想政治教育内容。同时，本研究尝试构建了大学生政治价值观内容体系、方法论体系和实施体系，提出了有针对性的教育对策，突破了以往关于大学生政治价值观研究零散的现状，对大学生政治价值观教育，以及大学生思想政治教育具有理论指导和实践意义。

第一章　意识形态安全与大学生政治价值观教育研究的理论基础

本论文以意识形态安全为根本出发点，从意识形态安全和政治价值观的内在联系与相互影响入手，在对大学生政治价值观教育现状进行系统实证研究的基础上对意识形态安全视角下的大学生政治价值观教育内容体系、方法论与操作体系进行了深入研究和阐述。

马克思主义的科学体系为本论文研究提供了理论基础和依据。主要表现在坚持用马克思主义的世界观、方法论和马克思主义中国化的理论成果来指导本论文的研究。具体地说，其主要理论依据有以下几个。

一、马克思主义关于国家的学说

马克思主义国家学说以辩证唯物主义和历史唯物主义为基础，从阶级矛盾和阶级斗争的视角出发来研究国家、揭示国家的阶级本质，阐明无产阶级革命和无产阶级专政的历史使命，科学预言了共产主义发展的两个基本阶段。马克思主义国家学说是本文研究的重要理论基础和直接依据。

（一）马克思主义国家学说概述

马克思、恩格斯等马克思主义的经典作家关于国家学说的论述主要体现在《共产党宣言》、《法兰西内战》、《路易·波拿巴的雾月十八日》、《哥达纲领批判》、《路德维希·费尔巴哈和德国古典哲学的终结》、《家庭、私有制和国家的起源》等一系列著作中。列宁在科学社会主义理论与俄国革命结合的基础上发表了《国家与革命》，系统阐述和发展了马克思主义国家学说。在马克思主义中国化的进程中，毛泽东的新民主主义论、邓小平的社会主义初级阶段论、“一国两制”论等理论都是对马克思主义国家学说的继承与发展。

关于国家的起源、本质与职能，马克思主义国家学说认为，国家不是从来就有的，而是阶级矛盾不可调和的产物，它是随着阶级的产生而产生，是一种历史的必然。国家的实质是阶级统治的工具，维护统治阶级利益是国家的基本职能。“国家是阶级统治的机关，是一个阶级压迫另一个阶级的机关，是建立一种‘秩序’来抑制阶级冲突，使这种压迫合法化、固定化。”[1]国家作为阶级统治的工具，其本质主要是通过对内职能和对外职能体现的。对内职能主要包括三个方面：政治职能、经济职能和社会职能。其中，政治职能是指“调整阶级关系，镇压被统治阶级和敌对势力的反抗，确保统治阶级的根本利益不受侵犯”。对外职能主要指“组织国防，防御外来的侵略和颠覆，维护国家的主权和领土完整，调整国与国的关系，保护本国的根本利益”[2]。

关于国家与意识形态的关系，马克思主义国家学说认为，国家是“第一个支配人的意识形态力量”。国家出现后，国家的意志就是统治阶级的意志。国家作为支配人的一种意识形态力量，通过把统治阶级意志上升为法律等形式转化为一切社会成员必须遵守的国家意志。正如恩格斯所说：“国家作为第一个支配人的意识形态力量出现在我们面前。”[3]“除此之外，国家还利用其政治上、经济上和思想上的优势，控制社会意识形态的其他领域，如宗教、艺术、哲学、道德等，使之同国家的活动结合起来，或者成为国家活动的一部分。”[4]

关于国家的消亡和社会发展的总趋势，马克思主义国家学说认为，“随着阶级的消失，国家也不可避免地要消失。在生产者自由平等的联合体的基础上按新方式来组织生产的社会，将把全部国家机器放到它该去的地方，即放到古物陈列馆去，同纺车和青铜斧陈列在一起。”[5]马克思主义认为，一方面，社会主义代替资本主义是历史发展的总趋势。社会生产力的发展是社会形态更替的根本动力和根本原因。生产力的发展必然引起生产关系的变化，进而引起上层建筑的变化。基于这种分析，马克思主义认为社会历史包括依次更替的五种社会形态，即原始社会、奴隶社会、封建社会、资本主义社会和共产主义社会（社会主义社会是共产主义社会的低级阶段），社会主义代替资本主义是历史发展的总趋势。另一方面，无产阶级的历史使命就是推翻资本主义生产方式和最后消灭阶级。1848 年，马克思、恩格斯在《共产党宣言》中明确指出：“资产阶级的灭亡和无产阶级的胜利是同样不可避免的。”[6]“资产阶级不仅锻造了置自身于死地的武器；它还产生了将要运用这种武器的人——现代的工人，即无产者。”[7]

（二）马克思主义国家学说与资产阶级国家学说的本质区别

在马克思主义国家学说诞生前，人类思想史上曾经先后出现三种代表性的国家学说，即古希腊城邦国家学说、中世纪神学国家学说和近代资产阶级契约国家学说。这三种国家学说分别从人的需要、神的意志、人类的理性出发来考察国家。

资产阶级国家学说是在近代资产阶级革命的背景下，在批判封建主义君权神授说的基础上发展起来的，主要代表人物有霍布斯、洛克、孟德斯鸠、卢梭、康德、黑格尔等。社会契约论是资产阶级国家学说的基本理论观点。“霍布斯认为人类在自然状态下为了私利而冲突和战争，因此人们缔结契约建立具有绝对权威的国家来统辖一切。”孟德斯鸠在社会契约的基础上深入研究了各种政体，创立了三权分立说。黑格尔不同意国家起源于契约的观点，他视国家为“伦理的现实”，“是绝对自在自为的理性东西”，认为“国家制度在本质上是一种中介体系”。

尽管各种资产阶级国家学说说法不一，各具特色，但它们有一个共同的特征，就是都企图通过给国家这一概念一个貌似合理的解释，来掩盖甚至抹煞国家的阶级性这一本质属性，从而达到调和资产阶级与无产阶级之间阶级矛盾，消除人民与资本主义国家政府之间矛盾对立的根本目的。

在否认国家的阶级性本质基础上建立的资产阶级国家学说，在实质上分裂了国家功能与国家的本质，仅仅把国家看做在既定秩序框架内对“共同事务”进行管理的“经理处”，这实际上否认了国家具有行使政治职能的权力，并通过政治职能的运用来维护统治阶级意识形态安全的合法性，而这是与现实中的国家自相矛盾的。

对资产阶级国家学说的狭隘性，马克思主义经典作家给予了针锋相对的驳斥和批判。马克思、恩格斯早在《共产党宣言》中就指出：“现代的国家政权不过是管理整个资产阶级的共同事务的委员会”。恩格斯在《家庭、私有制和国家的起源》一书中指出，国家“照例是最强大的，在经济上占统治地位的阶级的国家，这个阶级借助于国家而在政治上也成为占统治地位的阶级，因而获得了镇压和剥削被压迫阶级的新手段。”列宁在《国家与革命》一文中也指出：“国家是阶级统治的机关，是一个阶级压迫另一个阶级的机关。”由此可见，是否承认阶级性是国家的本质属性，是马克思主义国家学说与资产阶级国家学说的本质区别。

（三）马克思主义国家学说对本研究的理论支撑与统领作用

1. 国家要通过合理运用政治职能来实现意识形态安全

政治职能是国家的重要职能。马克思主义国家学说的科学性在于，运用阶级分析的方法深刻揭示了国家的本质，即实行阶级统治的工具。因此，在事实上证明了国家的职能除进行公共事务管理外，还有政治职能，并且政治职能是更深层次、更本质的职能。而资产阶级国家学说以忽略甚至故意抹煞国家的阶级性本质，进而以调和阶级矛盾为目的，强调国家的超阶级性，认为国家是全体公民的“代理处”，是实现公共事务管理的专门机构。只肯定公共社会职能，否认国家的政治职能，这是对国家本质的歪曲和误读。国家的本质是阶级性，政治职能是国家的重要职能，国家应该并能够运用政治职能来维护本国的利益与安全，这是本研究的重要理论支撑。

意识形态的安全与否直接关系着统治阶级在国家中的统治地位和国家的存亡安危。确保意识形态安全是有效实现国家政治职能、维护统治阶级在国家中统治地位的必要途径和基本手段。根据马克思主义国家学说，国家中有不同的阶级，不同阶级有不同的意识形态，而国家是统治阶级压迫被统治阶级的工具，国家的意识形态实质上就是统治阶级的意识形态。统治阶级要维护本阶级在国家中的统治与支配地位，就必然要维护统治阶级意识形态即国家意识形态在社会中的主导和支配地位。因此，意识形态安全与否直接关系着统治阶级的统治地位和国家的存亡安危，统治阶级必须运用一切可能的手段来维护国家的意识形态安全。这包括“有效抵制来自国家外部的颠覆和干涉，维护国家主权独立、领土完整、民族尊严不受侵犯和有效克服来自国家内部的政治破坏力量，获取公民对国家和政府的广泛政治认同”[8]。

开展大学生政治价值观教育正是与西方社会意识形态斗争、争夺下一代人才、确保我国意识形态安全的重要手段之一。我国现阶段，从国内来看，阶级斗争已不是社会的主要矛盾，但在一定范围内长期存在，在一定条件下还可能激化；从国际上看，西方国家采取各种手段尤其是“民主”输出、“文化”输出等渗透性方式和所谓的人权、民族、宗教和台湾等问题，对我们的下一代进行潜移默化的影响，从而实现其“和平演变”的真正目的，颠覆我国的社会主义制度。2008 年春天，拉萨、甘南发生的打砸抢烧暴力事件和部分西方媒体对此的失实报道就是一个典型的例子。

马克思主义国家学说及其实践证明，政治职能是国家的重要职能，意识形态安全关系到国家制度的存亡安危。我们必须通过国家政治职能，运用一切可能的手段来确保意识形态安全。这为我们开展大学生政治价值观教育、确保意识形态安全提供了直接理论依据。

2. 马克思主义国家学说规定了我国大学生政治价值观教育的地位、使命与核心内容

我国是社会主义国家，实行的是无产阶级专政。根据马克思主义国家学说的基本观点，国家伴随着阶级的产生而产生，也必将随着阶级的消亡而消亡。而无产阶级专政就是向无阶级社会的过渡。无产阶级的历史使命就是消灭阶级，消灭私有制，最终实现共产主义。大学生是我国社会主义事业的建设者和接班人，承载着社会发展、民族复兴乃至最终实现共产主义的重大历史使命。帮助大学生树立坚定的社会主义信念和崇高的共产主义理想，对其进行政治价值观教育，培养一代又一代社会主义事业的建设者和接班人，是无产阶级革命事业的重要组成部分，是为实现无产阶级的历史使命服务的。

西方国家针对中国等社会主义国家，片面地提出也要像他们一样实行“多党制”、“三权分立”的政治制度。这些观点归根结底都是以资产阶级国家学说为理论根源，在它基础上发展变异而来的。其本质都是否定国家的阶级性，淡化国家主权观念，把资产阶级国家的政治制度作为普世的真理，并且打着“自由”、“民主”的旗号，具有很大的迷惑性。这在我国青年大学生中占据一定的市场。

面对这些非马克思主义的国家学说与政治思潮，我们的大学生政治价值观教育工作要牢牢确立马克思主义指导思想在意识形态领域的一元主导地位，要通过教育帮助大学生学习认知马克思主义国家学说，能够科学地辨析它与资产阶级国家学说的本质区别，引导学生通过学习中国近现代史，认识到：是中国人民在长期的革命斗争和实践中选择了马克思主义，选择了社会主义，选择了中国共产党，只有社会主义才能救中国，才能实现国家的崛起和中华民族的

伟大复兴。这既是对资产阶级国家学说渗透毒害我国青年的有力回应，更是开展大学生政治价值观教育的重要使命。

在具体的教育工作中可以说我们做得还不够。一少部分高校由于种种原因对学生的政治价值观教育工作重视不够，不能做到在理论探索和工作实践中与时俱进，创新发展工作的内容、方法、途径和载体等，导致相关工作难以有效开展，甚至出现少数专职思想政治教育工作者用非马克思主义的言论行为影响学生的问题。出现这些问题的根本原因在于不了解马克思主义国家学说中社会主义终将代替资本主义的历史发展总趋势理论，从而不能深刻认识理解国家对青年大学生开展政治价值观教育的目的和意义。马克思主义国家学说对大学生政治价值观教育的这种理论支撑与统领作用在本文后面的具体论述中均有所体现。

二、马克思主义关于意识形态的学说

马克思主义意识形态学说以辩证唯物主义和历史唯物主义为基础，指出社会存在决定社会意识，揭示了意识形态的阶级本质，阐明了无产阶级意识形态的先导性和继承性，强调了向工人阶级灌输社会主义意识形态的重要性。马克思主义意识形态学说是本文研究的重要理论基础和直接依据。

（一）马克思主义意识形态学说概述

1846年，由马克思、恩格斯合著的《德意志意识形态》一书完成，这标志着马克思主义意识形态学说的诞生。在后来完成的《资本论》、《反杜林论》等著作中，马克思与恩格斯对这一学说又进行了系统深入的研究与阐述。20世纪初期，列宁与斯大林结合帝国主义时代的新特征和俄国革命建设的具体实践，在《怎么办》、《唯物主义和经验批判主义》等著作中进一步发展了马克思主义意识形态学说。

关于意识形态的内涵，马克思主要在否定性、中立性这两个意义上使用。否定性的用法如马克思在《德意志意识形态》的序言中所说："人们迄今总是为自己造出关于自己本身，关于自己是何物或应当成为何物的种种虚假观念。他们按照自己关于神，关于模范人等观念来建立自己的关系，他们头脑的产物就统治他们，他们这些创造者就屈从于自己的创造物。"在这里，马克思把意识形态等同于虚假意识。而在中性的用法里，意识形态作为统治阶级思想，实际上就是"制度化的思想体系"，是一种社会制度的合法性基础。列宁提出了"科学的意识形态"，把意识形态看成一个涉及阶级的政治意识的中性概念。

关于意识形态的起源、本质及其功能等方面，马克思主义意识形态学说认为，社会存在决定社会意识，社会意识是社会存在的反映。如恩格斯指出"每一历史时代的经济生产以及必然由此产生的社会结构，是该时代政治的和精神的历史的基础"[9]。阶级性是意识形态的本质特征。"意识形态是特定阶级的'自觉意识'和特定社会的观念上层建筑，它产生于一定社会中占统治地位的经济基础之上并服务于经济基础和统治阶级的根本利益。"[10]

针对当时俄国经济派提出"社会主义是工人运动自发的产物"的观点，列宁指出，先进的社会主义意识形态不可能由群众自发产生，只能通过教育、宣传等自觉的方式从外面灌输进去。这个灌输的过程，"就是用马克思主义的立场、观点、方法武装群众头脑，引导群众树立科学的世界观和方法论的过程"[11]。

（二）当前几种主要的非马克思主义意识形态理论

1. 意识形态终结论

以 20 世纪 80 年代末期苏联解体，国际共产主义运动进入低潮为主要历史背景，美国社会学家弗朗西斯·福山于 1989 年在《国家利益》杂志发表了《历史的终结》一文。他认为，马克思主义已经彻底失败，资本主义的意识形态和自由民主制度才是人类历史发展的终极形态。人类的历史将“终结”于资本主义这一“最完美的社会制度”。

意识形态终结论是错误的。国内学者姚大志从事实和理论两个方面来论证“意识形态终结论”难以成立。他指出，从经验证据方面看，“终结论”的基本观点是主张西方社会内部“左派”与“右派”的区别已经不存在了。事实上“左派”和“右派”一直存在，如西方 20 世纪 60 年代产生的“新左派”运动，于 60 年代末达到高峰。就“右派”来说，80 年代在美国总统里根和英国首相撒切尔夫人率领下，形成新保守主义潮流。另外，一些极右主义的派别不仅依然存在，而且近年来在西欧又有所抬头，如新纳粹主义，新法西斯主义和新反犹主义等。从理论方面来看，“终结论”者的根本错误在于，他们的意识形态概念纯粹是否定的，他们心目中的意识形态是一种有系统的虚假的花言巧语，这实质上是一个“虚无”。实际上，意识形态是一套为人类思想和行为定向的价值体系，其积极的意义是一种供人类追求甚至为之献身的理想。人类不能没有意识形态，意识形态作为定向框架和价值理想也永远不会“终结”。人类可以超越意识形态，但仅仅是用一种意识形态来超越另一种意识形态，而不能超越意识形态本身，这是一种没有“终结”的超越。[12]

2. 意识形态多元论

意识形态多元论是在全球化背景下西方资本主义国家极力鼓吹的又一谬论。它主张马克思主义不应占垄断地位，应废除“国家意识形态”，提倡意识形态的泛化，其根本目的是要否定马克思主义在社会主义国家的指导地位，企图用西方社会的意识形态来代替马克思主义的意识形态。

这一理论显然是错误的。有论者指出，在任何社会，有占统治地位的物质关系就会有占统治地位的思想关系。在阶级社会和有阶级存在的社会，一定的物质关系表现为一定的阶级关系，而阶级关系又决定着阶级之间的思想关系，所以才有所谓的“统治阶级的思想在每一时代都是占统治地位的思想”这一规律和事实。用意识形态“多元论”来取消意识形态的“一元论”指导地位是违背意识形态的发展规律的，它是一种虚假的意识。[13]

3. 意识形态技术论

西方还有部分学者强调科学技术与意识形态的关系，主张国家的非政治化，非意识形态化。在这方面具有代表性的有法兰克福学派的第二代代表人物哈贝马斯，他提出了“科学技术即意识形态”的著名论断。马克思主义向来把科学技术看做生产力，并未将其归为上层建筑，而看做意识形态。意识形态技术论强调技术决定一切，这论断忽略甚至抹杀了意识形态的阶级性本质，其目的在于掩饰现代资本主义国家的合法性危机，为其提供新的合法性的意识形态。

（三）马克思主义意识形态学说对本研究的理论支撑与统领作用

1. 要牢牢坚持社会主义意识形态在我国的一元主导地位

根据马克思主义意识形态学说，学者邱柏生认为，意识形态有广义和狭义之分。按照比较习惯的狭义理解，社会意识形态特指一定社会中占统治地位的思想体系。但是，严格地讲，并非只要社会的各种舆论工具在宣传着统治阶级的思想，就意味着这种意识形态占据着统治地位，还要看这种意识形态是否对社会全体成员的思想与行为都起着实际支配作用，是否能够最大程度上统摄社会大众的思想和行为，成为人们长期言行的一贯指导思想。[14]也可能会出现这样的情况，即统治阶级掌握着国家政权，占据着统治地位，但其意识形态在社会中不占有或不完全占有统治地位。历史上的理论与实践反复证明，一旦意识形态丧失了社会中的主导地位，统治阶级与国家政权必将受到威胁。就我国目前来看，我们要牢牢坚持社会主义意识形态在我国的一元主导地位。

牢牢坚持社会主义意识形态在我国的一元主导地位，是意识形态的阶级性本质的客观要求。马克思主义意识形态学说告诉我们，意识形态是一个阶级或社会的特殊意识，是为特定阶级的根本利益服务的，阶级性是意识形态的本质特征。在资本主义国家中，资本主义的意识形态占据主导地位。在社会主义国家中，社会主义的意识形态占据主导地位。国家主流意识形态代表着哪个阶级在国家中占据着统治地位，代表着国家的性质。一旦国家的主流意识形态发生改变，国家的性质必然随之发生变化。20世纪80年代末90年代初苏联解体和东欧剧变就是这方面最好的例证。这一学说告诉我们，在我国，我们必须通过一切手段坚持社会主义意识形态的一元主导地位，一旦丧失了其主导地位，我国的人民民主专政国体甚至社会主义的国家性质就有可能发生变化。

牢牢坚持社会主义意识形态在我国的一元主导地位，是我国当前基本国情的客观要求。一方面，我们要看到，我国是社会主义国家，国家的主流意识形态是社会主义意识形态，相对于资本主义的意识形态是先进的、科学的意识形态，其代表的是国家统治阶级工人阶级和广大人民群众的根本利益。另一方面，我们也要看到，我们的社会主义脱胎于半殖民地半封建社会，由于历史的现实的等种种原因，我国当前还处于社会主义社会的初级阶段。与西方资本主义国家相比，我们虽然拥有先进的领导阶级和先进的意识形态，但我们国家当前的生产力水平还落后于发达的资本主义国家。根据马克思主义意识形态学说，结合我国当前这一特殊的基本国情，我们在发展中要注意两方面的内容：一是要警惕西方发达资本主义国家利用生产力、综合国力的暂时强势优势对我国进行文化侵略和意识形态的侵略，坚持社会主义先进意识形态在我国这一生产力相对落后的农业国家的一元主导地位，防止资本主义对社会主义意识形态进行颠覆，进而颠覆我国的社会主义制度；二是要集中精力促发展，在正视社会主义初级阶段基本国情的基础上，尽快实现人民的富裕和国家的现代化，将社会主义意识形态的先进性与优越性真正地、充分地发挥出来。

牢牢坚持社会主义意识形态在我国的一元主导地位，是当前国际国内形势的客观要求。从国际上看，一方面，尽管和平与发展已成为当今世界的时代主题，多数国家正逐渐融入全球化进程，国家间的交流与合作显著增加，但国与国之间的竞争本质并没有发生变化，说到底仍然是利益之争，意识形态之争。以美国为首的西方发达国家仍在抓住一切机会对我国进行“西化”与“分化”，通过人权问题、西藏问题、台湾问题等大做文章。另一方面，以 20 世纪 90 年代苏联解体、东欧剧变为主要标志，国际共产主义运动出现暂时的低潮，社会主义意识形态在当今世界暂时处于弱势地位，这更加需要我们警惕意识形态的安全。从国内来看，经过三十年的发展与探索，我国正处在改革开放的关键时期，我们在看到国家安定团结的整体局面的同时，也要看到藏独等反动势力仍在通过圣火传递、北京奥运等来争得舆论同情，向国家施压，台湾问题仍未解决，等等。总而言之，当前国际国内形势都发生了并正在发生着广泛而又深刻的变化，在机遇前所未有，挑战也前所未有的形势下，牢牢坚持社会主义意识形态在我国的一元主导地位更显得尤为重要。

2. 政治价值观教育是充分发挥意识形态功能的具体作用途径与重要工具

关于意识形态的功能，学者邱柏生认为，人们目前已经形成了比较接近的认识，通常认为意识形态具有团结和动员作用、组织作用、表达作用、操纵作用、交流作用和影响作用等。[(美)R. C. 麦克里迪斯]也有学者认为意识形态具有社会整合作用，为政治统治提供合法性依据，更重要的是具有经济功能，即可以节约社会的交易费用。说法尽管有所不同，但意识形态具有一系列社会功能的事实，是任何人都不能忽视的。[15]

社会意识形态的功能主要通过一定的途径与手段来得到充分的发挥，如教育、宣传等。其中，思想政治教育或者说思想政治教育中的政治价值观教育是意识形态作用发挥的重要途径与工具。因此，新时期政治价值观教育能否满足形势发展的需要、满足学生的需要，最大限度实现教育的价值与作用，直接关系着社会意识形态功能的有效发挥和它在社会中的主导地位。

王国敏等学者认为，改革开放以来，在中国经济突飞猛进的同时，意识形态领域的问题逐渐凸显并趋于严重，非主流意识形态的强劲挑战使马克思主义意识形态处于一种不断被边缘化，甚至可能失去原有的号召力、影响力和权威性的危险境遇中。这些非马克思主义意识形态学说形成了新自由主义思潮、民主社会主义思潮等具有代表性的政治思潮，公开鼓吹“共产党不合法”、“只有民主社会主义才能救中国”，诽谤人民民主专政，要求“军队非党化、非政府化”，实现“军队国家化”。[16]它们都具有一定的社会影响力，在同我国社会主流意识形态马克思主义争夺着话语权，并动摇着我们的政治价值观念、共同理想信念和民族精神支柱。因此，要确保意识形态安全，必须大力开展政治价值观教育。

马克思主义意识形态学说还告诉我们，先进的社会主义意识形态不能在人民群众的头脑中自发产生，而是要通过教育、宣传等方式从外面灌进去。一方面，这一理论指出开展社会主义意识形态教育是要坚持巩固社会主义意识形态在国家中的一元主导地位。社会主义国家要运用马克思主义的立场、观点、方法武装青年大学生的头脑，培养合格的社会主义建设者和接班人，阐明开展社会主义意识形态教育的必要性和重要意义。另一方面，这一理论指出要把灌输原理作为开展社会主义意识形态教育的基本原则。这里要注意区分好灌输原理和灌输方法两个概念。可以说，随着时代的发展，传统意义上“填鸭式”的灌输方法须要结合实际进一步改进，但社会主义意识形态的灌输原理并没有过时，仍需要我们继续坚持。

三、马克思主义关于青年的学说

马克思主义青年学说以辩证唯物主义和历史唯物主义为基础，以人的社会性本质和人的全面发展理论为主要依据，从社会发展的角度认识、理解和把握青年，揭示了青年群体的本质特征以及青年尤其是知识青年在国家社会、社会主义革命和建设中的特殊地位和作用，并阐明了无产阶级及其政党对待青年群体的态度和教育目标等。马克思主义青年学说为本研究提供了重要的理论支撑。

（一）马克思主义青年学说概述

马克思主义青年学说是建立在对人的本质的科学认识基础之上的。马克思认为，“人的本质不是单个人所固有的抽象物。在其现实性上，它是社会一切社会关系的总和”[17]。其核心是明确人的社会属性，着重从人的社会关系中去把握人的主要发展变化。基于对人的社会性本质的科学认识，马克思主义形成了关于人的全面发展的思想。其核心观点是使人们成为“各方面都有能力的人，即能通晓整个生产关系系统的人”[18]。人的全面发展思想是马克思主义青年学说的核心内容，实现人的德、智、体、美诸方面全面而协调的发展是马克思主义人的全面发展思想的最高价值追求。

在此理论基础上，结合青年群体的特殊性，马克思主义青年学说认为，青年在社会中具有重要的地位，在社会主义革命和建设中发挥着不可替代的作用。“最先进的工人完全了解他们阶级的未来，从而也是人类的未来，完全取决于正在成长的工人一代的教育。”[19]也就是说，代表人类最先进生产方式的工人阶级后代——青年的成长是与无产阶级的解放事业和人类发展的未来前景紧密结合在一起的。

马克思主义青年学说认为，青年是具有鲜明特点的群体，他们具有特殊的需要。青年的身心迅速发展、生机勃勃、积极敏锐，其社会化过程进入了关键时期，与社会的互动较强。因此，青年也就具有特殊的利益和需要。“14 岁到 25 岁的青年们，要学习，要工作，但青年是长身体的时期，如果对青年生长不重视，那是很危险的。青年比成年人更需要学习。”[20]

在马克思主义理论与中国革命建设实践相结合的历史进程中，马克思主义青年学说也得到了进一步的完善和发展。革命战争时期，毛泽东提出了青年起着“先锋和桥梁的作用”。在社会主义建设时期，国家也一贯重视对青年的教育与培养。20 世纪 80 年代，在毛泽东“又红又专”教育思想的基础上，邓小平提出了“四有新人”的思想。同时，他还指出，学校教育应该永远把坚定正确的政治方向放在第一位。世纪之交，江泽民提出了“四个统一”的育人思想，即“坚持学习科学文化与加强思想修养的统一；坚持学习书本知识与投身社会实践的统一；坚持实现自身价值与服务祖国人民的统一；坚持树立远大理想与进行艰苦奋斗的统一”。2007 年 5 月，胡锦涛总书记在给中国青年群英会的信中又向青年提出了“四个新一代”的要求，倡导新世纪青年努力成为“理想远大、信念坚定的新一代，品德高尚、意志顽强的新一代，视野开阔、知识丰富的新一代，开拓进取、艰苦创业的新一代”。

在马克思主义青年学说的发展过程中，关于知识分子的论述一直是马克思主义研究的重点问题。马克思主义经典作家高度重视大学生等知识青年在社会中的重大作用。1893 年 12 月恩格斯在《致国际社会主义者大学生代表大会》一信中这样写道：“希望你们的努力将使大学生们愈益意识到，正是应该从他们的行列中产生出这样一种脑力劳动的工人兄弟，在一个队伍里肩并肩地在即将来临的革命中发挥巨大作用。”但关于知识分子阶级属性、历史地位和作用等问题的判定，也曾经历了一定曲折的发展过程。在众多思想理论中，邓小平理论中关于知识分子的科学论断成为了我们正确理解知识分子问题的重要理论依据。其主要的理论内涵包括以下两个方面：第一，知识分子是工人阶级的重要组成部分，正如马克思认为知识分子是以脑力劳动为主的劳动者，“这些人中的每一个人对资本的关系是雇佣劳动者的关系，是在这个特定意义上的生产工人的关系”[21]。知识分子都可以看做纯粹的雇佣劳动者，是生产工人。第二，科学是第一生产力，知识分子是先进生产力的开拓者。“在马克思看来，科学是一种在历史上起推动作用的、革命的力量。”[22]而党的十一届三中全会召开之前，邓小平就充分肯定了知识分子对于生产力的重要意义。他指出，“我们要实现现代化，关键是科学技术要能上去。发展科学技术，不抓教育不行。靠空讲不能实现现代化，必须有知识，有人才”[23]。在1992年视察南方谈话时他再次强调：“经济发展得快一点，必须依靠科技和教育，我说科学技术是第一生产力。”[24]

（二）马克思主义青年学说对本研究的理论支撑与统领作用

1. 要站在国家前途命运的高度看待大学生的全面发展，尤其是对大学生开展的意识形态教育

马克思主义青年学说告诉我们，青年是无产阶级的未来，大学生是青年中的知识分子，他们在社会主义革命和建设中发挥着不可替代的作用。对青年大学生的教育要以实现其德、智、体、美全面发展为根本目标。而在这些要素中“政治思想素质居于最高的统帅地位，它决定人才的基本发展方向”[25]。因此，对大学生的教育引导不能仅仅停留在专业知识、素质技能教育的层面上，还要充分开展意识形态教育，帮助大学生具备科学正确的政治思想素质，掌握马克思主义的世界观与方法论并用其认识世界、改造世界，树立坚定的社会主义信念和远大的共产主义理想，提高其整体思想政治水平，这才是我们培养一代又一代社会主义接班人所迫切需要的。

在对我国进行“分化”、“西化”的过程中，西方资本主义国家也把青年作为重点渗透对象。在美国中情局对华的十条诫令中规

定："尽量用物质来引诱和败坏他们的青年，鼓励他们藐视、鄙视并进一步公开反对他们原来所受的思想教育，特别是共产主义教育。为他们制造对色情产生兴趣的机会，进而鼓励他们进行性的滥交。让他们不以肤浅、虚荣为耻。一定要毁掉他们一直强调的刻苦耐劳精神。""一定要把他们青年的注意力从以政府为中心的传统引开来。让他们的头脑集中于体育表演、色情书籍、享乐、游戏、犯罪性的电影，以及宗教迷信。"[26]由此可见，青年作为我们国家的下一代，是西方国家的重点争夺对象。我们要坚持马克思主义青年学说，站在国家前途命运的高度来看待我们的青年，尤其是青年大学生，努力做好对他们的政治价值观教育工作。

2. 开展教育的过程中要注意尊重青年大学生的成长成才规律

青年正处于人生中最具活力的阶段，思想价值观念的形成和发展具有敏感性、活跃性和开放性等特征。我国当代青年学生在中西方社会文化思潮的相互激荡背景下，在社会改革与发展的进程中，更形成了思想自主、价值多元、心理叛逆、生活开放多样等身心特点。面向大学生开展教育，必须以尊重青年成长成才规律为基本前提。以本文研究的大学生政治价值观教育为例，不顾学生需要和身心发展特点而开展的"满堂灌"、"填鸭式"教育已经不符合时代发展的需要。马克思主义青年学说提醒我们，要注意研究青年群体的特点与特殊需求，就是要认真研究大学生政治价值观的形成及接受机理与发展变化规律，在此基础上设计实施具体的教育工作。

马克思主义基本原理与本论文研究相关的直接理论依据还有很多，如马克思关于经济基础与上层建筑的学说，关于正确处理人民内部矛盾的学说，关于社会主义精神文明建设的理论等等。这些原理都在本研究中起到了重要的理论支撑与统领作用，在本文中就不一一展开论述。

第二章　意识形态安全与政治价值观

一、意识形态安全的界定

（一）意识形态的概念

意识形态是从哲学上的一个理论问题逐步演变为关乎一个国家的政治与社会稳定，关乎一个民族的精神状态和价值观念的大问题。《简明不列颠百科全书》解释为“社会哲学或政治哲学的一种形式。其中实践的因素与理论的因素具有同等重要的地位，它是一种观念体系，旨在解释世界并改造世界”。《美国外交政策百科全书》（Encyclopedia of Foreign Policy）这样定义意识形态：“意识形态是一个人们所共有的信仰系统，它既可以是行为的动因，也可以被用来为行为辩护。它一般表明正式的价值，并包括构成原因的信仰。”

最早采用“意识形态”（ideology）这一名词的是法国哲学家、共和主义者、反对拿破仑恢复帝制的特拉西（1976 年）[27]，将马克思将意识形态的概念推向广泛应用的境界。马克思和恩格斯关于意识形态的论述是一个复杂的、发展的过程，是先破后立、层次递进的过程。他对于意识形态的理解主要包括以下几个层次：意识形态是一个总体性概念，包括意识形态诸形式，它是由社会的经济基础决定的，社会矛盾的存在导致意识形态的出现；旧的意识形态本质上是对现实的颠倒的反映，是对历史真实情况的歪曲和掩盖，是不正确的或虚假的；意识形态是统治阶级的观念形态，是物质生产领域占统治地位的阶级的精神力量；到了共产主义社会，或是消灭意识形态，或是保留其名称而改变其内涵。[28]意识形态理论是马克思对哲学和社会政治理论最重要的贡献之一，意识形态理论的提出具有伟大的历史意义。马克思对意识形态的批判主要落脚于资本主义社会当中，是针对资本主义社会所反映出的尖锐的社会矛盾和人与物关系的异化所作出的判断和总结。

改革开放以来，意识形态一直是国内哲学、政治学等领域研究的重点和热点问题之一，学术界一方面大量评价西方的意识形态理论；另一方面广泛研究意识形态的各种问题，从不同的角度使用这个词汇并且赋予了这四个字不同的内涵和外延。大体归纳，主要有以下几种情况：从阶级的角度使用意识形态，在马克思主义理论内部、运用马克思主义方法对意识形态进行研究，继续完善和丰富马克思主义意识形态理论；特指冷战时期的特定意识形态斗争，概念界定为简单的社会主义还是资本主义，冷战时期也普遍被认为是意识形态的时代，这个时期人们乐于让一种单一标准下的两分法主宰国际社会，冷战结束后，弗朗西斯·福山曾经发表意识形态已经终结的论断，也是基于这样的概念界定；淡化阶级概念，将意识形态定义为某一个特定的社会集团（或共同体）对自身社会地位和利益要求的自我意识和自觉表达。例如，俄罗斯总统普京曾经发表讲话号召国际社会在意识形态上孤立恐怖主义；把意识形态定义为一种意识上的价值观念体系或者是一种思潮，例如："作为意识形态的现代化"、"全球化意识形态"这样的表述。[29]

归纳起来，从社会政治的角度看，意识形态是指一定阶级或阶层的社会关系的思想体系、信仰体系和价值观念体系，是一个国家的灵魂，统率着全体社会成员行为的一致性，直接关系着国家政治制度的形成和政治系统的安全、稳定。作为上层建筑的组成部分，意识形态并不是与现实的历史进程完全无涉的纯粹的理论形态，它往往具有很深刻的政治内涵，意识形态对于国家政治安全的影响主要体现在政治认同和社会控制两个方面。首先是政治认同，即使占统治地位的意识形态牢牢地扎根于人们的观念之中。其次是社会控制功能，“通过社会控制以维系整个社会的稳定，保证社会制度的正常延续”[30]。国家通过宣扬本阶级或集团的意识形态，规定一个国家、民族与社会成员的政治价值系统，使团体成员形成共同的社会理想信念，进而控制着人们的政治参与行为。

（二）意识形态安全的界定

“安全”在希腊文中的意思是“完整”，而在梵语中的意思是“没有受伤”或“完整”[31]；商务印书馆 1994 年版的《现代汉语词典》中，对“安全”下的定义是“没有危险，不受威胁，不出事故”。楚树龙在《国际关系基本理论》中指出：“客观上，安全是指某一实体不存在遭到外来攻击、侵犯的状态和现实；主观上它是指安全主体没有恐惧感，不担心外来攻击、伤害的威胁。”[32]由此可见，“安全”是一个综合的概念，它关系到人类生存的方方面面，如国际安全和国家安全、人的安全等等；而“安全”也是一个相对的概念，它是相对“危险”、“威胁”而言的，而人类无论如何都不可能把危险降低到零，因此安全只能是相对的。

有学者从安全的字源意义来界定意识形态安全，认为意识形态安全是一种状态或能力。刘祎认为“意识形态安全是指当代表某一阶级或集团根本利益的意识形态，经过宣扬和推广，逐渐为社会上大多数人所接受，并上升为国家中占主导地位的意识形态后，维护其稳定和健康延续，保障其不受外来侵害和内部挑战的一种没有危险的状态”[33]；黄建明、杜阿奇认为“意识形态安全主要是指主体意识形态安全而言的，即指一个国家主体意识形态地位不受任何威胁的相对稳定的状态”[34]；戚水贞认为“意识形态安全是指国家占统治地位的思想、政治意识形态不受侵害，使其稳定存在和健康发展”[35]；马振超认为“意识形态安全要求全体社会成员有共同的价值观念和价值取向，共同的法律和秩序意识，要求政治的、宗教的、思想的个性和差异从属于共同的价值观和秩序观”[36]；何林认为“意识形态安全从根本上来说，就是指保持国家占统治地位的思想、政治意识形态相对稳定、完整”[37]；杨化认为“意识形态安全主要是指一个国家意识形态地位不受任何威胁的相对稳定的状态，保持意识形态在政治制度和国家政权、文化、价值观念和生活方式等方面的指导地位”[38]；王水雄认为“所谓安全的意识形态从理想的角度来看，指的是一个群体或集团所接受的思想体系，在特定的时空条件下能够给行为者带来稳妥的物质生活水平，稳定的人身安全以及个体与个体、个体与群体、群体与群体之间的和睦相处及互通有无”。“在现实生活中，意识形态从理想的安全状态到绝对的不安全状态，是一个连续系统。意识形态安全问题涉及不同的层面，第一个层面也是核心的层面，即意识形态与社会客观规律的契合程度；第二个层面，意识形态对于人们生产生活及社会良性互动需求的满足程度；第三个层面，意识形态与正式或非正式制度的协调程度；第四个层面，意识形态与精神世界其他领域的兼容程度。”[39]

大部分学者从意识形态的属性上对其进行界定，将意识形态安全作为国家安全的一个重要部分，所不同的是有的学者将意识形态安全作为国家文化安全的重要组成部分，有的学者将意识形态安全作为国家政治安全的重要组成部分。

张骥、张爱丽认为“意识形态安全是国家安全体系的有机组成部分，是国家政治和文化安全的重要内容和核心。当一个国家的社会意识形态遭到侵害或破坏，这个国家的安全就不可能得到保障，也就失去了真正意义上的国家独立。意识形态安全对于维护国家政治稳定、保障经济和社会发展具有极其重要的作用”[40]。夏保成在《国家安全论》一书的绪论中，在分析了国家的三个组成部分之后说：“国家的安全，就是构成国家的三个组成部分的安全。这种安全，可以从三个方面考察：国家肌体的安全、环境安全和意识形态的安全。作为这三个方面的综合，就是发展的安全。”[41]

石中英和田改伟都认为“意识形态安全是国家文化安全的主要内容”，“是文化安全的核心”，“关于文化安全的内涵，学术界并没有统一的认识，大致来说，有广义和狭义之分，广义的文化安全指‘国家内的文化安全’（cultural security in a nation-state)，即主权国家的主流文化价值体系以及建立于其上的意识形态、社会基本生活制度、语言符号系统、知识系统、宗教信仰等等主要文化要素免于内部或外部敌对力量的侵蚀、破坏和颠覆，确保国家主权享有充分完整的文化主权，具备同国家政治、经济发展协调一致、良性互动与不断创新的文化系统，并在人民群众中间保持一种高度的民族文化认同。狭义的文化安全是指‘国家文化安全’（security of national culture)，特指作为一种政治实体的主权国家的国家意识形态、价值观念、基本政治制度、人民群众的政治认同以及国家形象等主要文化要素免于内部或外部敌对力量的侵蚀、破坏和扭曲，确保作为政治实体的国家在其主权范围内享有比较高度的和一致的合法性认同。总之，不论是从广义上的还是狭义上来讲，意识形态安全显然都是文化安全的重要内容”[42]。

秀正矩、王瑾在《国家至要》一书中将意识形态安全作为政治安全的主要因素，他指出：“意识形态是维系国家和民族的灵魂，是民族的黏合剂，统率着全体社会成员的整体行为的一致性。意识形态作为某一团体对世界的认识，作为个人或集体行动的思想前提，一旦被统治阶级所利用，对于维护政权的合法性、进行大规模的社会政治动员，有着强大的政治功用。意识形态的安全并不意味着全体社会成员政治认识上的完全一致，而是要求有共同的价值观念和价值取向，共同的法律和秩序意识，要求政治的、宗教的、思想的个性从属于共同的价值观和秩序观。一个阶级获得政权后，一方面通过政治社会化使自己的意识形态渗透到社会公众之中，另一方面大力发挥意识形态对于统治地位合法化的辩护功能，证明自己统治的合理性。”[43]

此外，也有一些研究并没有把意识形态安全作为国家安全的主要内容，例如：金钿主编的《国家安全论》[44]；倪健民主编的《国家安全》[45]、曹峻等著的《全球化与中国国家安全》和马维野主编《全球化时代的国家安全》[46]都将国家安全的内容界定为政治安全、军事安全、经济安全、科技安全、文化安全、生态安全、社会安全等，同时把意识形态安全渗透在政治安全和文化安全来讲。陆忠伟主编的《非传统国家安全论》[47]把意识形态作为非传统安全内容之一来阐述。

综上所述，我国学者对于意识形态安全的界定尽管形式不一，但是其核心实质基本相似，即从属性来说，意识形态安全是国家安全体系的重要组成部分，是国家政治和文化安全的重要内容和核心；从辞源来说，它是指一个国家占主导地位的意识形态不受任何威胁的相对稳定的状态。在当前，意识形态的安全并不意味着全体社会成员政治认识上的完全一致，而是要求社会成员有共同的价值观念和价值取向，共同的法律、秩序意识，要求政治的、宗教的、思想的个性从属于共同的价值观和秩序观。鉴于意识形态在上层建筑中的核心地位，意识形态的安全也影响着其他国家安全要素并对国家整体安全起着指导性作用，一个独立国家的意识形态是国家的立国之源，放弃了意识形态阵地的争夺，必然会导致国家逐步走向衰亡和毁灭。

（三）意识形态安全的结构

目前，我国学者对意识形态安全的结构的研究较少，结构的划分也主要依据意识形态的概念特点，即意识形态是一定阶级或阶层的社会关系的思想体系、信仰体系和价值观体系，将意识形态划分为价值观安全、信仰安全等等。主要代表观点：夏保成认为，意识形态安全包括道德的安全、政治信仰的安全和宗教信仰的安全；[48]何林认为意识形态安全包括社会指导思想的安全、社会政治信仰的安全、社会道德秩序的安全、民族精神的安全；[49]秀正矩、王瑾认为意识形态安全主要包括政治制度安全、价值观念安全、人权利益维护以及国格和民族尊严的捍卫；[50]戚水贞认为意识形态安全包括政治信念、价值观念和民族精神。[51]

葛娅娜认为："意识形态的安全主要包括以下四个方面的安全：第一是社会指导思想的安全。社会指导思想是国家发展过程中的方向标和灯塔，指引着社会朝着国家政权确立的方向前进。一个鲜明有号召力的指导思想在全社会的确立可以把全社会吸引和归拢到同一个目标中，将整个社会分散的力量拧成一股强大的力量。第二是社会政治信仰的安全。社会政治信仰，主要指社会主流政治信仰，是国家发展过程中的黏合剂。对同一个政治信仰的认同和肯定使得社会成员可以携手合作，互相接纳和理解。同时，政治信仰的安全直接关系到政权的稳定。政治信仰的动摇和改变必会造成国家政治生活的动荡和变革，进而影响整个国家的安全。第三方面是社会道德秩序的安全。道德是一个社会的稳定剂。道德与一个社会的历史文化密切相关，是长久以来形成的社会成员间行为的规范和准则。不同于法律的规范，道德规范没有强制约束力，但是不能缺少的对法律无法触及和强制层面的弥补和修复。道德规范在稳定社会方面有着法律所无法代替的作用。而道德秩序的破坏无异于挑战了人们思想长城的地基，直接影响到人们对自我、对他人、对家庭、对社会、对国家的认识和定位。最后，意识形态安全还包括民族精神的安全。民族精神深深地烙印在每一个民族成员的思想深处，是整个民族和社会的支撑柱。在艰难危机的时刻，在民族受到压迫和苦难的时候，在整个民族奋发图强的时候，民族精神正是那强有力的支持。世界上许多的民族曾经国破家亡，正是他们的民族精神，支持着他们渡过难关，重新站立。"[52]

综上，意识形态安全的具体内容结构包括：价值观念安全、政治信仰安全、道德安全、民族精神安全以及政治制度的安全。其中价值观念安全、政治信仰安全、道德安全、民族精神安全属于思想或理论层面的意识形态，除此，我们认为，意识形态安全还应该包括作为政治制度层面的安全。也就是说，作为理论的意识形态安全并不难理解，而理论和制度之间又有着十分密切的关系，意识形态与制度一起有助于经济行为主体处理复杂的决策，这两者通过心智模型而协调一致，共同演进。现实生活中，人们总在进行着自觉与不自觉的、有组织和无组织的斗争，将理论升华为原则，希望政治价值作为原则在社会生活中发挥一定的规范作用。继而将规范普及到社会各个领域，得到社会成员的支持与认同，制度最终得以确立。意识形态的内容十分丰富，仅仅界定为一种观念系统是不够的，将其发展到制度层面上，有利于从静态到动态、隐性与显性视角加深对意识形态的理解。“任何一种重要的意识形态都要以巩固现存社会制度或以推翻现存社会制度为宗旨，也可以说，一定的意识形态与相应的社会制度是相依为命的。”[53]我们看到的各种制度层面的意识形态实际上就是理论层面的意识形态的折射和体现。因此，我们认为，意识形态决定政治制度，而政治制度是意识形态安全的最强有力的保障，政治制度安全是意识形态安全中的一个核心部分。

二、影响意识形态安全的相关因素

随着时代的发展和全球性问题的出现，意识形态安全越来越多地受到来自政治、军事、经济、文化、科技等领域的综合影响。研究影响意识形态安全的相关要素对于有效地维护国家政治安全，以及深入开展国家安全教育具有重要的指导意义。

（一）政治因素对意识形态安全的影响

马克思主义认为，政治是以经济为基础的上层建筑，是经济的集中表现，是以政治权力为核心展开的各种社会活动和社会关系的总和。政治与意识形态有着千丝万缕的联系，马丁·史尼格认为：“意识形态需要政治作为其实施模式，而政治政策又往往同思想原则联系在一起……意识形态就是一种确定行为的思想，换言之，意识形态指导政治行为并为之辩护。”[54]一方面，意识形态与政治制度直接联系。政治制度是政治的功能载体，是占统治地位的政治主体凭借国家政权进行统治和管理的基本行为规范和准则，主要指国家政权的组织形式，国家结构形式，政党形式及公民参与形式等基本行为规则。同时，政治制度本身内含着一定的文化价值体系、价值理念，是一定的价值观念、伦理精神的实体化、具体化，体现一定社会阶级、集团的根本利益，具有强烈的、鲜明的政治倾向性，是社会意识形态的外在的直接表现形式。另一方面，意识形态不等于政治。意识形态的特殊本质和灵魂是政治，但并不意味着意识形态就是政治，并不是所有的意识形态问题都是政治问题或都具有政治的因素、含义；意识形态虽然具有阶级性，但并不表明意识形态完全是以某个阶级的主观意志为转移的；意识形态虽然包含政治理论和思想，但它不同于一般的政治理论和思想，它只是统治阶级执政的理论依据，是保持、巩固政权的指导思想，它对巩固政权的意义，最根本的就是取得“合法性”。

鉴于政治和意识形态之间的密切联系，政治因素必然是影响意识形态安全的一个重要因素。从政治系统的构成来看，政治系统以政府、政党为构成主体，以制度政策和思想政治教育为功能载体，这些因素都不同程度地影响和制约着意识形态安全。

第一，政党是维系意识形态安全的核心力量。

按照马克思主义的观点，政党是特定阶级政治力量中的领导力量，是为了实现某种目的而组织起来的政治组织。意识形态从产生原因来看，是政党为了解决成员的认同危机和合法性危机而创造、强化和运用的信念、规则和价值动机，这些要素在国家或群体有意识地使用它们时，就会在一个系统中成为相互依赖和相互强化的关系，呈现出一种整合的意识形态。这种意识形态是政党对其自我利益的一种自我意识，集中放映了这个政党的一致愿望，资产阶级的意识形态表现为它与资产阶级统治的结合，社会主义的意识形态表现为它与无产阶级政权的结合。因此，一般意义上讲，政党是国家意识形态的创造者、运用者和维护者，所有的政党自诞生起就在力图促进某种意识形态的整合和普及，即努力建构一套权威的或“主流的”意识形态以压制、排斥或替代其他观念和价值。所不同的是，不同性质的政党在维护其意识形态安全时所采用的做法各不相同，“自由民主政体倾向于容忍多种意识形态的并存，一种主流意识形态主要是各种观念相互竞争的结果，也没有一种意识形态能够长期地居于统治地位。因而持不同政治见解的人不会因此而遭到权力压制，尤其是暴力剥夺。但在极权主义政制中极权国家却意欲对其控制下的人民进行全面改造。这个政党试图重新组织社会并依赖于歪曲真相改写历史和强制推行一个唯我独尊的意识形态来决定社会的价值观，因而它控制公民的偏好、监视他们的行动和限制他们的自由”[55]。

第二，制度是维护意识形态安全的重要保障。

制度是要求大家共同遵守的办事规程或行动准则。许多情况下，制度也是某一领域的制度体系，如我们通常所说的政治制度、经济制度、法律制度和文化制度等，制度与意识形态安全关系密切。诺斯等人认为“意识形态与制度可以被看成共同心智模型的类别”[56]，这两者通过心智模型而协调一致，共同演进。伴随着制度的逐渐改变和人口的日益更新，人们在逐渐摒弃原有心智模型的过程中，总会试图寻找新的共同心智模型，从而为自己新的行为模式找到较为坚实的合法性基础。如果既有的意识形态不符合社会发展规律，表现出一定的滞后性，那么一定范围内的制度变迁就是大势所趋。如果此时的政治制度改革仍停留在边缘性制度的微调上，而不去触及更为核心的制度，一定程度的合法性危机仍然会彰显出来，因为如果意识形态不能通过更具核心性的制度的变迁作出及时调整，以满足这种合法性需求，那么人们的注意力可能会投入其他与之强烈对立的意识形态或信仰体系中。一旦人们的注意力过度地、偏执地转移出去，新的信仰格局已经形成，再对意识形态进行调整就已是错失先机了。

第三，思想政治教育是维护意识形态安全的重要手段。

思想政治教育开始并存在于阶级社会，是“一定的阶级、政党、社会群体用一定的思想观念、政治观点、道德规范，对其成员施加有目的、有计划、有组织的影响，使他们形成符合一定社会、一定阶级所需要的思想品德的社会实践活动”[57]。马克思指出：“统治阶级的思想在每一时代都是占统治地位的思想。这就是说，一个阶级是社会上占统治地位的物质力量，同时是社会上占统治地位的精神力量”[58]。这句话深刻地揭示了思想政治教育的本质，即在阶级社会中，统治阶级和被统治阶级是没有真正的平等可言的，任何教育包括思想政治教育，所灌输的只能是统治阶级的意识形态。思想政治教育在某种意义上说，是与政党领导、政治制度相并列的政治“软权力”，硬权力需要软权力来补充和调节，软权力需要硬权力作保证和推进，通常情况下，统治阶级（或执政党）都是“两手抓”：一手抓硬权力，一手抓软权力。

李辽宁将思想政治教育和意识形态之间的关系归结为三点：第一，意识形态与思想政治教育是内容和载体的关系；第二，意识形态和思想政治教育是目的与手段的关系；第三，思想政治教育的内容与意识形态有重叠，也有交叉。从范围来看，意识形态的内容比思想政治教育的内容更广泛，意识形态是一种系统复杂的思想体系，包括政治、法律、思想、道德、宗教、艺术、哲学等多种形式。对于每种形式的专门研究并不是思想政治教育的范畴，而分别属于政治学、法律、伦理学、宗教学、哲学等等。[59]

由此可知，思想政治教育是维护意识形态安全的重要手段，它具有对受教育者施加意识形态的影响，使其形成教育者所期望的思想品德和价值观念体系，并以此指导和规范自己行为的作用。任何统治阶级都是通过思想政治教育向人民群众灌输其政治权力的合法性思想的，也就是说思想政治教育是通向政治合法性意识形态基础的必然选择，个人对国家政治权力权威的认可和尊重，正是通过以思想政治教育的形式出现的意识形态教化而获得的。思想政治教育作为一种软权力，不像硬权力那样对持有反抗意识的个人或群体进行直接的肉体强制惩罚手段，而是通过对思想观念等精神世界的约束、转化、引导和控制而达到目的。正因如此，思想政治教育给人的感觉只是一种“软力量”，它的作用对象是人的精神领域，其塑造和改变的是人的世界观、价值观、人生观，渗透到人的思想深处，发挥着把一定阶级的意识形态转化为人们所接受的思想观念，并把这样的思想观念转化为社会手段的功能。在这个转化中，主体是思想政治工作者，客体是社会成员，其途径是对其成员施加有目的、有计划、有组织的影响，也就是教化或教育。一个国家如果思想政治教育工作进行得好，那么国家的政治合法性基础就比较好，国家的意识形态安全就能够得到很好的维护。

（二）经济因素对意识形态安全的影响

按照传统的政治经济学的概念，经济是社会生产关系的总和，是人们在物质资料生产过程中结成的，与一定的社会生产力相适应的生产关系的总和或社会经济制度，是政治、法律、哲学、宗教、文学、艺术等上层建筑赖以建立起来的基础。

关于经济与意识形态之间的关系，在马克思关于“经济基础与上层建筑”的理论中有比较清晰的论述。马克思认为，上层建筑包括政治法律制度与社会意识形态，意识形态是“观念的上层建筑”，经济基础与上层建筑之间是一种矛盾关系。一方面，经济基础决定上层建筑，上层建筑表现经济基础；另一方面，由于社会是变动的，生产力是发展的，当生产力与生产关系发生矛盾时，上层建筑也会与经济基础发生矛盾。作为上层建筑的国家和法的基础，马克思认为，“那些不依个人‘意志’为转移的个人的物质生活，即他们相互制约的生产方式和交往形式，是国家的现实的基础；……这些现实的关系绝不是国家政权创造出来的，相反地，它们本身就是创造国家政权的力量”[60]。关于思想的上层建筑，如道德、宗教、哲学等，马克思认为，它们归根结底“受着自己的生产力的一定发展以及与这种发展相适应的交往（直到它的最遥远的形式）的制约”。在阶级社会中，“统治阶级的思想在每一时代都是占统治地位的思想。……占统治地位的思想不过是占统治地位的物质关系在观念上的表现，不过是以思想的形式表现出来的占统治地位的物质关系”[61]。

关于两者作用的具体过程和原因，马克思在《〈政治经济学批判〉序言》中写道：“社会的物质生产力发展到一定阶段，便同它们一直在其中运动的现存生产关系或财产关系（这只是生产关系的法律用语）发生矛盾。于是这些关系便由生产力的发展形式变成生产力的桎梏。那时社会革命的时代就到来了。随着经济基础的变更，全部庞大的上层建筑也或慢或快地发生变革。在考察这些变革时，必须时刻把下面两者区别开来：一种是生产的经济条件方面所发生的物质的、可以用自然科学的精确性指明的变革；一种是人们借以意识到这个冲突并力求把它克服的那些法律的、政治的、宗教的、艺术的或哲学的，简言之，意识形态的形式。我们判断一个人不能以他对自己的看法为根据，同样，我们判断这样一个变革时代也不能以它的意识为根据；相反，这个意识必须从物质生活的矛盾中，从社会生产力和生产关系之间的现存冲突中去解释。”[62]马克思在这里讲得很清楚，当生产力与生产关系发生矛盾时，生产关系就由生产力的发展形式变成生产力的桎梏，社会革命的时代就到来了。经济基础的变更导致上层建筑的变革，国家意识形态的变革同时是生产力与生产关系矛盾产生的结果。

因此，经济是意识形态变化的基础，意识形态的变化是随人们的经济行为而变化的，国家意识形态的安全必须有与之相适应的经济环境作为保障，如果人们经济实践的经验和思维出现脱节或背离，经济行为则成为最终的赢家，人们的意识终究会得到改变。因此，推行什么样的意识形态，以适应经济活动的顺利展开，是国家意识形态统治者的重要职责。

在当代，影响意识形态安全的主要经济因素莫过于“经济全球化”。作为生产力发展的客观结果，经济全球化是世界经济不可逆转的发展趋势，是当代最新最显著的一个特征，它的影响所及已经关系到世界各国政府的决策和普通公民的切身利益，其冲击力和渗透力是无法阻挡和回避的。

“全球化”（Globalization）一词在英语词典中出现的时间为1944年，20世纪80年代以来，随着国际政治经济关系的变化以及全球问题的不断涌现，全球化才不断引起人们的注意。全球化既是一个客观事实，又是一种发展过程或发展趋势，同时是一种价值观念和意识形态。在这一过程和趋势中，资本主义占主导地位。经济全球化对国家意识形态安全有着深远的影响，具体表现为：

（1）经济全球化使民族的传统精神文化遭到破坏。随着生产的社会化程度不断加深和世界经济一体化进程的加快，夹杂着西方文化价值理念的全球化浪潮迅速渗入社会生活的各个方面，“它极大地破坏了普通百姓和无力自卫的社群的生活”[63]，并要求人们“突破传统的乡土观、民族观、国家观，以全球思维替代传统思维方式”[64]，对传统价值与规范造成了全面冲击与震撼。“过去那种地方的民族的自给自足和闭关自守状态，被各个民族的各方面的互相往来和各方面的相互依赖所代替了。”[65]“纯粹”的民族在这样一个相互渗透、相互依赖的世界中已不复存在。任何国家，无论是发达国家还是发展中国家，社会主义国家还是资本主义国家，要实现本国经济的发展，必须面向世界，将本国经济与世界经济紧密联系在一起。而在这一过程中，提前完成现代化进程的资本主义国家把持了经济全球化的主动权，他们将自己独特的经验上升为全人类的经验，自觉地占据了精神生产的制高点，使“经济全球化不完全是生产要素和资源‘田园诗’般地在全球范围内自由流动和配置并获得收益的过程，还包含着西方资本主义国家为自身的利益而人为‘控制’经济全球化的主观意图”[66]。因此，经济全球化改变了发展中国家的传统精神文化的栖身之基与生存环境，使西方的价值观、人生观、政治观长驱直入，使民族的传统精神文化遭到破坏。

(2) 经济全球化使经济因素成为制约政治关系的重要因素。正如汤因比（A.J. Toynbee）所说："在近代历史时期，我们自己的西方文明用它的经济制度之网笼罩了全世界，在这样一种以西方为基础的经济统一之后又来了一个以西方为基础的政治统一，其范围也差不多；因为西方军队和政府的胜利虽然没有像西方的工厂主和技术人员的胜利那样广泛而彻底，但是也不能不承认现在世界上的所有国家都成为一种源自西方的单一政治制度的一部分。"[67] 随着经济全球化的日益发展，货币、商品、人员、信息和技术都以一种加速方式实行跨国界的流通，造成了各国间不断加深的相互依赖，经济因素在国际政治领域的地位日益提高，各国更加愿意通过经济外交进行文化输出，影响控制他国的思想领域。经济援助、经济制裁、经济封锁、对外贸易、对外投资等成为解决国际政治问题、实施意识形态领域控制的常用手段。如何在经济全球化中保持国家主权的独立和完整，如何规避风险、维护国家的综合安全，如何围绕着国家利益确立外交政策、设计外交手段，是每个国家必须面对和思考的问题，而在这一切问题的背后，都隐藏着意识形态的因素。

(3) 经济全球化消解了意识形态的社会整合功能。意识形态是政治权威政治合法性的一个重要源泉，然而，随着经济全球化的发展，民族主义、自由主义、新自由主义等意识形态先后诞生，并呈现出不同的发展趋势，这些意识形态极大地冲击着人们的思想价值观体系，使人们的意识形态呈现多元化的趋势；与此同时，经济、政治、文化等方面都不断进行着结构调整与重建，社会总体意识形态的结构也出现了分化的趋势，主要表现为主流意识形态与公众意识形态从高度统一的状态逐步走向相对分离的状态。各个国家的主流意识形态虽然在整个社会意识形态的发展中仍居核心地位，但是它对社会成员思想观念的整合不再具有传统社会那种绝对的强制性，人们不再盲目地追随主流意识形态，公众意识日趋多样化和独立性，这种变化给国家的意识形态提出了新的整合要求。

综上所述，经济全球化使经济成为制约发展中国家政治领域特别是意识形态领域的决定性的影响力量，给国家的意识形态安全带来了前所未有的挑战，要求我们必须处理好意识形态。

（三）文化因素对意识形态安全的影响

文化从广义上讲，是指人所创造的一切，一切不同于外部自然和本能的人化的东西，都可以纳入文化的范畴，如政治、经济、宗教、艺术、科学、技术、语言、习俗、观念、知识、价值等，它表现为物质文化、行为文化和精神文化。其中，精神文化是文化的核心部分。

对于文化和意识形态之间的关系，不同的学者有不同的论述。仲崇东认为："作为社会的特殊文化系统的意识形态是观念文化的核心。意识形态主要是指占统治地位的阶级、政党的精神文化体系，它对整个社会文化具有支配作用，制约着文化诸体系的发展。文化反映社会生活，意识形态制约规范着文化的表现形式。"[68] 王元骧认为："一方面，文化不同于意识形态，它不仅有自身形成、存在和发展的特殊规律，而且有意识形态所不能取代的特殊功能，它在促进一个民族的进步，加强一个民族的团结等方面都有着自身特殊的意义和作用；另一方面，由于文化是以价值观为核心的，价值观是属于意识形态范畴的，它不可能不与一定的经济和政治发生关系。同时由于文化不仅以理性的形式而且相当一部分是以感性的形式存在于日常生活之中，所以它比以理论系统出现的纯粹的意识形态宣传更具有渗透力和融合性。"[69] 王强认为："1. 文化和意识形态呈二元结构。物质文化、制度文化、观念文化和行为文化是文化结构四面相，反映出文化结构的多维性。观念文化的核心，是社会的特殊文化系统——意识形态。意识形态只能是占统治地位的阶级、政党的精神文化体系，对整个社会文化具有支配作用。观念和思想的体系及功能制约着文化诸体系的发展，后者可以不及前者，但不能超越前者。2. 文化和意识形态是一般与特殊的关系。作为人类经验生活的总结，文化符号、文化信息、文化类型、文化模式和文化交流都是它的一般反映。意识形态符号系统是人类经验生活的特殊表现形式，具有强烈的集团意识、集团价值和集团模式成分，因而意识形态常常导致产生与文化相异，甚至相对立的文化形式。3. 文化和意识形态是现象和本质的关系。文化作为观念形态的原因，反映着观念形态制约的生活现象；意识形态作为文化理性抽象的结果，表现了文化生活和社会观念生活的本质。”[70]

作为人类改造世界的方式、能力和结果，文化以具体的方式反映了社会的经济和政治，同时，它又积极地反作用于社会的经济和政治，文化一旦形成，就会具有巨大的内在价值和内蕴潜力，对于既定的人来说，思想文化、意识形态是人必须浸淫于其中的文化背景，文化传统是意识形态观念体系形成和发展的思想源泉。近年来，国家政治越来越强调自己的文化独有特征，曾经的两大阵营的尖锐对峙加大了“文化”的政治含量，使得“文化”紧紧围绕政治斗争的中心运转，“文化帝国主义”和“大众文化的泛滥”给国家的意识形态安全带来了前所未有的挑战。

1. 西方的文化帝国主义消解着人们的民族意识

文化帝国主义（Cultural Imperialism）是文化研究领域的重要概念之一，席勒在其著名的《传播与文化支配》（1976）一书中指出，文化帝国主义就是在某个社会步入现代世界系统过程中，在外部压力的作用下被迫接受该世界系统中的核心势力的价值，并使社会制度与这个世界系统相适应的过程。英国学者汤林森将有关文化帝国主义的论述分为4个层次或途径来加以解剖和分析。其中，现代性的批判是其关注的焦点：第一，不平等的信息交流；第二，对民族国家文化认同（cultural identity）的威胁；第三，消费文化对传统社会的冲击；第四，现代性的发展及其对传统文化的挑战。[71]

文化帝国主义的出现，是与全球化在当代的扩展密切相关的。全球化既是一个经济上不断扩张的实践过程，又是一个在文化层面上不同文化相互激荡的过程，还是一个矛盾不断展开的过程。这种全球化的结果所带来的不仅是一种秩序化了的世界经济市场及其活动方式，而且必然产生出一种内在于整个全球市场活动中的文化交流的不平等和文化输出的霸权。

交流本应该是平等和双向的，它要求相互承认各自的交往主体资格，对此，哈贝马斯曾提出“交往行为的合理化”理论。在他看来，任何交往行为都不应该受到国家、经济制度和行政制度乃至文化模式的干预，交往者应该生活在一个美好的，没有任何强制的世界之中。虽然哈贝马斯的论述带有明显的乌托邦和文化相对主义的色彩，但他的论述无疑也孕育着对当下各种交往行为中存在的不平等现象的揭示。事实是，不同国家虽然将平等交往视为自身参与全球化和达成交往共识的前提和基础，但是，全球化的既往历史却是一个以西方中心主义为价值内容的历史，西方国家或者通过对外文化教育交流及援助项目，或者利用技术上的优势，向落后国家大量输出自己的文化产品，使这些国家认同和接受他们的价值观念，在造成文化交往中的极大的不平等的同时，更造成了不发达国家在文化生存与发展的许多方面如价值理念、学术话语、产业形态等方面，都不同程度地受到了西方文化产业大国入侵，造成了这些民族国家和民族文化的认同危机。

总之，文化帝国主义使西方文化形态的世界性扩张，直接导致了人们对传统文化的认同感削弱，尤其是西方式的政治文化正在客观上弱化其他文明的传统主权意识，腐蚀国民的国家意识，淡化民族的自我意识，侵蚀民族传统文化的根基，在很大程度上模糊人们的主权意识。

2. 大众文化泛滥冲击着人们的价值观念

“大众文化”（mass/popular culture）首先在法兰克福学派的论著中出现，后来为了突出大众文化所独有的商业性和消费性等本质特征，就使用“文化工业”来代替，以示与通俗文化的区别。从本质上说，当代大众文化是一种在现代工业社会背景下所产生的与市场经济发展相适应的市民文化，是在现代工业社会中产生的，以都市大众为消费对象和主体的，通过现代传媒传播的，按照市场规律批量生产的，集中满足人们的感性娱乐需求的文化形态。[72]大众文化对人们价值观念的影响主要表现在两个方面：

一方面，大众文化将稀释主流意识形态。关于大众文化和主流意识形态之间的关系，美国学者 De Derteau 提出了“占领军与游击队之战”的双向对话关系，相对于社会的各种权威中心，大众文化虽然承认和服从那些公开的主宰，即权威，却有力量去对付、逃避或抵抗，因为“他们拥有庞大而组织良好的队伍，反应快速、策略机敏，常常突袭占领军最薄弱的环节”[73]。总之，大众文化走的是“民间策略”，它与社会的主流文化不完全合作，也不正面冲突，而是一种全民参与以展示自身活力和创造力为目的的，体现在日常生活领域里的丰富的文化活动。大众文化极为有力并有效地取代了原有的主流文化和精英文化，它时时处处向你传递内容，并把主流意识形态稀释筛选后以日常意识形态的形式作为主要承载者，并最终导致传统文化贬值，主流文化面临威胁。

另一方面，大众文化导致文化庸俗化和人格的片面化，进而威胁意识形态安全。伊格尔顿曾坦诚地承认：“我们说社会现象已经普遍商品化，也就是说他已经是审美的了——构造化了、包装化了、偶像化了。”商品已经成了它自己的意识形态，“什么是经济的也就是什么是审美的”[74]。大众文化以消费大众为上帝，只要适合大众消费需求，不管什么样的东西都可以进行批量生产，根本不在乎文化产品是否是人类本性的自然流露，根本不在乎文化产品是否具有人文价值。高雅文化虽是极具个性的创造，但在朝生暮死、迅生迅亡的大众文化的“泡沫”洪流之中，受排挤、冷落之态异常明显。与此同时，大众陷入竞逐欲望满足的怪圈之中，变成自身欲望的奴隶。[75]大众文化将主体滞留在一种表演性的快感中，而遗忘了意义和生存本身，没有把理想、理性、价值、永恒等作为非如此不可的追求，人的全面发展成为一句空话，从而把大众推向单调和平庸，成为西方哲学家马尔库塞早就预言的“单向度的人”，具有标准化性格和同一面孔。

（四）军事因素对意识形态安全的影响

军事是“一切与战争或军队直接相关的事项的统称。主要包括国防建设与军队建设，战争准备与战争实施”[76]。按照马克思主义国家学说，国家本质上是一种“暴力机器”[77]。对于现代国家的理论与实践而言，军事往往被视为国家的一种职能活动，军事安全是国家安全的支柱，关系到一个国家的主权和领土完整不受侵犯，关系到国家的长治久安和生死存亡，是一个主权国家任何时候都必须捍卫的核心利益，军事安全不单单是军事领域自身的安全，而是整个国家的安全。因此，军事的意义远远超出军事领域本身，它涉及国家生存和发展的方方面面，国家的政治、经济、社会、文化等各个领域都需要军事作为安全保障。

1. 战争以其特殊的方式推动政治制度的发展

资产阶级军事理论家 K. F. 克劳塞维茨认为，“战争是迫使敌方服从我们意志的一种暴力行为”，“战争无非是政治通过另一种手段的继续”。[78]这说明战争是一种“暴力行为”，其本质是由政治规定的，是“政治的继续”。马克思、恩格斯在《德意志意识形态》中指出：“古老文明被蛮族破坏，接着就重新形成另一种社会结构。对野蛮的征服者民族来说，正如以上所指出的，战争本身还是一种经常的交往形式；在传统的、对该民族来说唯一可能的原始生产方式下，人口的增长需要愈来愈多的生产资料，因而这种形式也就愈来愈广泛地运用着。”[79]

因此，从战争的产生原因看，一切侵略战争、反革命战争、非正义战争的目的和动因，往往在于经济方面和某种实际利益；而一切解放战争、革命战争、正义战争的起因和动机，则常常不只是为了经济利益，它们还蕴涵着更高、更深刻的目的和根源。例如，列宁曾指出：“有各种各样的战争。一种战争是冒险，它满足于王朝的利益、强盗的胃口和追逐资本主义利润的英雄们的目的。一种战争是在资本主义社会中唯一合理的战争，即反对人民的压迫者和奴役者的战争。”[80]由此可见，人类之间的一切战争的爆发，都不是无缘无故的，任何一种战争实践都是一种自觉的、有意识的、有目的的活动。不同战争有不同的目的、动因和根源，在本质上不过是不同的人们和集团的不同生存目的和价值追求在战争问题上的特殊反映和表现而已，即战争的根本是意识形态领域的斗争。

从战争的结果来看，当旧社会结构或社会制度不适应生产力发展的客观要求，成为阻碍经济进一步发展的桎梏时，则预示着社会结构的重组或新制度的来临。但是，这种由社会基本矛盾所决定的社会转变不能自行实现，生产方式的运动不能自发导致社会制度的变革，必须借助于暴力为自己开辟道路并摧毁僵化的垂死的政治形式，才能促使经济进步和繁荣。在人类历史上，每个民族在长久的历史演化中，总是或多或少在战争的文化碰撞中进行新的文化整合和意识形态的变更。可以说，人类历史上一切政治制度的交替都是以战争为手段的，无论是从奴隶制度到封建制度，或是从封建制度到资本主义制度的意识形态的演化，都是在无数次的战争洗礼后完成的，战争间接引起社会结构、社会制度的变革，而并不直接摧毁它们。

综上，无论是从战争的产生原因或是战争的最终结果来看，战争都是新社会意识形态的助产婆，它通过摧毁旧的社会结构、社会制度来促进生产力的发展。战争所以能够发挥这样的功能的原因包含两个方面：一是先进的文化、社会制度依据战争这种特殊的方式手段，打破落后的文化和社会制度的封闭性，调节和融合先进与落后文化的矛盾；另一方面，战争给行将衰落的民族、地域注入新的生机，战争的暴力交往方式，打破地域的封闭性，把一切民族甚至最不发达的民族卷入了社会的大潮，为社会政治制度和意识形态的发展提供了条件。

2. 军队威慑在意识形态安全方面的保障作用

生存是一个国家的基本需求，当一个国家生存都成问题时，其它的一切利益都无从谈起。军队建设关系着一个国家的主权和领土完整不受侵犯，关系到国家的长治久安和生存死亡，是一个主权国家任何时候都必须捍卫的核心利益。

按照马克思主义的观点，军队是完成政治任务的武装集团，任何一个执政党和政府，都建立在拥有军权的基础上，都必须与军权密切结合在一起。作为人类最极端的对抗活动的专业担当者，军队所具有的对抗能力自然应当是所在社会各种组织中的最强者。换言之，在一个社会中，如果军队与其他各种组织竞夺物质性的资源，以及部分非物质性资源——如大部分政治权力，则毫无疑问，其他任何组织都将无与匹敌。对于这一点，政治家历来有清楚的认识，毛泽东“枪杆子里面出政权”的论断，可谓对这一事实的精妙概括。正因为如此，军队的角色往往是统治阶级政权以及意识形态安全的直接维护者。

军队作为国家政权的主要成分，作为战争的主要工具，人们容易理解，也容易接受。然而，在相对和平的环境，在没有大规模战争，在国家以经济建设为中心的情况下，是不是就意味着军队地位下降呢？显然不是。军队不仅仅是打仗的，它还具有威慑作用。军队在和平时期的主要作用就是“威慑”。作为人类社会活动的一种制约关系，“威慑，是人类社会生活中的一种客观存在和普遍的自然现象。有斗争就有威慑，有战争就有威慑”[81]。人们在长期的战争实践中，除了最大限度地使用暴力之外，还最大限度地发挥人的智慧，把在与自然作斗争中行之有效的威慑手段移植到了战争领域。倘若军队的威慑力不够而使国家遭受侵略卷入战争，那不仅会耗费大的人力、物力和财力，人民得不到安宁，而且城市、交通、资源等都会遭到严重破坏，国家的意识形态安全甚至国家政权也会遭到破坏。《孙子兵法》中指出“百战百胜，非善之善者也；不战而屈人之兵，善之善者也”。这句名言，深刻地说明了军队威慑的重要作用。

随着军事技术和武器装备的发展，随着人类对战争的理性认识不断深化而日益完善，军队威慑越来越取代战争在维护国家安全中的重要地位，威慑在新的国家间的斗争冲突中发挥着越来越重要的制约作用。当今世界正处在复杂而深刻的动荡时期，单极与多极的矛盾更加突出，霸权主义和强权政治有新的表现，国际政治、经济、安全矛盾以及地缘、民族和宗教冲突错综复杂，恐怖主义等非传统安全威胁日益严重，能源危机加深，南北差距扩大等等，这一系列问题给国际局势增添了许多变数。在这种复杂多变、动荡不安的国际形势下，军队的地位作用非但没有下降，反而显得更为重要了，军队威慑称为国家战略能力中最“硬”的能力，是解决国家政治问题最后的和最有权威的手段，保持适当的军队威慑力是确保我国意识形态不受外界侵害的基础。

（五）科技因素对意识形态安全的影响

随着现代化进程的加快，科学技术以战无不胜的姿态挺进社会生活的各个领域，给人们生活带来了翻天覆地的变化，同时渗透到思想、经济、政治等各个领域。科学技术与意识形态之间的辩证关系确实成为当代科技哲学领域内争论的一个焦点问题，也是当代意识形态理论的一个热点问题。

结构主义的马克思主义的创立者阿尔都塞是“对立论”的典型代表人物，他的代表作《保卫马克思》以科学与意识形态为核心概念。在阿尔都塞那里，意识形态是强制性、虚幻性且具有普遍性的表象体系，它以想象、神话、幻想、颠倒的方式反映外部世界，并且是为统治阶级服务的工具，而科学“就其含义而言是同意识形态的决裂，科学建立在另一个基地之上，科学是以新问题为出发点而形成起来的，科学就现实提出的问题不同于意识形态的问题，或者也可以说，科学以不同于意识形态的方式确立自己的对象”[82]。这种把意识形态与科学对立的观点，否定意识形态具有科学的可能性这种割裂的观点，不仅否定了二者的联系，即科学技术对意识形态的决定作用以及意识形态对科学技术的反作用，而且忽略了意识形态与社会实践之间的辩证关系，导致科学与意识形态之间的对立，最终将演变为抽象的真理与谬误之间的冲突。

霍克海默、马尔库塞、哈贝马斯等西方马克思主义者是“等同论”的代表人物，他们在承认“科技是第一生产力”的同时，更明确地提出“科技是新型的意识形态”的观点，并对这一现象进行了深刻的揭示和批判。哈贝马斯认为，在晚期资本主义社会中，当科学技术成为第一生产力并执行意识形态功能时，技术统治论的思潮开始占据统治地位。他强调，技术与科学作为新的合法性形式，已经取代了旧式的意识形态，而成为以科技为偶像的新型的意识形态，即技术统治论的意识，发挥着使人们安于现状，阻止他们思考和议论社会的基本问题的作用。这种观点虽然产生了很大的积极影响，但同时存在一些问题，即离开产生这种意识形态控制的社会经济、政治现实而进行孤立、抽象的预测，片面夸大科学技术与意识形态的联系，以至于在两者之间画上等号，这就偏离了马克思的历史唯物主义立场，客观上却掩盖了资本主义的社会矛盾。

马克思从未把科学技术直接视为意识形态，在他看来，科学技术与意识形态之间没有本质的联系，两者的区别体现在科学技术与意识形态所反映的对象不同，科学技术与意识形态的属性和功能不同，科技与意识形态的任务和职能不同等几个方面。

对此，我国学者也进行了一定的思考和分析，俞吾金这样写道：“意识形态是一个否定性的概念，它以歪曲的、颠倒的方式反映着现实世界，而自然科学则是以客观地、正确地反映自然界的运动规律为根本特征。因而与意识形态有本质的差别。”[83]这些差异概括起来主要是：其一，科学技术反映的是自然现象的内在联系及人与自然现象的关系，并不像意识形态那样反映人们的社会关系；其二，意识形态具有阶级性，而科学技术无阶级性；其三，意识形态是一种价值观念和信仰体系，而科学技术虽含有一定的价值因素，但其本质规定是真理性和客观性。王庆生认为意识形态与科学技术不是截然对立的。其一，在人们的社会意识形态中，意识形态与科学技术从未完全割裂和对立，因而一切先进的革命阶级和群众，总是依靠当时的先进科技成果去建立自己的意识形态，并以自己的社会意识形态为指导，去发展和利用社会科学，形成两者复杂的关系；其二，在现代社会，由于人类面临一些共同问题，在不同甚至对立的意识形态中，出现了某些带有共性的新因素。意识形态与自然科学又是密切相关的，现代科技革命非但没有取消，反而改变了存在和作用形式，加深了意识形态的痕迹，支配着人们的思想，而且扩展了内容，使科学的工业的合理性成为其核心内容，即日益融入实在。[84]

综上所述，科学技术与意识形态在本质上是相异的，但也不是截然对立的，其中的一点共识就是科学技术在社会生活中的确执行着意识形态的功能。也就是说，科学技术对于意识形态安全的影响是不容置疑的。

首先，科学技术对人类历史发展的进程发挥着越来越重要的作用，深刻地改变了人们的精神世界。技术与科学内化为第一生产力并成为一种意识形态，其功能已渗透于社会生活的每一个方面，任何人任何领域都不能摆脱它的控制。哈贝马斯指出："当今那种占统治地位的、更呆板地把科学变成偶像的背景意识形态，较之旧式的意识形态更加不可抗拒和无孔不入。因为随着对实践问题的掩盖，它不仅仅为一种占统治地位的特殊的阶级利益作辩护和压抑另一个阶级的局部的解放需求，而且侵袭了人类的要求解放的旨趣本身。"[85]21世纪，科技是人类竞争的中心和制高点，人类在依靠知识创新、技术创新、理论创新、科技进步深刻地改变着客观世界的同时，也改造着自身的主观世界，改变着自己的思想和生活方式。在意识形态领域，广大人民群众越来越多地表现出非政治化的倾向，即排除实践问题，把实践问题转化为政治问题，然后将政治问题转变为技术问题。在日常生活的方方面面，人们所言听计从的正是被科学武装起来的专家们的意见。

其次，科学技术进步特别是信息技术的突飞猛进，对意识形态建设提出了时代性的挑战。作为信息传递新平台的网络，是一个开放的、全球性的意识形态渗透工具，它使得对别国进行意识形态、价值观念、政治制度、生活方式的宣传、张扬变得简便易行，并且很难抑制其跨越国界的传递。在因特网前时代，除了政府官员以及学术研究者外，绝大多数的国民接受的是政府一家的言论，政府对于媒体和舆论也有着相当的控制权，因而普通民众能够接触到的其他言论非常有限。所以，政府相对易于灌输自己的政治理念、价值信仰，使得整个社会达到思想一致和团结。但是网络带来的是全新的开放局面，网络的交互性、即时性和无国界性使信息实现了在世界范围内的完全的自由流动，国家间的界线已经被打破，人们利用因特网查阅信息已不再受时间和空间的限制，政府也不能像从前一样对信息进行垄断、封锁和筛选，任何一个普通公民都可以轻易通过互联网络了解到发生在别的国家、别的社会、别的政府中的事件，因而，社会传统意识形态对社会控制力逐渐弱化，原有意识形态所具有的凝聚力下降。

三、政治价值观的概念及其功能

（一）政治价值观的概念

“价值，是特指主客体关系的一种内容。这种内容就是：客体是否满足主体的需要，是否同主体相一致，为主体服务。”[86]马克思主义认为，“价值这个普遍的概念是人们对待满足他们需要的外界物的关系中产生的”，“表示物对人有用或使人愉快等属性”[87]。价值作为人类需要和利益的现实性基础，出现在个人行为和社会运动的系统中，成为人们选择具体行为，形成动机和目的的基础。

“政治价值是人类价值系统中的一个子系统，是指产生于一定历史条件的那些能够论证某种政治（制度）安排、政治活动的合法性合理性，能够为理想的社会政治生活设计和计划指出方向，又能为所有的政治现象、政治关系和政治过程建立规范、提供评价批评标准和解释的意义系统。”[88]政治价值是政治体系的指针，是政治体系据以确立的理论来源和基础，是政治主体政治行为的导向和实现目标。政治价值体现政治主客体关系的范畴，是政治客体对政治需要的满足程度，其中包括政治个体和政治组织对政治生活的需求，即政治价值就是政治客体对政治主体所具有的意义。同时，它也是指政治当中什么是正义的、合乎道义的，从而作为一种伦理的判断，确定什么是政治应该追求的东西，所以，我们也可以说政治价值是指那些为全社会所普遍认可和追求的理想政治目标和政治状态，是评价政治生活和政治发展的基本标准，它以具有特定社会文化内涵的“人”及其本质特征为基本内容，构成人类政治生活的价值目标。简略地说，政治价值就是政治客体对政治主体所具有的意义，它是政治观和政治文化的核心部分。

与政治价值紧密联系的是政治价值观，政治价值在大众那里总是表现为政治价值观。政治价值观一般指的是社会成员对政治世界的看法，以及由此形成的政治主体的价值观念，是政治主体对政治客体的主观反映。个体或群体的政治价值观并不完善和稳定，常常受到政治思想的影响和校正。政治价值是一个客观性范畴，所要研究和阐明的是政治客体对政治主体的意义，它主要通过政治制度和政治理论来体现或表征特定时期人们的政治偏好和政治追求。而政治价值观完全是一个主观性范畴，它所要研究和阐明的则是人们在政治生活中基于某种立场而形成的一种政治伦理判断，即对什么是正义的、合乎道德的，什么是许可的，什么是应该的，什么是应当追求的等问题的一种态度和观念。政治价值是政治哲学的重要概念，而政治价值观只是政治思想、政治文化的分析概念。

在20世纪的80年代末和90年代初，对政治价值观特别是青年政治价值观的研究是一个热点，许多研究者都参与到了这项研究中。当时，国内一个大型的调查研究课题“社会变革中的中国青年价值取向”，对当代青年政治价值观进行了大规模调查。[89]该研究对“政治价值观”的定义是，“关于政治现实和政治理想的一般评价”，“由对这种评价的分析出发，我们可以比较深刻地理解它依据的尺度及其含义，以此来把握青年政治意识的内在结构；若从青年的政治行为层次着眼，则可以对它们的政治态度、政治行动及其相互关系有全面的理解”。从这个定义来看，“政治价值观”不等同于政治观念、政治态度和政治行为，而是影响这三者的一种更“一般”（或更抽象）的评价标准或尺度。黄希庭等人也支持这种观点，他认为价值观具有不同的抽象程度，政治价值观就是影响个人政治取向的抽象的政治信念或观念。这种定义方式强调政治价值观比价值观具体，但仍是较抽象的一种信念。

另一种政治价值观的定义取向强调政治价值观的思想政治意义，并把政治价值观看做对政治问题的比较具体的“看法和态度”。陈晓阳对于大学生政治价值观的定义为：大学生政治价值观是大学生价值观体系的主导部分，它反映的是大学生对政治现实和政治理想的一般评价、心理倾向和行为取舍，是大学生关于社会政治生活的价值评价和观念总和，其基本内容有政治现实价值观和政治参与价值观，其心理结构有四个要素：即认知因素、情绪因素、意志因素和行为因素[90]；楼益松等人对于政治价值观的定义为：政治价值观是指以社会的政治事件或现象为评价对象的意义之评价，它是人们的政治观念、态度的内在尺度的体现，是思想素质的核心[91]；刘华才等人对于政治价值观的定义为：政治价值观是人们对于政治生活、政治系统及其运行状态的一种价值期待和评估，是关于政治生活某种应然状态的设定，是关于政治系统运作目标及其责任履行机制的一种理想化诉求，当这种期待或诉求向一种普遍的社会约定而演进的时候，政治体制乃至政治制度变革便会成为必然[92]；郭建强对于政治价值观的定义为：政治价值观是一定阶级、阶层的社会成员，受政治的、经济的、文化的、社会的多种因素决定或影响所形成的对政治生活进行政治价值判断和决定政治价值取向的观点和看法。

综上，尽管理论界对于政治价值观的抽象程度和研究重点的看法不一，但对政治价值观的基本研究对象及其对政治行为的作用的认识还是比较一致的。在本研究中，我们将政治价值观定义为政治价值观是人们关于政治生活的根本看法、评价以及行为倾向。政治价值观是主体在长期的政治生活、政治实践中，形成的一系列关于政治行为、政治关系、政治现象等所具有的意义之相对稳定的认识，它通过政治主体的政治价值判断和政治行为选择体现出来。它是人们关于各种政治价值现象的观点和看法中比较稳定的、深层次的、系统化的价值选择的结构体系，是指导人们进行政治价值活动的世界观、方法论和一般思想原则。它渗透到现实政治生活的各个领域，诸如政治信念、政治信仰、政治理想等都属于政治价值观的范畴。政治价值观是深层次的政治心理和政治思想结构，不像政治认知、政治情感那样可以通过比较直观、具体的问题就能作出分析，而必须通过对表面的、个性的政治现象进行归纳、概括和总结。如果把政治系统中的政治组织和制度比做系统平台中的硬件系统，那么，政治价值和政治价值观念就是平台中的软件系统，它们一同组成政治生活中的价值体系，渗透于政治意识形态和政治文化之中，向现实的政治生活提供评价的标准、选择的标准，对政治组织和制度所作出的行为和决策产生决定性的影响。

政治价值观是不断发展变化的，不同时代的人们有不同的政治价值取向，不同的国家有不同的政治价值观，处于不同经济地位的人们在政治价值观上也显然有别。依据政治价值指向的目标把政治价值划分为两种类型：一种是围绕个人而展开的一系列价值判断，如自由、人权、幸福、诚实、利益、善良、自尊，其中权利价值居于核心地位；另一种是围绕社会而展开的一系列价值评价，如和平、正义、平等、团结、稳定、文明、民主、发展和繁荣等，其中平等、民主居于核心地位。[93]在社会政治生活中，每一政治个体或集团都会面临着这样那样的选择，既有个人层面的，也有社会层面的。政治价值的选择是在政治价值判断的基础上进行的，不仅不同国家、民族的政治个体及不同的社会集团的选择取向大不相同，而且在同一地区、国家、民族的不同的历史时期，人们的选择也会大异其趣。这种选择的结果不仅直接影响着政治主体的政治行为，而且影响着政治体系的运行及其稳定状态。

（二）政治价值观的功能

政治价值观是人们在政治活动中所体现的价值诉求，是社会政治活动的基本出发点和最终归宿。政治价值观一经形成便会对国家政治生活产生深刻的影响，左右着人们的思想观念，导引着人们的行为方式，在政治生活中有重要的地位和作用，进而影响到整个国家和社会的发展走向。

政治价值观具有鲜明的理论导向功能。每一种政治理论都具有某种鲜明的方向性，都有指向未来、为一定的阶级导向的特征。政治价值观的理论指导功能是指政治价值观通过理论分析和评价来实现理论上的指导。因为政治价值观是一个由相关概念和知识构成的完整知识体系，以对各种政治理论、政治思潮、政治主张进行评价，判定其科学合理与否。政治价值具有“应然性”特点，它具有超现实性，探讨的是现实政治的“是其所是”，为政治主体提供能够超越现实思维的价值判断，为政治生活提供一般的准则和规范，因为它可以集中反映政治主体的政治理想，并体现在主体的信念和态度之中，所以政治价值成为主体评价、选择政治目标的终极标准并规范主体的政治活动。当一个社会正在经历苦难，当社会发生剧烈变革，当原有的政治理论同社会发展的实际情况产生冲突的时候，新的政治理论就在社会危机与政治危机的裂缝中出现，而新的政治理论的诞生，将会逐渐影响人们在社会生活中的价值取向，并进而为社会的发展指明新的方向，开辟新的道路。同时，政治价值观也是人们在活动中进行抉择和评价的标准，会对政治主体产生一定的理论指导作用，当政治主体的认知结构、政治评价和政治态度在政治价值的理论指导下有了明确的取向之后，也就提高了政治主体的政治认知水平，从而有效地促进了政治主体按照阶级规定的方向参与政治。

政治价值观具有积极的情感激励功能。情感具有极大的激励作用，是人的行为最直接的一种激励因素，政治价值观作为个体的一种观念体系在个体的政治行为的产生和发展过程中起着很大的情感激励作用。一方面，政治价值观包含政治宽容度、政治认同等情感因素，这些因素直接决定着个体对于政治生活的满意度和情感归属状态，如果个体高度认同当前的政治现状或对政治事件有较高的宽容度，则个体与国家间的情感连接就相对密切，一个国家政治上的发展前景，一个阶级或政党的奋斗纲领，一个集团的政治主张，一个民族的政治归属，都集中地体现在这个个体的政治价值体系之中，并成为鼓动其为之奋斗的精神力量；另一方面，不同的政治价值观对社会现象的评价是不同的，有的甚至完全相反。当人们把政治价值所批判的或赞扬的这种倾向，同社会现实联系起来，就会从内心深处产生爱与憎、拥护与反对的情绪，从而产生感情上的共鸣，成为激发人们政治热情的精神源泉，使按照确定的价值标准加以取舍，或揭露、批判、抛弃，或赞扬、继承、肯定，其倾向性是极其强烈的。

政治价值观具有一定的社会调节功能。政治价值观虽然属于社会意识，受制于社会存在，但它一旦确立，就同其他政治因素构成特定的政治环境，指导人们的行动，对社会生活起着积极的调节作用。一方面，政治价值可以将政治系统置于人的需求关系之中，从人自身生存与发展的角度认识政治，而不是将人置于政治之中，使人们认识到是政治应该如何去适应人而不是人如何去适应政治，以此来显示政治主体的重要性，它要求从本质上将政治活动置于人类生活的目的之下，让政治真正的服务于人。我们知道，当人们力图创建其所需要的政治的时候，这种政治在现实中并不存在，它并不会从社会运动中自动产生出来，只能由人们自己自觉创建，而人们要创建自己所需要的政治，必须事先清楚自己究竟需要怎样的政治，政治价值就可以通过“应然性”特点指导人们到底需要什么样的政治，它是政治生活的目标与标准，也为解决一切现实政治问题提供了最根本的理论依据和现实指导。另一方面，统治阶级或代表统治阶级的政治集团“作为思想的生产者而进行统治，他们调节着自己时代的思想的生产和分配；而这就意味着他们的思想是一个时代的占统治地位的思想”[94]。但是，任何一个社会，不可能只有一种政治主张和一种价值导向，而是同时存在着几种政治势力的较量和几种政治价值倾向。特别是在社会转型时期，社会关系和利益关系的调整会带来人们各种思想观念和价值符号的激烈碰撞，人们会产生政治价值观方面的迷惘，社会主导政治价值观自然就会因此而受到冲击，政治价值体系失去了应有的统一性，政治价值秩序处于混乱之中，从而丧失应有的地位和作用，它的无序是社会混乱的思想表现。此时，在人民中树立主导的政治价值观就变得至关重要，社会核心政治价值体系能够构建起适应社会成功转型的、关注民族和国家的前途与命运的政治形态，形成统一的政治价值追求，消除社会的不稳定和不和谐的因素，从而对社会转型产生积极的引导和推动作用。

四、政治价值观对意识形态安全的影响

意识形态安全是构成国家安全的基本要求，政治价值观作为更深层次的意识形态范畴，对于意识形态安全的影响是长期的和潜移默化的。

（一）政治价值观与意识形态的关系

意识形态是一定阶级和群体的智慧结晶，是上层建筑的重要组

成部分，是社会政治、法律、道德、哲学、艺术、宗教等各种社会观念的总和。而政治价值观具有一定的普适性，是个体或群体将社会的意识形态内化和具化的结果。政治价值观以一定的社会个体或群体为载体。个体的政治价值观是个人独特的政治经历和政治生活的反映，是个人独特的政治实践的产物。由于社会政治生活和政治关系的复杂性，人们不可能有完全相同的内心世界，也不会有完全相同的个体政治观。群体政治价值观是一定的群体所构成的社会共同体形成的政治共识。由于同一群体一般都具有共同的利益、目的和要求，因而群体内部的成员能由此产生一定的政治共识，为维护群体的一定的政治关系和利益关系服务。意识形态和政治价值观之间的关系是“一般”与“特殊”的关系。

1. 意识形态是政治价值观形成的基础

恩格斯指出：“什么是人的思维。她是个人的思维吗？不是，它仅仅作为无数亿过去、现在和未来的人的个人思维而存在。”[95]这句话告诉我们，任何观念或思维都不是个人的，它是社会的产物，是社会意识形态在个人观念中的反映。对于某一个体或群体而言，其政治社会化过程总是以一定的意识形态为基本内容，并在这种意识形态的支配下进行的。根据黑格尔和马克思的理论观点，人本质上是一个自然存在物，是无意识的。在自身的成长过程中，他们不断地从外在的现实世界接受思想、情感、道德和各种观念，使其形成自我意识。“现实的自我意识通过它的外在化转化为现实的世界，并且反过来现实的世界转化为自我意识。”而这个转化的过程，就是一个自然存在物通过接受意识形态变成一个社会存在物的过程，这正是通过教化或教育来实现的。简言之，要成为一个社会成员并能在社会中生活，他就不得不接受教化或教育。“一个人只有通过教化与一种意识形态认同，才可能被以这种意识形态为主导思想的社会认同。所以黑格尔告诉我们，一个人在社会中接受的教化愈多，他在该社会中就愈具有现实的力量。这样一来，我们就明白，一个人愈是与某种意识形态认同，他在以这种意识形态为主导思想的社会中的生活就愈是得心应手。”[96]因此，作为一个生活在社会中的个体人，他要生存于一种社会中，他就不得不接受这个社会的主流的意识形态，服从于该社会的统治阶级。

政治价值观作为统治阶级意识形态在民众中的直接反映，其形成更是受到特定意识形态的影响。换句话说，作为社会理想或人类理想的意识形态以其特有的运行机制影响社会成员的心理定式和价值判断标准的形成。以我国为例，支持我国传统政治制度的意识形态体系，无论是“君主主义”或是“民本主义”，都必然强调“整体”、“统一”、“一体”一类的政治价值。与西方自由、平等、博爱等民主思想家的政治理想不同，政治上的安全、统一和秩序是传统中国的基本政治理想，是中国意识形态上层建筑的核心内容，这一政治思想不仅影响了中国近现代的发展历程，而且影响着每个社会成员的政治价值评价体系的建立。由此可见，任何一个民族、群体、个人，不仅包括了以特定基因遗传为内容的血肉之躯，而且包括了以特定意识形态环境为背景的心理积淀，个体在特定的意识形态环境中成长，必然受到这种意识文化的影响和陶冶，从而形成一定的政治价值观念。从某种意义上来说，当现实的人们试图寻找政治价值的时候，实际上只是作出某种甄别与选择，即对各种意识形态作出评价，然后作出接受、有保留地接受或不接受某种政治价值的抉择。认同一种意识形态，意味着信仰和遵循这一意识形态的基本价值和行为规范，统治阶级亦不例外。

对于某一个国家或社会而言，政治价值观的形成过程是一个弃旧图新、以适应生产力发展以及政治系统所面临的各种因素变化的过程，因而也是一个与时俱进的过程。在建构过程中，新质不断被吸收和孵化，旧质不断被改造和删除。纵观西方历史，我们发现，不同时期的西方社会有着不同的政治价值追求：古希腊时期追求正义；中世纪时期追求神权至上，君权神授；文艺复兴时期崇尚君主专制，拥护王权统治，重塑国家主权；资本主义初期追求的则是自由、平等、民主、法治和相应的理想政体。这与意识形态赖以产生和发展的社会存在之状态及其演变的基本规律是一致的，并且受到意识形态变化的直接影响。

综上所述，我们可以说无论是社会个体或是群体以及国家的政治价值观念的形成，都要以特定的意识形态背景为基础，意识形态规定了不同时期的政治价值观的核心内容。但是，与此同时，“理论一经掌握群众，也会变成物质力量”[97]。政治价值观作为人们对于政治理想的一种设计和规划，具有一定的理想性和前瞻性，它通过社会群体的大众传播或者不同意识形态分野的政治斗争反作用于国家意识形态，如果国家意识形态不符合人民的政治价值偏好或不能满足人们的政治利益，人民的政治价值观与国家的主导意识形态相背离，社会意识形态将因为缺少理想力量的支持而没有持续性。

2. 政治价值观是意识形态的一种表现形式

政治价值观作为一种特定的价值观内容，也是意识形态必不可少的一个重要组成部分和表现形式。从意识形态的内涵来讲，意识形态本身就是社会上层建筑的思想体系和价值体系，“意识形态作为一定社会的价值理论体系，给人们认识事物、表达事物提供了世界观和方法论”[98]。意识形态所以具有价值导向功能，就是因为它为社会成员提供了一种基本的政治价值目标和标准，即政治价值观。以我国现状为例，以马克思主义为指导的社会主义意识形态，其核心的内容是以社会发展规律的科学分析为基础，指明了人类社会的最高发展目标，指出了人类社会的最高价值目标——共产主义社会，明确了人们的政治价值取向，使社会主义意识形态成为人们的政治价值的核心，为人们提供了一定的精神动力。与此同时，政治价值对政治生活的意义的确定，往往诉诸于意识形态的强制性力量，使得政治价值具有了全民性和普遍性的特点，成为全社会所普遍认可崇尚的价值。因此，“意识形态规定了政治价值，意识形态以其自我推崇的普遍意义对政治价值观教育作出了界定、阐释和推广”[99]。人们接受某种政治价值观的过程实际上就是作出某种甄别与选择，即对各种意识形态作出评价，然后作出接受、有保留地接受或不接受某种政治价值观的抉择。

政治价值观是意识形态的表现形式，这是由政治价值观的鲜明阶级性决定的。政治价值观的主体是人，人是政治价值观的生产者和承受者。在阶级社会，每一个人都是在一定的阶级地位上生活和活动的。政治价值观主体的阶级性，决定了政治价值观是具有阶级性的，都是一定阶级的思想、观念、理论、价值观和情感的综合体现。在阶级社会中，每一个阶级都有自己的政治要求、政治理想和政治观点等，这些就构成了每一个阶级的基本政治价值观点，每一个阶级政治价值取向正是由本阶级的特殊利益决定的。作为对政治现象观念形态的反映，政治价值观不仅反映了人们对政治现象的评价标准等，而且包含着人们的政治理想和愿望，并以系统化、理论化的政治思想的形式表达出来。这些理论和观点具有明显的政治性和阶级性，即不同的阶级具有不同的政治价值观，不同的政治价值观代表不同的政治利益。比如在同一社会意识形态中，革命阶级和反动阶级对于同一政治事物或现象，各有其不同的甚至截然相反的价值评价。毛泽东在其著名文献《湖南农民运动考察报告》中就曾指出，对于当时的农民革命运动，广大贫苦农民与土豪劣绅就持有“好得很”和“糟得很”两种截然不同的评价态度。因此，毛泽东说：“在阶级存在的条件下，有多少阶级就有多少主义，甚至一个阶级的各个集团中还各有各的主义。”[100]

（二）政治价值观对意识形态安全的影响

政治价值观是意识形态的核心组成部分，它影响着人们的基本政治倾向，为人们提供了理想的政治目标和政治行为规范，同时塑造着人们的思想方式和行为方式，人民政治价值观的变化将直接影响意识形态安全和稳定。

1. 政治价值观是政治“合法性”的基本依据，是维护意识形态安全的理论支持

“合法性是现代政治学、哲学、法学和社会学中的一个重要概

念。所谓合法性或政治合法性，就是以对特定的政治共同体、权利结构或政治秩序的认同意识为基础，使它得到社会上大多数人的普遍承认、普遍拥护、普遍遵守，而具有的一种合法权威性。”[101]简言之，合法性或政治合法性指的是政治统治依据传统或公认的准则而得到人民的同意和支持。合法性被看做有效统治和政治稳定的基础，只有当统治阶级获得人民自愿的拥护时，其统治才更有效力，更能保持政局的稳定。相反，如果统治的合法性受到怀疑乃至否定，统治阶级的动员和贯彻能力将会被削弱，最终导致政治动荡。任何一个有头脑的统治阶级或政治集团，都会在意识形态上论证它的权利结构的合法性，换句话说，意识形态要首先实现其对于统治阶级政治合法性的辩护才能确保其理论体系的安全甚至国家的安全和稳定。而政治价值观是政治“合法性”的基本依据，是实现意识形态的政治合法性功能的理论基础。哈贝马斯指出，要对一种政治统治是否具有合法性作出价值提问，即一种政治是否包含着被认可的价值，才是有无合法性的最好证明。这就是哈贝马斯在合法性问题上的一个著名的论断：“合法性意味着某种政治秩序被认可的价值。”[102]所以，我们在哈贝马斯这里看到的是政治秩序能够得以认同的“价值”，而不是得到认同的“事实”。他所强调的是政治合法性赖以存在的价值基础。人民的政治价值观是政治价值的集中体现，是判定政治合法性的基本依据。

此外，政治合法性的产生是由于人们阶级立场、政治态度的不同，以及由此引发的对于某种政治的价值评价便不尽相同。从政治哲学的角度来看，我们说某种政治具有合法性实质上就是指人们对这种政治价值所作的肯定性评价。由此看来，政治的价值共识是其合法性的基础，政治价值观是意识形态实现其“合法性”功能的中介因素。在西方古代时期，专制君主在强制力的基础上仍然需要借助“传统习俗”、“神圣形象”和“文化礼仪”等一系列政治价值观念来论证自身统治权利的合法性。近代以来，随着民族国家的崛起，资产阶级政权从两方面论证自身的统治权利。一方面，由于在西方资产阶级政权诞生之前，自由、平等、博爱等政治价值观念已经通过启蒙思想家的论证与传播在早期资产阶级公共领域中孕育成熟，因此，资产阶级政治家、学者们就已经在革命前夜为其统治权利的论证作好了价值规范的准备。这样，在政权建立之后，资产阶级统治集团就可以通过“法律规范”和“民主制度设计”等途径将作为其合法性来源的政治价值观念相对恒久地固定下来；另一方面，一些民族国家的统治集团也可能会从本民族的传统政治文化中提炼出具有民族感召力和凝聚力的政治价值规范，并以此作为论证自身统治权利的有效工具。

众所周知，在现代民主社会，社会大众对政权的认同和忠诚并非统治者单向作用的结果，更不是靠强力威胁就能达成，而是取决于这种政治的价值与其成员的政治价值观念是否一致。因此，合法性一方面取决于政府的活动，包括国家政权为强化自己的统治地位而运用的意识形态的、法律的和道德伦理的力量为自身所作的种种论证；另一方面其更为实质的内容则是人民群众的政治价值观念是否与国家的主要意识形态一致，国家政权在大众当中赢得广泛的信任和忠诚，从而使人们自觉地把对政府的服从当做自己的义务。因此，在马克思主义看来，在现代社会，尤其是在社会主义国家，政治合法性的价值基础在于，政治的价值不是以任何个人或社会集团来认可，而在于广大民众的认可。因此，政府已不能仅仅通过单向的“意识形态灌输”手段对其“统治权利”进行自我论证，现代政府与政党精英已经深切地体会到，没有民众通过顺畅的政治沟通机制在公共领域中展开的对统治集团“统治理念”与“政治行为”的政治价值论证与反思，该统治集团就不具备现代意义上的政治合法性。作为合法性概念的核心要素，“价值反思”能够为民众提供观察政府行为的独立而客观的视角，也能够使政府的合法性奠定在广泛的民众政治心理与政治倾向的基础之上。然而，“虽然价值反思对政治合法性的存续极为重要，但并非每一个政治系统中统治者的合法性都能够经过民众审慎的政治价值反思与论证得来。只有在具有通畅的政治参与和沟通管道，并且民众又具有一定政治知识与参政技能的政治系统中，民众对政权合法性的政治价值反思才能达到理想的效果”[103]。

2. 政治价值观是个体政治生活的内在依据，是维护意识形态安全的现实基础

政治生活是整个社会生活的组成部分，日常的政治生活大体上有三方面的内容：一类是政治学习、宣传活动，一类是完成一些具体的政治任务，还有一类是有关实现政治理想的实践活动。“马克思主义认为：政治价值与政治活动是相互联系、相互支持的。政治价值通过政治主体对政治客体的认同或排斥、支持或反对、构建或废除的政治实践活动反映出来。政治的价值蕴含着实践的目的性，主体通过实践活动能够获得自身本质力量的对象化，并使之赋予意义和存在的价值。”[104]政治价值与政治现实生活之间的有机统一，是使政治生活不再处于蒙昧状态的重要途径。

一方面，政治价值是人们对于政治生活的理想，它规定了政治生活的基本内涵。“政治价值通常是一定意识形态的目的性的诉求，它以其抽象的语言表达了政治生活的理想性，即政治生活的完美性和可追求性”[105]，同时它“通过对政治生活本原意义的规定而成为参与公共生活的人们的终极政治追求”[106]，政治价值阐释的是现实社会的“应然性”的问题，政治价值观能够为政治主体提供超越现实思维的价值判断。我们究竟需要过一个什么样的政治生活，或者说什么样的政治生活才是我们所能够认同的美好的政治生活？这是政治价值观需要回答的基本问题。换句话说，个体或群体的政治价值观决定个体或群体的政治生活的目标和内容。在日常政治生活中，人们政治利益需求的复杂性决定了人们政治价值观念的多样化，如政治主体既需要安全的政治环境，又希望社会能实现自由、平等、公平等等。但是，尽管不同群体有不同的政治价值诉求，但对于某一政治事务的价值评价，总还有一个最基本的价值准则，它

不以任何一个阶级的意识或主观愿望为转移，是人们共同追求的政治生活的理想状态，如洛克的“自由”、卢梭的“平等”、潘恩的“权利”和边沁的“幸福”等，这些都是不同政治价值的代名词，也都是人们政治生活的最终追求。不仅在政治生活的不同历史阶段上，在相同的时代，甚至在同一国家的同一时期，也存在着不同的政治价值，诸如当代的“新自由主义”、“新保守主义”、“社群主义”以及“多元主义”等理论所追寻的政治价值即如此。

另一方面，政治价值观水平是人们政治素质的核心部分，它为人们的日常政治生活提供一般的准则和规范。“人在本性上天生就是政治动物”[107]，“人和客体之间的价值关系，是在现实的人同客体的实际的相互作用过程中，即在社会实践中确立的，只有通过社会实践，人们才能发现客体事物及其属性对自己的实际意义，并自觉地建立起同客观事物之间现实的价值关系”[108]。个体在成长的过程中，总要扮演各种各样的政治角色，参与各种形式的政治生活，并在此过程中形成个体的政治价值观点，与此同时，个体的政治价值观水平又决定着个体在政治生活中的角色和状态。对于个体或群体而言，政治价值观是其对政治生活中各种现象的理解、解释和评价，规定着政治主体的活动目标和方向，激发着政治主体的内在动力，对政治主体在政治生活中的能力发挥或抑制都起着重要的控制和调节作用。只有当各种政治生活与人们所尊崇的政治价值观念相一致时，人们才认为是正当的，人们才会积极地投身到这种政治活动之中。而从社会现实来讲，多元政治价值观或不现实的政治价值观必然带来多元的政治目标或空洞的政治目标，就必然影响人们政治生活的秩序，甚至导致政治体系的混乱和崩溃。因此，只有当个体的政治价值观水平和方向符合核心价值体系的规定和要求时，个体的政治行为才能有利于国家意识形态发展，有助于维护国家意识形态的安全。

3. 政治价值观对道德、信仰以及政治制度等其他意识形态形

式有重大的影响

政治价值观是特定的经济基础及阶级经济利益的最直接、最集中的表现与反映，对其他意识形态形式起支配作用，影响着它们的内容及发展方向。

(1) 政治价值观与政治制度

政治价值观和政治制度都是人类政治生活的基本内容，两者有着内在的必然联系，政治价值观是政治制度产生和形成的重要基础，政治制度是政治价值观的外在表现。

一方面，人们的政治价值观念是论证政治制度合理性的重要力量，是政治制度产生、形成的观念基础。如果制度是“在有关价值的框架中由有组织的社会交互作用组成的人类行为的固定化模式”[109]，那么政治制度则是在政治价值的框架中所形成的人类政治行为的固定化模式。对不同政治价值的认同和追求，影响和决定着人类社会不同的制度安排。政治价值观代表着人们对于政治制度的设计和政治生活理想的构想，具有评价性、调整性、规范性、批判性、指导性的功能。与任何一种价值观一样，政治价值观为政治主体指向的是一种政治上的“应该”和“不应该”，也就是说，个体的政治价值观对于其在政治生活中的各种政治现象、政治关系和政治过程都具有指导意义和评价解释功能，如果说民主或者平等或者自由等在人类社会、至少在当今的人类社会不可能真正彻底实现，因而是人类美好理想的话，那么现实的民主政治制度、规则则是向着这种理想靠近的努力，是与“正确的观念”紧密相联的。然而，在社会转型时期或革命时期，政治价值往往对现实政治提出强有力的批判，“必要时它会质疑社会政治制度的合法性，以致论证发动革命的合理性”[110]，我们看到，近代西方社会形态的变革和政治制度的创新，无不是在特定的且与当时主流价值相抗衡的政治价值指导下进行的，这再一次证明了政治价值的前瞻性和指导性。因此，“政治价值观为政治主体指明了社会政治制度的基本原则，为社会基本制度的建立作出了系统的价值论证，是各种政治决策提出的基本和最终的依据，为各种政治行为的规范的确立和实施奠定了基础”[111]。

另一方面，政治制度是政治价值观的外在表现形式，且对政治价值观有一定的反作用。马克思、恩格斯指出：“思想一旦离开利益，就一定会使自己出丑。”[112]因此，只有把意识形态的价值追求转化为可操作性制度，最大程度地满足人民的物质和精神方面的利益要求，这种价值观念才能得到全社会的普遍认同。政治制度必然反过来要强化以及推动这种价值的进步、完善和发展。政治价值观不论其合理性与否，也不管其对现实政治行为约束力的强弱，在本质上还是一种观念，它的存在和延续离不开制度规范的力量。从总体上看，某种政治制度一旦确立，它必定将其价值信仰作为政治共同体的共同价值理想，至少成为整个社会的主流价值，这一方面是由于两者间的天然联系和内在的偏好，特定的政治制度必然崇尚特定的价值观念；另一方面也是出于自身的需要，即通过强制性规范将各种政治主体的行为限定在特定的政治价值所允许的限度之内，以保持政治制度的合法统治；同时通过这种限定，最大限度地减少与之相冲突的、有害政治价值的产生、滋长或流行，以保证特定政治价值的主流地位和政治统治的巩固。在这种限制过程中，同时包含着对特定政治价值观的扩大增加生产及其不断完善。因此，从原初抽象意义上考察的政治价值观对制度形成的作用，在各种政治制度实际建立之后便被制度规范对政治价值观的或者强化和鼓励、或者制约和限制所取代。

（2）政治价值观与道德、信仰

“道德归根到底是被人们的经济条件所决定的评价人们的思想和行为的善与恶，光荣与耻辱，公正与偏私的感觉、观念、原则和规范的总和，它依靠社会舆论，社会习俗和人们内心信念的力量，保证人们对它的遵守。”[113]它是“以善恶评价的形式来评价和调节人的行为的规范手段和人类自我完善的一种社会价值形态。……具有历史性，其内容和形式受一定的社会物质生活条件制约，形成不同时期的道德历史类型。与利益密切相关，总是反映和维护一定的利益”[114]。

政治价值观对个体的道德有着巨大的影响和制约力，社会生活中其他的道德原则和规范都是政治核心价值理念的具体化，并直接为政治的核心价值理念服务。政治社会中的主导政治价值观念能够强化或改造社会道德内容，使之为统治阶级的利益服务。中国封建社会的“三纲五常”是其政治价值观念的主要内容，也是封建社会人与人之间关系的基本道德准则。在封建等级制的政治文化下，人们安于本分、循规蹈矩就是美德，如若逾越等级规范则为礼法所不容。与此相反，在社会主义新时期，民主、平等是社会主义政治价值观念的主题，相应地，人与人之间相互尊重、公平竞争成为道德的新风尚。在以往的阶级社会中，宗教这种意识形态常被利用来为政治统治服务，因此它会不断发展并成为人们的“精神支柱”；而以马克思主义为指导的政界文化，则对宗教持批判态度，认为宗教是“人民的精神鸦片”。由此可见，政治价值观对道德和信仰的影响十分明显。

“信仰是对某人或某一学说、主张、原则、宗教的极度信服和崇拜，并以之为自己的行动准则或榜样。”[115]“是人类特有的一种高级的精神物质活动，表现为对某种被看做最高生活价值体现的对象的由衷不移的信赖和执著不渝的追求。”[116]因此，信仰是人们在对价值的终极追求中形成的精神生活的模式。价值是意义的判断，人在生活中会经常面临对于价值的选择，如机会、权力、物质利益、荣誉、求学、就业等，这些内容对社会中不同的人具有不同的意义。当人们将某种价值作为终极追求时，则该种价值对他而言就成了信仰的内容。当然这并不意味着人们放弃了其余的所有价值，而只是表明某种价值成为生命的一种归宿，成为其追求其他价值的主导性因素。政治信仰是以某种政治价值为终极追求的精神生活模式，政治信仰与其他信仰的区别在于终极追求的价值不同，而政治信仰之间的区别也在于所追求的政治价值的不同。由此可见，无论是信仰或是政治信仰，其建立依据都是特定的价值体系，如果“人们的价值观、人生观和世界观有差异甚至对立，人们的信仰也往往是有差异的甚至是相互对立的”[117]，换句话说，个体的政治价值观念的差别在很大程度上决定了个体在政治信仰上的差别。

而政治的核心价值观能否内化为个体普遍的道德或信仰取决于以下几个方面：第一，政治核心价值理念能否为大众接受。政治价值观只有符合社会个体的心理需求和理想目标，才能表现为一种公共理想。个体的幸福生活，也就是伦理的价值目标，是政治以及所有社会活动的终极价值目标，社会中所有的组织与行为都必须以此为中轴。当社会的政治价值观念与个体的意志之间形成内在的统一，这样一种信仰就具有了深层次的民族文化的底蕴，它会随着时代的发展而完善，不会由于社会的变迁而倾覆。第二，政治的核心价值观念要能够深化为个体的道德和信仰，至少要在政治价值观、政治组织的形式和政治权威的形成以及政治经济制度之间达成内在一致。就是说社会的政治价值观不仅要以伦理的价值观念为前提，同时要贯穿在整个的政治组织和制度之中。唯有如此，政治的核心价值理念才是真实的，在整个社会生活中才不会导致普遍的理想、信念与行为的分裂，以致最终导致信念的混乱与迷失，整合社会的道德信仰也才有可能。

（三）政治价值观影响意识形态安全的方式

政治价值观通过多种不同的途径和方式对意识形态安全产生影响，概括起来包含以下几种方式：

1. 公共舆论

公众舆论“是在受过教育和知情的公众有能力形成某种意见之

后在公众讨论中形成的"[118]。它是一种自发的群众性舆论，产生于民间，是一般百姓自由意志的表现，它渗透到各个阶层或团体中，不需要经过专门的引导和组织，自身就可以发展壮大。公众舆论具有一定的政治性，在古希腊人的氏族生活中，"人民大会由议事会召集，以解决各项重要问题；每个男子都可以发言，决定是用举手……或欢呼通过的"[119]。这是最早的公众舆论形式，直接推动氏族的政治事务。公众舆论作为一种群体价值观的直接体现，直接体现着民心、民意，并且在一定程度上左右着国家的政策方向、政策的制定以及实施。现代社会，公众舆论的政治参与性较古代而言，无论是参与水平、内容还是实际作用都有了巨大的进步，公共生活牵动每个人的思想方向和心理倾向，并由此产生共同的自觉意识。

公共舆论是公民中多数人的共同价值观念，群体的政治价值观念主要通过公共舆论对国家政治发生作用。一方面，人们通过公众舆论对国家的各项方针政策的具体实施实行全面监督，约束国家政治制度的实施状况。另一方面，人们通过公众舆论将大多数民众所认同的政治价值体系反馈给国家，为国家的意识形态走向提供依据，进而保证国家的政治安全。

2. 大众传媒

随着现代科学技术日新月异的发展，特别是因特网的广泛应用，大众传媒对人们社会生活的影响越来越大，正在改变着人们的工作和生活方式，在意识形态安全中担当着重要角色。大众媒体作为广大人民群众表达自己的政治价值观念的重要载体，在人们政治价值观影响作用发挥的过程中有着举足轻重的作用。特别是网络时代的到来开创了一种信息传递和言论相对自由的全新局面，在网络时代之前，主流信息传播的权利是由国家垄断的，只有国家才拥有在大范围内、远距离传递信息的权力和能力，但是，网络的出现，前所未有地开阔了人们的视野，使得广大人民可以相对自由地选择和吸纳信息，并且可以快速、便捷、自由、价格低廉地发布信息和传播思想。正因为如此，以网络为主体的大众传媒成为了当代世界信息传递最主要的途径，成为广大人民表达自己的思想和价值观念的最有效的手段，对国家的意识形态安全稳定起着重要的影响作用，西方国家把它称为社会的“第四种权力”。

3. 群团活动

随着民主政治的发展，社会上的各种群团组织的作用也相继更广泛地体现出来。社会群团组织是具有一定的宗旨和组织原则的社会有机体，不同的团体担负着不同的任务，从事着不同的社会活动，如工会、青年组织、妇女组织、文学组织等，都具有相对的独立性。群团活动是广大人民群众反映自身政治价值观念的一个比较直接的途径，每个人由于自身力量较弱，很少能单独影响政治决策，只有在利益基本一致的基础上，组成团体组织，依靠集体的力量集中讨论并提出有一定理论深度和有社会调查基础的意见，然后有组织、有系统地向党和政府反映他们的意见和要求，进而对国家的政策发展产生影响。有益的群团活动可以帮助广大人民群众积极地参与到国家政治过程中，并将有利于国家的政治稳定和政治安全。但是，也有一些群团活动动机不纯，如法轮功邪教组织，他们妄图通过活动制造不良的社会影响，干扰国家的政治决策，从而危害国家政治安全。

4. 政治参与

政治参与是人们的政治价值观念影响国家政治安全的最直接的渠道和方式，是公民利用自己合法的政治权利，通过直接的参与行为来实现政治评价所要达到的目标的过程。政治价值观是政治发展和政治参与不可缺少的催化剂，它包含人们对于政治的立场和价值评价标准，如果这种立场和价值评价标准符合政治发展规律，则能激发人们通过政治实践去推动政治发展。反之，则会妨碍政治的发展。政治参与的方法和途径很多，如投票选举活动、代表会议、行政诉讼、协商对话活动和行政复议、参加某政党的活动等，或就某项重要的法律通过公开形式向社会征求意见，就某个重大问题进行全民表决。现代社会日益扩大的政治参与，为广大人民表达自己的要求和愿望，宣泄自己的不满情绪，提供了正常的、合法的、多样的、宽阔的渠道。但是，政治参与的形成和发展是一个复杂的过程，在这一复杂的过程中，由于多种因素的影响，或对某些关系处置不当，就会造成社会的非稳态发展，如非制度化的政治参与，往往会是缺乏理性的，采用非常规的、非法的、暴力的手段，试图达到自己的政治目的，这样的政治参与对一个社会来说是极其危险的，往往会造成社会的无政府状态，直接威胁国家政治安全。

第三章　意识形态安全与大学生政治价值观

当前，我国学者对大学生的政治价值观调查、论述、研究等已有不少，但其中描述性的研究居多，而进行系统的论述与理论建构的却很少见。因此，本文就试图通过对这些研究的梳理以揭示大学生政治价值观的内涵，构建大学生政治价值观的结构，分析大学生政治价值观的特征与作用、意义，并具体分析大学生政治价值观对意识形态安全的影响。

一、大学生政治价值观的概念

大学生政治价值观是当前研究的热点问题。由于大学生政治价值观的复杂性，关于大学生政治价值观概念的界定，不同学科甚至同一学科的不同学者都可以从不同角度来研究，归纳起来，大致可以分为以下几种取向：

（一）思想政治教育取向

持这种研究取向的学者通常是党政或教育工作者，通常他们对政治价值观的研究要比其他取向的学者更形象和具体一些。宋静认为，开展大学生思想政治教育“就要对大学生进行政治价值观教育，因为这一教育既是理想信念教育核心的政治观教育的重要方面，也是价值观教育的重要部分”[120]。孙召路的观点是“青年政治价值观，就是青年对各种政治现象、政治行为、政治理想和政治目标等进行认识和评价时所持的基本态度和观点”[121]。他认为，在面临着全球化冲击和挑战的新背景下，探讨邓小平理论中的青年政治价值观思想，“无论对广大青年教育工作者正确地认识青年，引导青年，还是对广大青年理性地认识自己，都具有重大的理论意义和现实意义”[122]。洪雁也认为大学生政治价值观是大学生思想政治教育的重要内容，“加强大学生的政治价值观的教育，帮助他们树立正确的政治价值观，是高等学校思想政治教育工作义不容辞的责任”。洪雁认为“大学生政治价值观是指大学生对所处社会的政治制度和政治生活的基本观点，是对政治现实和理想的基本评价与行为取向。一个人——尤其是处于青年时代的大学生——只有确立正确的政治价值观，才会有正确的政治立场、政治观点，才能把握正确的政治方向，认清时代所赋予的历史使命，并作出适应时代发展的政治选择、政治追求”[123]。

一些学者虽未对大学生政治价值观进行界定，但他们将大学生政治价值观作为大学生思想政治教育的一项重要内容对其进行了调查、研究，如王天哲、赵绥生认为，“深入探讨大学生政治伦理与政治价值观的形成规律，深入研究大学生政治伦理与政治价值观教育方式，是高校思想政治教育队伍面临的一个严肃课题”[124]。张新福对青年大学生的政治价值观结构及特点、政治价值观影响因素、政治参与行为，以及三者之间的关系进行了探讨，并指出：帮助青年大学生树立正确的政治价值观，能为思想政治教育工作提供有效借鉴。[125]

（二）价值观取向

许多学者在对价值观的分类与研究中都提到了政治方面，强调政治价值观比价值观具体，但仍是比较抽象的一种信念。代表性的观点有：

黄希庭等人认为，价值观有不同的抽象程度，政治价值观就是影响个人政治取向的抽象的政治信念或观念[126]；陈晓阳认为，“大学生政治价值观是大学生价值观体系的主导部分，它反映的是大学生对政治现实和政治理想的一般评价、心理倾向，是大学生关于社会政治生活的价值评价的观念总和”[127]；秦位强认为大学生政治价值观“是人们关于阶级、国家、政党、社会制度等政治现象和政治问题的基本观点和价值倾向，是人的价值观的重要组成部分”[128]；张国华也将大学生政治价值观作为大学生价值观的一部分，他认为大学生价值观还应包括道德价值观、知识价值观、职业价值观、社会价值观、人生价值观、网络价值观以及婚恋、性价值观等方面。[129]

（三）政治文化取向

郑志谦的观点具有一定的代表性，他认为，“政治价值观是政治文化的核心，政治价值观决定着人们对政治角色、政治态度、政治行为的选择”。他认为，“大学生政治价值观是大学生对所处社会的政治制度、政治生活等的基本看法和观点，是对政治现实和政治理想的基本评价与政治行为取向”[130]。

综上，尽管不同学者对政治价值观的看法不一，但对政治价值观的研究对象及其对大学生政治行为的作用的认识还是有一定的一致性的。在本研究中，我们认为：大学生政治价值观是大学生价值观体系的主导部分，是大学生关于社会政治生活的根本看法、评价及行为倾向，反映大学生对政治现象、政治行为、政治关系等政治客体的作用与意义的总体观点和看法。它包括对政治事件和现象的评价、对政治观点的选择和对政治活动的行为取向等内容。大学生的政治价值观，是通过纷繁多变的政治观点、政治态度和政治行为表现出来的，同时是促使大学生采取某种政治行为的内在动力。

二、大学生政治价值观的结构

关于大学生政治价值观的结构，国内学者也作了一定的研究，划分方法主要包括从内涵层面和表现层面的划分。

从内涵层面上划分，黄希庭等人将中国青年的政治价值观的结构划分为政治立场、政治信任感（政治态度）、政治宽容度、政治价值判断、人生观、对现实的满意程度、政治效能感、政治偏向八个方面，通过统计分析证实了其中的六类，仅有政治价值判断和政治效能感未获验证[131]；孟东方从政治感受、政治主张和政治判断三个方面对研究生的政治价值观进行了调查[132]；陈晓阳将大学生的政治价值观划分为政治现实价值观与政治参与价值观两个维度[133]；谢忠保等人从政治立场、政治信任感、政治宽容度、政治偏向和政治参与五个维度来描述当前研究生的政治价值观[134]；夏凌翔通过归纳整理将政治价值观构想为一个由两个取向和七个维度构成的心理结构[135]。两个取向是：传统取向，指个体受古代传统的各种政治价值观念的影响的程度；现代取向，指个体受现代的各种政治价值观念的影响的程度。七个维度的具体构想如下：政治立场、政治价值判断、政治认同、政治满意度、政治宽容、政治偏好和政治预期。

从表现层面上划分，陈国祥从政治立场、对深层问题的认识和对热点问题的态度三个方面对大学生的政治价值观状况进行研究[136]；朱立新从对于当前政治形势的看法，对国家主权、民族复兴的看法，对现行政治制度的看法，对个人与集体的关系的看法和对道德和法律的看法等几个方面，对大学生的政治价值观念进行了调查；秦位强从关于共产主义和政治信仰，关于中国共产党及其领导，关于国家及其发展，关于对政治理论课的看法等几个方面对大学生的政治价值观进行了调研[137]。

综上所述，从以往的研究中可以看出，人们对于大学生政治价值观的结构还没有形成统一的看法，结合以往的研究成果和我们对于大学生政治价值观的内涵理解，在本文中，我们从认知层面、情感层面、意志层面、行为层面将政治价值观的结构分为六个部分：政治知识、政治立场、政治认同、政治宽容、政治参与意识和政治关注程度。这六个方面构成一个相互联系、相互作用、缺一不可的有机整体。

（一）政治知识

所谓“政治知识”，是指“一定时空条件下关于人与社会关系的确定性的认知和信仰”[138]。人类的政治主要由两大部分组成：一是指人类的政治生活，二是人类对政治生活的认识，从而形成了政治知识。“政治知识包括有关政治制度的知识、政治进程的知识、公民的权利和义务的知识等等。”[139]在古代，政治知识一般是与权力相结合的，中国封建社会人的理想是：“格物致知、修身、齐家、治国、平天下”，其中“格物致知”其实就是生产知识（包括政治知识）。古希腊柏拉图的“哲学王”也是这种政治观的体现。[140]

（二）政治立场

政治立场是政治学知识中一个比较常见的概念。国内学者对政治立场概念的界定趋于一致。杨祖恩认为，“政治立场，就是认识和处理问题时所处的政治地位和所抱的政治态度”[141]。马清江认为，“政治立场，就是人们观察、分析和处理问题时所处的政治地位和由此而持的政治态度”[142]。唐勇认为，“立场，就是观察、认识和处理问题时的立足点和基本态度。政治立场就是对待政治问题的立足点和态度”[143]。张传华认为，“所谓政治立场，就是人们在社会政治实践中，观察、分析、处理各种政治问题的根本立足点。现实的人具体的人都处在一定的社会关系中，处在一定的具体的社会政治环境中，关系不同、环境不同，人们对政治问题的看法亦不同，即政治立场决定着人们的政治见解和态度”[144]。综上所述，本文认为政治立场就是认识和处理问题时所处的政治地位和所抱的政治态度，是人们观察、分析和处理各种政治问题的根本立足点。

（三）政治认同

在政治学研究中，大学生政治认同的研究也越来越引起学者普遍的关注。从研究现状看，国内学者对大学生政治认同内涵的界定，基本沿用的是《中国大百科全书》（政治学卷）的解释：“人们在社会政治生活中产生的一种情感和意识上的归属感。它与人们的心理活动有密切的关系。人们在一定的社会生活中，总要在一定的社会联系中确定自己的身份，如把自己看做某一政党的党员、某一阶级的成员、某一政治过程的参与者或某一政治信念的追求者等等，并自觉地以组织及过程的规范来规范自己的政治行为。这种现象就是政治认同。”[145]有学者从政治社会的角度进行界定，如张爱芳认为，“政治认同从个体意义上讲，是个体经过政治社会化过程内化政治体系的政治文化后所形成的一系列情感、态度、信念等政治倾向，是其政治自我（political-self）或政治人格（political persona or political personality）的一个重要组成部分”[146]；从社会意义上讲则是数百万个体的政治社会化经历所累积得出的对整个政治体系具有重大影响的政治结果[147]。也有人认为，政治认同不仅是人的一种政治情感，更是一种政治行为，如方旭光认为“政治认同是政治生活中认同主体和认同客体的关系范畴，是认同主体基于一定的利益诉求而进行的政治实践活动，是社会成员对一定政治体系的政治情感、政治态度和政治行为的综合反映和行为作用。政治认同是一定的社会成员围绕着利益关系而对政治体系进行的政治实践活动”[148]。

综上，本文认为，大学生政治认同是指大学生在社会政治生活中产生的对现存政治体系及其运作感情和意识上的归属感，以及在政治生活中与政治体系一致情况下的政治价值取向和相应的行为活动。

（四）政治宽容

政治宽容作为一个政治学术语而提出是近代政治革命以及政治现代化的必然产物，“它是市场经济充分发展以及市民社会积极培育的必然结果，是社会良性运行和协调发展的客观要求”[149]。早期的政治思想家如洛克和密尔等人都对政治宽容有过论述。洛克认为，真理只有在不同观念和信念之间的自由竞争中才能产生。密尔将政治宽容视为个人自由的一个方面，认为政治宽容反映和代表着个人自主和独立，宽容地对待不同意见，鼓励不同观点之间的争论有助于促进社会智力和道德的健康发展。[150]

近年来，国内学者对于政治宽容的研究逐渐增多，关于政治宽容的概念界定，多数观点都包含着政治主体之间的相互容忍与谅解的一种伦理取向。如俞睿认为，“政治宽容，从广义上讲，指政治主体之间的相互容忍，它存在于统治者与被统治者之间，统治者与统治者之间，以及被统治者与被统治者之间。从狭义上来讲，主要指统治者容忍政治上持不同政见者、反对派、少数派的共同存在，是统治者对异己的容忍”[151]。王浩斌认为，“政治宽容系指政治主体与政治客体依照自由、平等、民主的制度原则，以民主协商、平等对话以及和平竞争为主要活动方式的政治伦理取向”[152]。也有少数人认为政治宽容是一种政治行为，如宋衍涛认为，“政治宽容是指对于反对派，通过法律或默许的方式允许它的存在、并行使某种不是统治者所欢迎或需要的政治行为”[153]。

综上所述，我们可以看出，政治宽容应包含三方面内容：①政治主体之间、主体与客体之间的相互容忍。②对不同政治主体所持的不同政治意见的容忍。③政治宽容是一种伦理取向。本文认为杨明伟的观点具有一定的代表性，“政治宽容是指政治主体与政治客体依照自由平等、民主的制度原则，以民主协商、平等对话以及和平竞争为主要活动方式的政治伦理取向”[154]。政治宽容在现代社会中有着重要意义：政治宽容“是现代民主政治、法治政治应有的伦理品质，是现代政治文明走向成熟的标志，是政治民主化以及政治现代化的重要衡量标准”[155]。须要说明的是，宽容并不是无原则的“纵容”，宽容的前提是“存异”，没有差异就无所谓宽容，但宽容本身是在“存异”中“求同”。

（五）政治参与意识

对于政治参与，如果向前推论，无论是在中国的古代典籍中，还是在古希腊的政治学中，都可以找到某种孕育着政治参与的思想。例如，《汉书·赵充国传》有“参”字用法：“朝廷每有大议，常与参兵谋。”在古希腊，亚里士多德关于“人是天生的政治动物”这一命题也表明了人们所以要参与政治，乃是出于人们的一种自然倾向这种观点。

由于各国人民参政实践的差异和人们主观反映的不同，政治参与没有固定不变的含义，政治参与的内容和研究范围也在不断变化，同时，政治参与还受到不同文化和社会环境的影响，是一种非常复杂的政治现象。目前，国内对政治参与的研究尚处于初始阶段，诸多学者对政治参与的概念界定多数是出于个人对国家政治的影响，如罗志认为，“政治参与是公民通过各种合法方式参加政治生活并影响政治体系的构成、运行方式、运行规则和决策过程的行为”[156]。李清清认为，“所谓政治参与，就是普通公民通过合法的政治渠道来表达政治意愿，影响政府决策，从而实现特定政治经济利益要求的政治行为与过程。政治只有公民广泛自觉地参与国家政治生活，政治发展才会走向现代化、民主化的轨道”[157]。孙勇、刘庆丰认为，“政治参与，是政治学的一个概念，主要是指公民以单个人或者群体的形式，通过各种合法的渠道参加政治生活和政治活动，并试图通过自己的行为，来影响政治体系的构成、运行方式、运行规则和政策制定，从而达到表达意愿、反映利益诉求、实现政治理想等目的”[158]。目前，国内比较有代表性的观点认为，政治参与“是公民通过各种合法方式参加政治生活并影响政治体系的构成、运行方式、运行规则和政策过程的行为。它包括政治参与意识和政治参与行为两个相互联系的方面”[159]。

本文认为，大学生政治参与是指作为参与主体的大学生对国家的政治、社会生活现状的基本了解、认识，并在此基础上通过各种途径的实际行为投入，它包括政治参与意识和政治参与行为两个相互联系的方面。在大学生的成长与发展过程中，随着自我独立意识的觉醒，大学生开始注意到个人与国家、社会的关系，认识到自我价值与社会政治过程之间的双向联系，从而产生了参与政治活动的需要，而大学生政治参与意识就是这种需要在人的意识领域的反映。在现实生活中，由于所处的特定政治环境和个体政治心理发展水平的差异，政治个体表现出的政治态度也会有明显的差异。

（六）政治关注程度

政治关注反映了个体对于政治的关心程度，是人们通过各种方式关注政治体系的构成、运行方式、运行规则和政策过程的态度。政治关注反映了人们对于政治活动的观念想法，以及人们政治行为的主动性、积极性。

三、大学生政治价值观的特征

青年大学生作为特殊的社会群体，在其政治价值观的形成和巩固过程中呈现出区别于其他社会群体的独特的基本特征。概括地说，大学生政治价值观主要有以下四个基本特征：

（一）阶级性

从政治价值观的本质属性上看，它是社会上层建筑的重要内容，属于观念形态的上层建筑。在阶级社会，上层建筑必然带有阶级属性，它在本质上就是为统治阶级服务的。政治价值观是意识形态的重要组成部分，也就不可避免地具有阶级性。

政治价值起源于人的政治需要。在阶级社会，面对同一事物或行为，不同阶级的人从各自的阶级利益出发，必然会作出不同甚至截然相反的政治价值判断和价值选择。可以说“在阶级社会和还存在一定范围阶级斗争的社会主义社会里，政治文化的性质，以阶级性为主导标志”[160]。人们由于处于不同阶级阵营，出于不同的政治需要，必然从各自的阶级利益出发，因而所作出的政治价值判断和政治行为也就不同。所以，在阶级社会中，人的思想观念必然体现一定的阶级性。政治价值观作为人的价值观念，其主导性必然体现为阶级性。例如，在中国几千年的封建社会中，演进并形成了中国社会传统的政治价值观，皇权至尊的私有观念、期盼明君的政治理想观念、宗法纲常的政治伦理观念等内容，从其本质上讲都是为封建统治阶级服务的。在现代社会，阶级和阶级斗争仍在一定范围内存在。因此，在同一国家，大学生也可能分属不同的政治阵营，他们持有的政治价值观也就具有不同的阶级属性。

综上所述，阶级性是大学生政治价值观的本质属性。大学生是成长中的知识分子，也是社会变革中最活跃的力量，更是价值观变革中的先行者，其政治价值观集中体现着其所处社会时代的统治阶级的利益。

（二）历史性

政治价值观是对社会存在的反映，是一定社会历史条件的产物，而不是哪一个人的凭空设想，大学生的政治价值观也不可避免地具有社会历史性。马克思主义认为，社会存在决定社会意识。马克思和恩格斯在《共产党宣言》中指出，“人们的观念、观点和概念，一句话，人们的意识，随着人们的生活条件、人们的社会关系、人们的社会存在的改变而改变”[161]。他们认为：“一切划时代的体系的真正的内容都是由于产生这些体系的那个时代的需要而形成起来的。所有这些体系都是以本国过去的整个发展为基础的，是以阶级关系的历史形式及其政治的、道德的、哲学的以及其他的后果为基础的”[162]。由此我们可以看出，作为一种观念体系，大学生政治价值观，作为对现实生活的反映，它必然会随着社会的发展变化而变化，也必然会随着社会的变化而变化，反映时代的变迁与发展。在不同的国家、不同的民族、不同的时代、不同的阶级等文化背景下，个体的政治价值观是不同的。例如，改革开放以前，大学生政治价值观在结构上比较单一，以“无私忘我”、“为人民服务”、“集体主义”、“共产主义”为根本，革命性是其突出特征。改革开放以后，特别是随着社会主义市场经济体制的建立，当代大学生更注重自我价值，更突出主体意识、开放意识、效率意识、创新意识等时代性特征。今天的大学生对“空头政治”、形式主义、禁欲主义已不屑一顾，他们更加关心的是国家实力、经济发展、社会环境等，他们渴望成才，急于实现个人价值；他们关心事业、关心时事、关心经济政策，关心“看得见、摸得着的实惠”；他们讲实效重现实，其政治价值观具有鲜明的实用色彩，这是一种历史的进步。大学生的政治价值观既是社会历史时代的产物，又是其所身处的社会历史时代的反映。

（三）自主性

大学生在政治生活过程中往往会表现出明显的自主性。一方面，这是由大学生的自身特点所决定的。随着语言和思维的发展，自我意识的发展在各方面都达到了成熟的水平，大学生的自我意识发展水平进入了一个新的阶段。在这一时期，大学生表现出明显的反思性、怀疑性和叛逆性特点，强调自我价值，崇尚独立自主，弘扬个性。与其他同龄的社会群体相比，大学生的这种自我实现、自我提高、自我完善的愿望表现得更为强烈。另一方面，大学生政治价值观正处于形成的探索时期，价值主体性意识增强，能动性提高，其政治价值判断、政治价值选择也显现出强烈的自主性。自我意识、独立意识的增强使得大学生在社会政治生活中更强调能够通过自己对人性、价值、道德义务的解读来形成价值判断，并作出价值选择，迫切地要求社会政治现实能与自我的需要、行为目标协调一致。大学生政治价值观的自主性特征在发展过程中表现出双重性，一方面沿着积极、正确的方向发展，使大学生成为社会政治生活的积极参与者；另一方面，偏离正确的方向，不能客观、理性地分析事物，带有较多的个人感情色彩，并得出某些较偏颇的政治结论，且不易改变。这在一定程度上导致大学生在政治生活中无法沿着正确的轨道运行和发展，表现出诸多的困惑、迷惘与无所适从。

（四）不确定性

大学生的政治价值观的形成和发展要经历实践——认识——再实践的过程。在这一过程中，受各种可能性、可变性和偶发因素的影响，表现出明显的变动性、不确定性。

首先，这种不确定性与大学生自身所处的年龄阶段、生理特点有关。一方面，大学生的思想意识和心理正处在由不成熟迈向成熟的过程中，他们对社会、对政治的认识也是处在一个从不成熟到比较成熟的过程，其政治价值观常常受到周围环境和人物的影响，特别是父母、家庭、老师、社会关系的影响。大学生与所接触的同龄人也很容易在思想上相互交流，情绪上相互感染，行为上相互模仿，这也深刻地影响着大学生的政治观念、政治态度及政治行为方式。[163]另一方面，青年大学生具有求新、求异的特点和不断探索、孜孜以求的精神，他们头脑中的旧框框少，受已有观点的影响较小，他们总是不断地吸纳各种思想、观点来充实、深化或调整、改变自己已有的政治价值观。因此，青年大学生在社会政治生活中的价值心理、价值标准、价值目标和价值取向中呈现出变化、不稳定的态势。

其次，大学生政治价值观的不确定性是从他们对政治现实的认识发展中引申出来的，并随着社会政治生活的进程而发展。深受各种社会政治思潮的影响，在一定程度上表现出“变化的波动性”。当社会安定团结，经济稳定发展，社会政治生活没有重大事变或转折的情况下，大学生政治价值观处于相对平衡发展阶段。“当某一政治热点在大学生中引起强烈反响并同时与社会政治环境产生共振效应时，大学生的政治热情就会急剧膨胀，并迅速扩展到社会政治领域，大学生政治价值冲突就会表现得尤为激烈，有时甚至可以说处在人生政治选择的十字路口：冷静慎重者立场坚定择善者从，盲动过激者误入歧途被人利用。”[164]

再次，大学生政治价值观的确定性、规律性只是相对而言的。多变性、不确定性是大学生政治价值观的本质特征。正是由于这种不确定性，使得大学生的政治价值观更容易受所处社会与时代的影响，并且体现出社会与时代发展的轨迹。大学生政治价值观是大学生价值观中最主要的部分，把握其特点和发展变化的规律，不仅可以解释当前大学生中的许多现象，而且有利于对他们施加正确的引导，进行有的放矢的教育，保障他们的健康成长。

四、大学生政治价值观的意义和作用

大学生政治价值观具有独特的功能，以延传和发展社会主流政治文化，维护社会政治稳定，以及提高大学生自身政治素质等方面都具有重要意义。具体包括以下几个方面：

（一）传播主流政治文化

政治文化属于观念形态的上层建筑，它对于政治统治体系起维持、变革的主导作用。一方面，主流政治文化是大学生政治社会化的内容。大学生通过教育系统学习、掌握各种形式和内容的政治思想，实质上就是传播政治文化的过程。另一方面，大学生政治社会化又具有传播主流政治文化的功能。大学生是主流政治文化的重要载体，通过政治思想教育，大学生内化、整合社会主流政治文化，再外化为具体的政治行为。当大学生具有了一定的政治人格以后，又以一定的方式作为政治文化的传播者进入社会政治文化的传播过程，以影响其他的个体，并内化、培养新的政治文化载体。扩大了政治社会化的广度。可见，大学生的政治社会化具有传播主流政治文化的功能。

（二）影响社会政治稳定

大学生政治价值观维护社会政治稳定的功能，主要是通过造成人们对于现有政治体系的认同的政治心理和政治思想来实现的。当政治社会化过程造成社会成员对现有政治体系强烈认同的政治心理和政治思想时，它对于现有政治体系具有极大的维系稳定的作用。一方面用统一的政治文化加强内部的主导政治意识，才能形成统一的力量；另一方面通过政治社会化，使统治阶级获得对社会统治的合法性认可，达到实现对被统治阶级有效控制的目的。反之，当政治社会化过程没有使社会成员对现有政治体系产生认同的政治心理和政治思想时，则对于现有政治体系不利，甚至产生破坏作用。

大学生是社会政治体系的重要组成部分。任何政治体系，为了维护自身生存和发展，都十分重视通过政治社会化向它的成员灌输同它存在相适应的政治文化。一方面要向大学生传授政治规范和政治行为准则，使大学生逐渐转变为“政治人”，不断地向政治统治体系输送合格的政治角色；另一方面，对已走入社会的大学生进行再教育，以适应社会政治关系的变革，塑造新的政治角色，使其成为政治体系的支持者和维护者，从而成为维护社会政治稳定的重要力量。反之，如果大学生政治社会化这一过程没有受到应有的重视，不能采取积极的手段向大学生进行有效的主流政治文化的传播，或由于历史的原因，大学生所持的政治文化观念与现行的社会主流政治文化不一致，那么，大学生就会成为社会的不稳定因素。

（三）直接关系到大学生自身的发展

政治价值选择，是指个体以一定的根据在政治生活的诸多价值中选择最有价值的政治活动。大学生的选择并非随心所欲的，而是受其所处的经济地位、政治制度、思想文化环境等外在因素的影响，但归根结底还是受学生自身政治价值观的影响。政治价值观是个体社会意识的核心，它指导着大学生对其在政治生活领域内所遇到的形形色色的人、事、物进行分析和思考，进而作出合乎自身政治价值观的选择。正确的政治价值观可指导大学生树立正确的政治态度和牢固的政治信念，并促使他们积极参与政治活动，顺利地完成政治社会化过程。相反，片面的甚至是错误的政治价值观常常会让政治生活经验不足的青年大学生走上政治歧途，阻碍其自身政治价值观的正常发展。

五、大学生政治价值观对意识形态安全的影响

大学生政治价值观对国家意识形态的影响，是由大学生所具备的特殊性决定的。大学生普遍具备较高水平的科学文化知识，他们思想活跃，对政治积极而敏感。他们是未来国家建设的生力军，他们的政治价值观如何，即他们拥有什么样的政治知识，站在什么样的政治立场，认同什么样的政治体制，等等，都对未来国家的政治走向有着至关重要的影响。大学生政治价值观对意识形态安全的影响主要体现在大学生的政治知识、政治立场、政治认同、政治宽容、政治关注和政治参与对国家价值观念安全、道德观安全、政治信仰安全、民族精神安全和政治制度的安全的影响。

（一）大学生政治知识对意识形态安全的影响

政治知识是一定时空条件下，关于人与社会关系的确定性认知和信仰，任何成熟而稳定的政治形态都有一个相对成熟而稳定的政治知识形态为基础。[165]

1. 政治知识与意识形态的关系

（1）向社会成员宣传和灌输政治知识，是维持政治体系正常运行并有效实现意识形态安全的基本要求。一个社会政治统治的维持，尽管离不开暴力的强制，但思想观念方面的引导和控制也是一项十分重要的、更为有效的条件。在阶级社会中，占主导地位的政治文化必然是统治阶级的政治思想的集中反映，是现行政治体系所认可和支持的文化，它能否得到社会成员的认同和接受，在很大程度上关系着政治的稳定和意识形态的安全。统治者往往要有意识地向社会成员灌输现行政治制度的规范和政治行为准则，把人们的政治活动和政治参与行为纳入既定的规范之内，并进行有效的调节和控制，以保持政治秩序，维护它的政治统治。“任何社会，为了能存在下去，必须紧密地围绕保持其制度完整的这个中心，成功地把思想方式灌输进每个成员的脑子里。”[166]任何一个政治体系，都要通过调控公民政治社会化来塑造自己的公民，促使他们的公民形成对社会有利的、稳定的政治态度和政治信念，形成具有连续性的政治文化，以促进社会政治稳定和发展，保证政治统治阶级的统治。

（2）公民政治知识的掌握状况直接影响着意识形态安全。在《公民文化》一书中，阿尔蒙德和维巴在对英国、美国、意大利、墨西哥、西德五国的政治文化进行比较研究的基础上，得出结论：公民文化对于民主政治体系的稳定影响甚大。阿尔蒙德等人广泛调查了五个国家民众的政治知识量对公民文化的影响，调查的最后结论是，“民主能力与拥有关于政治问题和过程的有效知识以及在问题和制定影响政策中运用知识的能力是紧密相关的”[167]。意即，民主能力与政治知识的多少与运用政治知识的能力紧密相关。阿尔蒙德所指的民主能力，在现实生活中实际上就是公民的政治参与能力。一个民族如果政治知识的掌握程度低，对于政治问题的认识和理解就会比较差，同时国家政治的责任感和使命感也比较低，政治意识水平就较低；一个民族受教育程度越高，越崇尚政治知识的价值，国家政治的责任感和使命感就越强，越有影响政府决策的意识和能力。但是我们需要认清的是，政治知识不等于专业知识，一些受教育水平高的人也有可能在政治问题上有错误的判断和行为，比如我国前一阶段，有些专业知识水平很高的干部，却在法轮功面前丧失警惕，甚至盲从，其根本原因不是他们的文化程度低，而是他们的政治知识不全面、不深刻，缺乏马克思主义的政治知识和政治观点。因此，拥有政治知识不仅是政治主体完成政治行为的载体和物质基础，更是新时期意识形态安全的保障。

2. 大学生政治知识对意识形态安全的影响

（1）具备一定的政治知识是大学生作为国家政治参与者的素质要求。

这有两个方面：①掌握必要的政治知识是大学生参与政治生活的基本前提。“政治知识的有无、多少，是制约、影响甚至是决定个人政治态度、政治选择、政治方向、政治信仰的重要因素。”[168]“一个对一般的政治术语缺乏了解的人，一个没有政治知识的人，是谈不上什么政治素质的。”[169]在大学生的素质系统中，政治素质是各种素质的统帅，而政治知识是政治素质的基本要素。政治知识的社会化是大学生政治社会化的基础和前提，如果这一问题解决不好，其他方面的政治素质就无从谈起。因此，大学生只有具备相应的政治知识，才能成为政治上合格的公民，才能具备参与国家政治生活的素质。②掌握必要的政治知识有利于提高大学生的政治认知能力和政治辨别能力。对大学生个体而言，“政治知识是大学生形成一定的政治态度和政治技能的基础，它有助于人们提高自己的政治认知能力，形成对政治现象一般规律的认识，培养人们分析政治现象复杂性的独特的政治思维能力，并在此基础上形成自己的政治态度。同时，在政治实践过程中，人们通过政治知识的运用，积累政治经验，提高自身参与政治生活的技能”[170]。“提高大学生的政治能力是非常必要的。大学生获得政治资讯的渠道多样，数量众多，面对纷繁复杂的政治资讯，他们必须具有正确分析、评价、判断的能力，减少和避免盲信、盲从和盲行。”[171]

对任何国家来说，大学生都是社会最活跃的青年群体，他们注定要参与国家政治生活，都负有不可推卸的政治责任。“国外的大量研究发现，人的受教育程度跟他参与政治的积极性和能力以及对政治责任的承担是成正比的。受教育程度越高的人，越喜欢谈论政治，越有影响政府决策的意识和能力。”[172]设想，如果大学生政治知识出了问题，政治方向不明确，政治素质不高，政治立场不坚定，将直接关系到国家政治体系的有序性和政治发展的持续性，而政治体系的这种有序性和持续性则是意识形态安全的直接体现。大学生政治知识缺乏，大学生就不可能有效地进行政治参与，容易导致非理性政治参与或政治参与失败，影响大学生对政治体系，包括国家意识形态的认同。以 1989 年发生的政治风波为例，这场政治风波给当时国家的政治生活造成了巨大影响。人们对社会主义的共同理想产生了怀疑，对现有的社会主义政治制度产生不信任感，意识形态安全面临新中国成立以来的最大威胁。导致这场政治风波的原因很多，但其中最直接的原因，则是大学生对建设有中国特色社会主义事业缺乏足够的了解和信心，以及缺乏对资产阶级自由化思想正确的评价、判断和辨别能力。进入 90 年代，国家加强了大学生思想政治教育的力度，人们对中国特色社会主义事业在充分了解的基础上，充满信心，大学生对党的路线方针政策，对中国特色社会主义事业的必要性和可能性有了足够的了解，近二十年来，类似事件从未发生过。

(2) 大学生政治知识对于国家意识形态解读、传承与发展的重要意义。大学生担负着向社会系统灌输传播统治阶级的政治文化的任务。高校作为大学生政治教育的重要场所，教育所传播的政治思想，正是这个社会占主流的政治思想；培养人才的规格，正是政治权力所要求的规格。一方面，从大学生在未来社会中的作用看，大学生必将走入社会，参与到社会发展的各行各业。其中一部分也将进入国家各级政权机关，成为国家管理队伍中的一支力量，参与国家管理。还有的将成为教师，去塑造青少年的灵魂。如果这些大学生在校期间不能掌握足够的政治知识，不具备较高的政治素质，不能拥有统治阶级的立场，不能站在统治阶级的政治方向，那么，统治阶级掌权用权、培养人才就会出问题。因此，从某种意义上说，大学生政治知识的拥有量与其运用政治知识的能力关系到国家意识形态的接力棒能否代代相传的问题。尤其是在我国社会主义建设时期，我们必须认识到世界上只要有资本主义与社会主义存在，就必然会有和平演变与反和平演变、渗透与反渗透、颠覆与反颠覆斗争的存在。西方帝国主义搞和平演变的重要途径之一是争夺青年一代，他们利用一切手段在青年中竭力宣传散布资产阶级的民主自由，传播资产阶级的政治观、人生观和价值观，在社会主义国家的青年中培植“非社会主义意识的人”，培植“亲西方的一代”。这一争夺的主战场在高等学校，主要对象是大学生。因此，高等学校必须在这场长期的意识形态领域的争夺战中取得主动，加强对大学生政治社会化的研究，全面提高学生的政治素质，增强学生拒腐抗变能力。

（二）大学生政治立场对意识形态安全的影响

“立场问题直接决定着人们对事物的看法和态度，决定着对事物认识的深度和广度及其正确的程度。由于人们的立场不同，对于同一事物会形成不同的认识甚至截然相反的看法。”[173]“立场问题，思想感情问题是一个根本问题。”[174]无论是政党或是个人，其政治立场状况都直接影响着国家的政治安全。大学生的政治立场对意识形态安全的影响表现在以下几个方面：

1. 大学生政治立场直接决定着大学生的政治见解和政治态度。

笔者认为，立场是一个主体范畴。“现实的人、具体的人都要处在一定的社会关系中，处在一定的具体的社会政治环境中，关系不同、环境不同，人们对政治问题的看法亦不同。”[175]一方面，大学生政治立场坚定，才能坚持正确的政治方向。政治方向的选择是以符合本阶级利益的政治立场为逻辑起点的。大学生政治立场不坚定，必然导致政治方向的左右摇摆。另一方面，大学生政治立场坚定才能增强政治鉴别能力和政治敏锐性。现实的政治生活是极为复杂的，正确的事物往往与错误的事物交织在一起，其界限往往并不像理论分析中那样泾渭分明，有些错误的东西甚至打着真理的招牌。如果政治立场不坚定，就会丧失判断是非的标准，从而也就谈不上政治鉴别力。

2. 大学生的政治价值观影响政党在高校中的阶级基础和群众基础，大学生的政治立场则是影响大学生政治价值观的关键。对于一个政党来说，其政治立场就意味着站在谁的一边，反映谁的意志，代表谁的利益。一个政党的立场决定着其是否能够很好地治国理政，是否能够很好地相信、依靠和服务广大人民，如果政党不能很好地代表广大人民的根本利益或者不能带领人们走正确的建设道路，就必然引起人民对于国家和政党的不满，从而影响国家的政治安全与稳定；政治立场体现着政党的阶级基础，反映着政党的根本性质，决定政党存在、发展的依据和意义。胡锦涛在“三个代表”重要思想理论研讨会上的讲话中指出：“相信谁、依靠谁、为了谁，是否始终站在最广大人民的立场上，是区分唯物史观和唯心史观的分水岭，也是判断马克思主义政党的试金石。”换言之，大学生的政治立场影响着政党的政治立场，而执政党的政治立场决定着其是否代表人民群众的根本利益，是否能获得“最广大人民群众”的支持与肯定，也就决定了其执政的合法性与稳定性。在这个意义上大学生的政治立场间接地影响着国家政党制度以及现有政治秩序的安全。

3. 大学生政治立场对意识形态安全有着直接的影响。大学生政治立场决定着其对于国家和政党领导的信赖程度和拥护程度，个体对于国家的拥护程度决定着个体是否能够视国家和民族的利益为自己的利益，是否能够全心全意为民族解放和复兴作出巨大贡献。一个民族，如果大多数成员都能够坚定立场，信赖和依靠国家和政党的领导，那么这个民族必然有强大的凝聚力和战斗力，也必然能够实现国家的富强和稳定发展，反之，一个民族如果人心离散，人们重视个人利益多于国家利益，则必然导致腐败等不良现象的出现，严重危害了国家的利益，也给国家的政治稳定和长治久安带来了威胁。

（三）大学生政治认同对意识形态安全的影响

我们认为，通过对大学生政治认同具体内容领域的分析，可以看出大学生政治认同对意识形态安全的影响。对大学生政治认同的结构，本文认为韩晓峰的观点具有一定代表性，他认为，“大学生政治认同的基础认同是民族认同，政治认同的最高认同是国家认同，政治认同的核心认同是对执政党和政府的认同，政治认同的现实认同是政策认同”[176]。本文将以民族认同、国家认同、政党认同三个方面为内容，具体分析大学生政治认同对意识形态安全的影响。

1. 大学生民族认同对民族精神安全的影响

大学生政治认同的基础认同是民族认同。“民族认同是人类群体认同的一种……民族认同的核心是共同的历史、文化、传统等，通过人的社会化，对本民族的历史发展过程和现实形成的情感和心理上的依赖和归属。民族认同因其具有的强大聚合力，是一种极其重要的政治资源。”[177]一般认为，民族精神属于观念、意识范畴，是一个民族在长期的历史进程中形成的心理状态、价值观念、思维旨趣的集中体现，是该民族文化的内核和灵魂。

民族认同与民族精神有着密不可分的关系。体现在：（1）“民族认同是民族精神塑造的前提，只有形成较为稳定的民族认同，才能出现相对统一的民族精神”[178]。考察世界各国家各民族的发展历史，凡民族认同较为稳定、民族矛盾纠纷较为稀少者，民族精神就相对完善，所发挥的作用也就相对更大。(2) 民族认同对于丰富和弘扬民族精神有明显作用。人类社会的历史反复证明，民族认同的深化与民族精神的积累是成正比的。例如，近代中华民族的民族认同，使得中国境内各民族的民族精神得以汇聚，以汉民族的固有民族精神为主体而凝练起来，并获得一种升华。这样，中华民族认同的形成使得中华民族精神获得前所未有的统一，内涵更为丰富多样，从而有了更大的发展空间。(3) 民族认同的形成使得民族精神具有时代性特征，更有助于民族精神功能的发挥。例如，正是在中国遭受帝国主义列强欺凌的严峻局势下，为了救亡图存，中国人的民族意识被普遍激发出来，近代中华民族的民族认同才最终得以实现。与此相同步，中华民族精神也是在这一背景下不断被激发、完善，成为各族人民抵御外侮、建设国家的精神力量。总之，民族认同不仅是民族精神塑造的前提，而且它对民族精神的丰富、弘扬与传播，对民族精神各项功能的更好发挥，都起了巨大作用，影响至为深远。

在现代社会，对任一个国家而言大学生在其同龄群体中，都是整个社会思想最先进，思维最活跃，文化水平最高的群体，他们是社会思潮的引领者，是民族思想文化的传承者。“任何一个民族，要想走在时代的前列，就必须保持其民族精神的先进性。”[179] 大学生民族认同程度，是其本民族的民族精神能否长期保持先进性的前提和保障。

2. 大学生国家认同对意识形态安全的影响

政治认同的最高形式的认同是国家认同。国家认同概念于 20 世纪 70 年代行为主义革命时期引入政治学领域，它首先是作为发展中国家政治发展的一项重要内容。简单地说，国家认同，“是在有他国存在的语境下，人们构建出归属于某个国家的‘身份感’。对社会个体来说，国家认同指个人在心理上认为自己归属于该政治共同体，认识到自己具有该国成员的身份资格”[180]。“在当今世界，绝大多数国家都是多民族国家。在多民族国家，爱国主义往往取代民族主义作为人们国家认同的基础。”[181]从这个意义上讲，国家认同是对国家的一种依恋式的情感。具体说来，“国家认同是人们对国家主权、疆域、政权组织等的认同”[182]。国家认同对全体公民的要求有：①要以国家为尽忠的最终（或最高）对象；②要求国民之间必须有同胞感；③要对自己作为本国国民具有自信力、自尊心、自豪感。[183]

大学生的国家认同对意识形态安全有着非常重要的意义。“对国家来说，国民是否确立起对国家的忠诚，是国家认同问题；而国家能否确保国民的国家认同，就是一个安全问题。事实上，自民族国家诞生以来，确保国民的忠诚一直是国家保证生存和维护其应有地位的重要条件和手段之一。国家的存在既是为了保障国民的认同，又受其制约。”[184]因此，我们认为，对一个国家来说，如果国家不能实现个人对国家的认同，或不能在复杂多变的国际环境中确立适当的国家地位，就会产生国家认同危机，危机一旦爆发，人们对于现有的社会价值体系、国家政治体系都会产生怀疑，甚至不满，严重威胁意识形态安全。关于这一点，苏联解体是最鲜明的例子。苏联是以多民族建构起来的国家。在抵抗纳粹德国以及与美国对峙的过程中，联邦各共和国人民逐步建立起对苏联的国家认同，但这一认同过于依赖苏联自身实力的保持和增强以及由于相对封闭而带来的对外面世界信息的缺乏。因此，在西方的和平演变攻势下，经济停滞成为巨大的冲击，摧毁了人们对苏联的认同，人们对共产主义国家意识形态的信仰破灭了，最终导致了国际社会主义运动的历史低潮和苏联国家的解体。大学生作为社会最敏感的青年群体，其本身作为社会思潮的引领者，对其同龄的青年群体有着巨大的影响力。一般来说，大学生都有着强烈的爱国精神和民族自豪感，对整个社会的公民国家认同起着推动和促进作用。但是，一旦大学生的国家认同出现问题，反作用力也同样是巨大的。

3. 大学生政党认同对意识形态安全的影响

大学生政治认同的核心认同是对执政党和政府的认同。政党认同的概念最早是由坎贝尔在《美国的选民》一书中提出来的，他认为政党认同是“个体在其所处环境中对重要的群体目标的情感倾向”，就是选民“在心理上对某一政党的归属感或忠诚感”[185]。相对于西方来说，我国国内对政党认同的研究比较少，而且总体水平也不高。《中国大百科全书》（政治学卷）对于政党认同作出如下界定：“在复杂的政治社会中，人们往往扮演不同的社会角色。作为政治认同的对象是多种多样的，其中最重要的有国家、政治制度、阶级、政党、政治理想、政策等。……政党是为捍卫阶级利益而自觉奋斗的团体，一般有明确的奋斗目标和行动纲领，因而，对政党的认同多属较高层次的认同。”[186]中国的诸多学者在定义政党认同时，也大多沿袭了这一基本理念 。[187]

由于中西方对于政党性质与地位的看法不同，致使中西方对政党认同的认识也不一致。“对西方而言，政党认同是同政治合法性、国家认同等相关概念界限明晰的，政党认同的危机不会带来国家政治体制的危机。”[188]因而，这种认同是一种具有普遍意义的政党认同；而对中国而言，政党认同与政治合法性、国家认同、社会主义信仰认同紧密联系在一起，一旦政党认同出现危机，则意味着国家出现了信仰、制度等全方位的危机，有造成大的政治动荡之虞。“在这个意义上而言，中国的政党认同是一种高层次的政治认同，具有牵一发而动全身的重要性；而西方的政党认同则主要应用于选举当中，其具有相对的稳定性。”[189]

所以，本文对大学生政党认同的研究是在政党“政治合法性”和“执政合法性”的框架或者定义下来探讨的。这样虽然具有一定的局限性，但更具现实意义。我们认为，大学生的政党认同是大学生对执政党——中国共产党的宗旨、理念、组织形式、队伍构成和运作活动等的认同。其对意识形态安全的影响主要体现在两个方面：

(1) 大学生政党认同关系到党在青年精英群体中的执政基础。大学生政治认同，是中国共产党在青年中发挥影响的政治基础，也是中国共产党新生力量的重要来源。形成、巩固和不断提高大学生的政治认同，是党、政府和社会的重要任务。“大学生对现存政治体系及其运作的认同，是培养合格公民、维护政治稳定、促进政治发展的重要基础，是形成公民社会、推动社会主义政治发展的现实基础力量和未来政治发展的主导力量。对政治体系而言，大学生政治认同的问题，体现着政治社会化的效能，关系到维护政治统治的基础，关系到在青年精英群体中的执政基础。”[190]

(2) 大学生政治认同是新时期中国共产党执政合法性的保障。执政党的合法性取决于人民的支持与拥护。这与我党一贯坚持的“一切为了群众，一切依靠群众，一切相信群众，从群众中来，到群众中去”的群众路线是一致的。而人民群众的支持和拥护是建立在政治统治符合一定社会价值观基础之上的。这种价值观不是永恒不变的超验真理，而是取决于一定历史时期的社会规范，因此是可变的。也就是说执政地位的合法性基础不是一成不变，而是不断发展和转换的。既然如此，“中国在社会利益格局呈现多元化趋势、社会阶层分化更加剧烈，利益群体规模愈来愈大的情况下，作为执政的中国共产党的合法性来源已发生变化，这就要在构建党的合法性基础过程中培育坚实的政治价值观”[191]。我们认为，这种合法性来源的变化并不能从根本上改变中国共产党的性质，但必须给予高度重视。特别是在大学生群体中，要坚持不懈地宣传党的路线方针和政策，不断提升大学生对党的认同程度。只有如此，才能确保大学生成为社会主义事业的合格建设者和可靠接班人，才能确保社会主义事业在一代代青年人身上传承下去，才能确保社会主义的国家意识形态的安全。

(四) 大学生政治宽容对意识形态安全的影响

对于大学生而言，大学生政治宽容反映了个体对各种不同的政治观点及其持有者的态度是宽容、接纳还是排斥、反对。任何社会都不可能是铁板一块，“对于国家的政治生活，社会各阶级都有着自己的一系列基本看法和主观意向，一个社会有多少个阶级就会有多少个主义，甚至于在同一个阶级内部也存在着几种主义”[192]。但是，由于政治主体的地位不同，观点和利益取向不同，必然导致政治见解、政治主张的分歧和差异，这是不可避免的现象，而政治宽容的要义就是不在于尊重与自己相一致的别人的政治观点，而在于当别人的政治观点与自己不一致时仍然予以尊重。伏尔泰有句名言：“我不同意你的观点，但我誓死捍卫你发表不同意见的权利。”这是政治宽容的最起码的要求。

本文认为，大学生政治宽容度对意识形态安全的影响主要表现在：

(1) 大学生政治宽容能为国家意识形态的发展和完善提供有利条件。用马克思主义哲学中发展的观点来看，任何一种政治思想，即便是社会的主流意识形态，也是需要不断完善和发展的。而任何一种政治思想的产生，都需要宽松和谐的政治氛围，各种政治思想的竞争、发展也只有在宽松的气氛下才能进行。“政治宽容是民主和自由的前提和基础。没有政治宽容，民主将无从谈起，自由也只能是空中楼阁。”[193]政治不宽容必将最终导致专制，在法制遭到破坏，民主与自由无从谈起的情况下，也必将导致意识形态的高度一元。例如，“文革”中人们对毛泽东思想的顶礼膜拜达到了极致，以至于整个社会都对异于毛泽东思想的政治思想采取了抵制、批判的态度和做法，最终导致了整个社会在10年的时间里停滞不前。改革开放以来，中国的政治宽容度不断增长，这就为政治体制改革的逐渐推进，从而为广大民众的民主权利的切实实现，以及自由空间的拓展提供了有利的政治环境。有利于社会主义建设发展的政治思想被不断提出，建设有中国特色社会主义理论不断被完善，社会主义意识形态得到了绝大多数人民群众的支持和信任，社会主义意识形态安全得到了保障。

（2）大学生政治宽容有利于缓解社会矛盾，降低政治的风险系数。在现代社会，由于市场经济带来的利益分化必然生成具有不同政治诉求的政治组织、政治团体，因而，他们的政治要求与政治主张也势必带来原有政治关系的变迁，导致政治生活中矛盾的多样化与复杂化，甚至尖锐化。“若忽略这一态势，社会矛盾必将激化，这不仅导致政治运作成本的提高，政治风险的加大，而且很可能会危及执政的合法性基础，使政治生活陷入困境。”[194]假如多数人不能容忍少数人的思想信仰，那么少数人当然就无自由可言；反过来，假如少数人不能容忍多数人的思想信仰，就很可能使多数人产生逆反心理，甚至采取过激行为。可以设想，当社会精英群体的政治宽容度大幅降低，人们对政治生活领域内的不同意见以及持不同意见的政治主体完全排斥、抵制，社会矛盾爆发的可能性也必然随之增大。国家意识形态在动荡的政治背景下也必然受到威胁。[195]

（五）大学生政治参与意识对意识形态安全的影响

本文认为，大学生政治参与意识相对来说属于人的主观意识领域，对它的研究必须借助有规律可循的主体行为。因此，对大学生政治参与意识的研究须在大学生的政治参与行为中寻找答案。国内外学者对政治参与的类型的划分众说不一，其实，不过是视角不同，依据不一，以致“仁者见仁，智者见智”。按内容与形式的不同可以分成“传统参与”和“非传统参与”两种方式。[196]也可以分为个人参与和群体参与，直接参与和间接参与，建设性参与和破坏性参与，积极参与和消极参与等等。[197]本文将大学生政治参与分为有序政治参与和无序政治参与，从政治参与的秩序的角度来探讨政治参与与国家意识形态的关系，以及大学生政治参与意识对意识形态安全的影响。

1. 政治参与和国家意识形态的关系

（1）公民无序政治参与影响国家政治秩序的稳定。

无序政治参与表现在三个方面：①政治参与被动化。其主要特征是公民在参与政治时不是出于内心对利益和权利的渴求，也不是出于对现实社会中各种矛盾的关注，而是缺乏对政治生活、公共事务的责任心和对公共事务管理决策的判断力。因而也就不抱有任何影响政府决策的明显意图，而只是单纯为了接受宣传鼓动、组织号召或从众行动。②非理性政治参与。通常表现为越级上访、非法集会抗议、蓄意滋事，甚至聚众闹事、冲击公共机关、暴力对抗围攻等，具有即时性、爆发性和破坏性等特点。虽然这种参与只占公民政治参与的很小部分，但其消极影响是不可忽视的，会直接影响社会的和谐发展。[198]③政治参与表面化。政治参与的实质是人民政治权益的实现，基本形态是群众当家作主。但是，当人们认为政治参与可有可无，对政治参与敷衍了事，政治参与即表现出表面化特征。

公民无序政治参与对意识形态安全的影响表现在：一方面，公民无序政治参与影响国家政治秩序的稳定。美国学者亨廷顿曾说过："政治稳定取决于政治参与和政治制度化之间的比例关系，当政治参与程度高而政治制度化程度低时，扩大的政治参与可能导致政治不稳定。"[199]公民的无序政治参与行为，极易导致学潮甚至动乱等非理性政治参与的爆发，在一定程度上扰乱了社会安定有序的政治局面，甚至会导致现有政治秩序的破坏。同时，政治秩序的破坏，必然会降低公民对民主政治和国家权威的认同以及对社会的信任度。当人们对现有的政治制度、政治权威不予信任，充满怀疑时，国家意识形态也就不能再用安全来形容了。另一方面，无序政治参与阻碍了广大公民民主权利的保障和民主意识的提高。具有宽容、理性、民主、平等的现代民主精神和拥有有序政治参与意识的公民是推动社会发展的积极力量。而无序政治参与则在某种程度上意味着公民放弃了自己的民主权利，如果不及时纠正，则可能会导致非法政治行为的出现，影响国家政治生活，从而在一定程度上影响意识形态安全。

(2) 公民有序参与是国家政治制度完善的客观需要。

政治制度安全是意识形态安全的重要内容，公民有序政治参与既是政治制度完善的需要，也是政治制度完善的结果。“公民有序政治参与是衡量一个国家民主政治发展、社会公平与和谐的尺度。”[200]公民有序政治参与是良性的政治参与形态，是政府、社会和公民三者良性互动的结果。

第一，对政府而言，有序的公民政治参与可以增加政府决策的透明度，降低决策失误。监督功能是公民有序政治参与的一项重要功能。在现代社会，要保证掌权者不出现滥用公权的问题，就必须依靠广大人民来监督官员、监督权力的运行。而监督的过程就是政治参与的过程。孟德斯鸠说：“一切有权力的人都容易滥用权力，这是一条万古不变的规律。”[201]而没有监督的权力必然导致腐败，腐败问题是危害社会稳定与发展的最大隐患。要消除腐败，关键要实现政治系统的透明性，保障宪法赋予公民的政治权利落到实处，充分发挥公民政治参与的监督功能，让人民来监督政府和官员，消除政治肌体中的腐败顽疾。

第二，对社会而言，公民有序政治参与的协调功能蕴涵了实现社会安定有序的内在要求。墨子说：“一人一义，二人二义，十人十义，其人兹众，其所谓义者亦兹众。是以人是其义，以非人之义，故交相非也。”[202]意思是说，社会若没有统一的是非标准，人们都以自己的是非为是非，必然出现“交相非”的现象，这就造成了社会的混乱。这就决定了必然要求人民参政议政包括政治参与依照规章制度进行，以实现参与的有序化和社会的秩序化。社会各个群体的利益有时是相互冲突和矛盾的，而这些利益主体站在各自的立场上，看待问题的角度自然是不同的，利益要求有时甚至是针锋相对的。政府决策部门面对公众不同利益的诉求，就必须通畅政治参与的渠道，开创新的制度化的渠道，让各方面的利害关系人进行沟通协商，充分阐述各自的观点和理由，在充分发扬民主、彼此进行沟通的基础上，寻求相互协调的方案，这有助于社会的安定有序。

第三，对公民而言，公民有序参与是实现民主和维护公民利益的重要工具。公民通过自身或社会组织合法地、有序地参与政府决策，使自己的主张和利益诉求在政府决策中得以体现，从而维护自身的利益，实现自己的民主权利。“公民将自己的利益诉求输入政治系统中，政治系统经过加工与综合后，输出有利于其利益实现的政策。任何科学有效的决策系统都是通过这一过程来保证政策的公正性，而公民也是通过这一过程来实现和捍卫自己的利益。”[203]只有积极发挥政治参与的表达功能，使各利益群体的利益诉求都能得到充分表达，并有效整合到公共政策决策过程中，保证公共政策的平等性和公平性，尤其使弱势群体不至于有被剥夺感和边缘化感，才能使社会各个利益阶层和谐相处。

2. 大学生政治参与意识对国家意识形态的影响

促进大学生对政治体系和政治权威的合法性认同。大学生政治参与是以大学生对于国家、政治体系、政治权威的政治认同为其心理基础的。积极、有序的政治参与必然会强化大学生自身的责任意识和义务意识，将大学生的政治参与行为看做对国家、政府和政治权威的忠诚而采取的行动。这就有利于促进大学生树立正确的政治方向，形成政治服从和政治权威的和谐一致，而这种“和谐一致”无疑是国家意识形态完善与发展的基础条件。

一般情况下，公民受教育的程度越高，政治参与意识越强，参政议政的能力就越强。大学生与同龄人相比，接受学校教育的时间长，在知识层次、修养水平和综合能力等方面明显高于同龄青年群体。特别在高等教育的熏陶下，大学生思想活跃，对新的思想和观念反应灵敏；热衷于社会实践，了解国情，认识社会；关注热点问题，敢于发表自己观点，对新观念新思想认同和接受的速度快；关心国际国内大事，在国家利益受到威胁时，敢于以激进方式来表达爱国热情。但如果大学生参与意识过强，参与行为过频则可能导致政治的激进主义色彩，甚至会造成社会的不安与振荡。以致政府效率降低，削弱政府权威。因此，为了意识形态安全和政治民主的维持，必须把握人民正确的政治参与意识，以实现政府和国民之间的均衡，否则将危害到国家的意识形态安全和稳定。

同时，大学生政治参与意识过弱可能导致大学生政治冷漠。大学生作为最具知识基础和创新意识的青年，是未来社会进步的主要推动力，承担着建设、变革和创新的重任，其思想观念特别是参与政治的意识尤其重要。表现在：①大学生政治冷漠的持续，势必导致其社会责任感、政治责任感愈加缺失，难以唤醒对政治乃至对社会的必要热情，形成政治人才的匮乏。②政治参与意识淡漠，必将导致政治参与能力下降，势必影响未来国家政治人才素质，直接导致国家政治水平的滑坡。③加剧社会问题的滋生，从而形成政府不力、民众满意度低、政治冷漠程度加深的恶性循环，对社会安定和政治稳定造成冲击。

（六）大学生政治关注程度对意识形态安全的影响

政治关注对于意识形态安全有着重要的影响。通过政治关注大学生会加强对政治体系的了解，提高政治素质，通过政治关注，个体可以将政治偏好表达出来，理顺各种关系，及时将各种矛盾化解，有效避免矛盾的激化，使社会的冲突不会因政治关系的紧张、矛盾的积压而最终爆发，从而保持社会的稳定和国家的意识形态安全。政治关注能够促进成熟、活跃的公民社会的出现，大学生政治关注的强弱对于政治发展、政治民主、政治稳定都有重大积极的意义。

通过对大学生政治关注程度的了解，我们可以从中透视出大学生政治关注程度对意识形态安全的影响。有关研究表明大学生政治关注表现出如下特点：①大学生政治热情容易高涨也容易消退，一遇挫折便灰心丧气，从而产生政治冷漠的倾向。政治情绪的高涨容易导致大学生政治参与行为过频，有可能影响社会政治体系的正常运行，而政治冷漠则与此相反，它导致大学生政治参与意识的淡化，使大学生不关心政治，影响政治权威与公民在政治上的一致性。②大学生掌握了一些知识，也接触到一些社会政治问题，很容易把自己的能力估计过高，产生盲目自信的心态和幼稚的“社会责任感”。一个社会个体的心态如何，不会对社会造成有威胁性的影响。但如果大学生群体的政治关注出了问题，呈现出这种盲目心态和幼稚的责任感，那就会导致非理性政治参与行为的产生，甚至导致社会政治体系的动荡，对意识形态安全造成严重影响。③大学生容易激发政治热情，也容易急切地发表自己的政治见地，表现自己的政治作用，因而在政治生活中，他们容易纠缠琐碎细节，容易出现一时的政治冲动，容易发生政治短视行为。青年大学生是对社会的期望值最高、最易于动员的群体，现实生活中存在的有损大学生眼前利益的因素以及理想与现实之间的错位无疑都会给大学生带来不满情绪。如果这种情绪得不到有效疏导，就会导致它的扩大化，进而影响意识形态安全。

六、意识形态安全对大学生政治价值观的影响

意识形态是其所代表的阶级或集团的情感、表象和观念的总和，它集中体现了特定阶级或集团的利益和政治要求，是一种系统的理论体系。意识形态是维系国家和民族的灵魂，是民族的黏合剂。意识形态作为某一团体对世界的认识，作为个人或集体行动的思想前提，一旦被统治阶级所利用，对于维护政权的合法性，进行大规模的社会政治动员，有着强大的政治功用。意识形态的安全并不意味着全体社会成员政治认识上的完全一致，而是要求有共同的价值观念和价值取向，共同的法律和秩序意识，要求政治的、宗教的、思想的个性从属于共同的价值观和秩序观。意识形态安全作为更深层次的安全范畴，其对于政治安全的影响是长期的和潜移默化的，其对大学生政治价值观的影响也是潜移默化的。全球化背景下意识形态安全对大学生政治价值观的影响主要体现在三个方面：

(一) 西方政治思想、文化及价值观念的冲击和渗透影响大学生的政治认同

美国政治学家亨廷顿指出:“对一个传统社会的稳定来说,构成主要威胁的,并非来自外国军队的侵略,而是来自外国观念的侵入,印刷品比军队和坦克推进得更快,更深入。”[204]改革开放以来,随着中国与世界的接触和联系不断增多,大量介绍西方政治制度、人权理念、价值观念及资产阶级生活方式的书籍、著作涌入国内,给传统意义上的社会主义意识形态造成了极大的冲击。在经济全球化的推动下,以美国为首的西方国家利用其经济上的先发优势,通过多种途径,极力宣扬资产阶级“自由”、“民主”等抽象价值观。同时,西方国家抓住中国在发展过程中出现的社会问题,大肆攻击、丑化社会主义制度,攻击现行政权的合法性,试图以此来说明社会主义制度不如资本主义,此外,还借助其文学影视作品来影响中国大学生,削弱大学生的政治认同,培养他们的享乐主义、个人主义,使他们摒弃中华民族传统的爱国主义、集体主义和艰苦奋斗精神。一方面,大学生面对西方敌对势力的种种行径,提高警惕性,增强防范意识,政治信念更坚定;另一方面,部分大学生对社会主义国家的政治思想理论体系和奋斗目标产生怀疑,发生动摇,不信仰,不崇尚,甚至完全放弃,而对资本主义国家的政治思想理论体系产生好感,发生心理上、思想上的倾斜,甚至信奉,追求。

(二) 转型期社会矛盾的凸现影响大学生的政治认知

根据其他发展中国家现代化的经验,人均 GDP 达到 1000 美元后的一段时期是社会矛盾易激化、易出现反复的时期。当前,我国正处于转型关键时期,市场经济体制已基本确立并逐步完善,政治体制改革正朝着更深层次的目标推进,新老制度的交替必然引发社会矛盾的加剧,社会问题不断涌现,如贫富差距问题,地区发展不平衡问题,国企下岗职工再就业问题,大学生就业问题,三农问

题，弱势群体维权问题等等。这使得政治体系受到来自其内部不安定因素的严峻挑战，这将影响大学生的政治认同。一方面，具有良好政治宽容性的大学生能够对社会转型期出现的矛盾、问题表示理解，对社会主义制度、中国共产党领导等持认同态度。另一方面，部分大学生由于自身利益受损，同时受到意识形态领域多元化趋势的影响，开始对自己所处的政治、经济、社会环境产生不满意感、不信任感，表现出政治认识的模糊，对政治体系的不认同。任何一个政治体系欲维系其稳定和延续，都必须取得大多数社会成员的心理认同，由此奠定其政治合法性的社会基础。

（三）意识形态领域自由化活动影响大学生政治价值取向

伴随着西方政治思想文化的大规模渗透，国内一部分大学生开始信仰西方的自由主义价值观。在理论上，他们主张实行西方的多党制和议会制，实行三权分立，否定共产党的领导和人民民主专政；主张取消公有制，实行资本主义私有制；主张意识形态领域的多元化，取消马克思列宁主义和毛泽东思想的主流地位。在现实中，他们打着“维护弱势群体利益”、“推进政治体制改革”的旗号，通过宣传、煽动、秘密聚会等活动，攻击我国的政治制度和社会制度，攻击四项基本原则，鼓吹西方的宪政和民主自由，企图从思想上动摇人们对于现行政权合法性的认同。意识形态领域的自由化活动使部分大学生虽然没有完全放弃原有的共产主义信仰和社会主义的奋斗目标，但部分地改变了政治价值取向。这种价值取向的改变，达到一定程度，势必会改变大学生的政治信仰，放弃原有的政治追求和奋斗目标。

第四章 我国当代大学生政治价值观现状和大学生政治价值观教育现状分析

大学生群体是国家建设与政治参与的重要力量。他们的政治价值观水平决定着国家未来的政治走向和安全稳定。政治价值观教育作为影响当代大学生群体政治价值观的主渠道，其现状如何在某种程度上决定着我国当代大学生政治价值观的形成与发展。准确把握我国当代大学生政治价值观现状及大学生政治价值观教育现状，可以为从意识形态安全视角进一步加强和改进高校大学生政治价值观教育提供重要的现实依据。

一、我国当代大学生政治价值观现状分析

（一）从历史发展角度考察当代大学生政治价值观现状

大学生政治价值观的变迁具有历史的延续性，任何时期的大学生政治价值观的特征及表现方式都与整个社会发展紧密结合在一起。正如当前社会转型时期的种种特征与大学生成长中的自身特征融合在一起，就构成了当代大学生带有矛盾性和多元化的政治价值观特征。实践证明，想要准确认识和把握当代大学生政治价值观的形成、发展、变化的特点和趋势，就需要首先从整个社会变革的大背景出发，去考察和分析大学生的政治价值取向，将大学生的政治价值观与政治、经济、文化等因素相互结合，从整体上分析当代大

学生政治价值观形成现状的主要原因，从而采取有效的教育和引导。不同时期具有不同的特点。因此，为了更好地动态地把握大学生政治价值观发展的历史脉络，本文对新中国成立以来特别是改革开放以来大学生政治价值观特点进行了梳理与分析。

关于大学生政治价值观的历史演变轨迹，国内学术界相关研究少有涉及。我们可以从大学生价值观的相关研究中进行透析。多数学者将新中国成立以来大学生价值观的历史演变轨迹分成五个时期。第一个时期是新中国成立后到“文革”前。国内学者普遍认为，这段时期的大学生政治价值观基本特征是：高度一元、立场坚定。石海兵（徐州师范大学）认为：“在过去很长时间的价值观教育过程中……往往采取简单的、形而上学‘一刀切’的办法；或把一些青年的经济、生活的价值观，如追求正当的物质利益，上升到政治价值观的高度，斥责为‘资产阶级个人主义价值观’。”[205]他认为，改革开放之前，我国在大学生政治价值观教育上，注重紧密结合社会发展实际，但一定程度上抑制了青年的个性发展。“从改革开放之前青年价值观教育的实践来看，强调比较多的是教会青年如何用阶级观点去判别事物的好与坏，给他们灌输较多的政治意识、阶级意识，甚至是畸形的政治意识、阶级意识。”[206]结果“使人们不仅没有独立的自我意识和批判意识，而且也不具备多元意识形态和文化精神统治或支配下的起码的选择能力和评价意识，在这种情况下，人们不必运用创造性思维，而只需要运用重复性思维按照特定意识形态所提供的思维框架和行为模式来思考和行动就行”[207]。张好收（焦作师专）认为，“在朴素、炽热的思想感情支配下，大学生带着对共产主义未来的美好憧憬和对党的衷心热爱，在政治信仰上呈现出积极热情、奋发向上和坚定不移的特点”[208]。第二个时期是20世纪80年代上半期。姚本先（安徽师范大学）认为，这一时期大学生价值观的特点是“权威解构与自我觉醒”。他认为，这一时期的大学生价值观表现出两个特征：①主体意识觉醒。在摆脱个人迷信和绝对崇拜后，大学生们开始重新思索人生价值。“大学生主体意识或个人意识不断觉醒，自我设计、自我选择、自我奋斗流行于大学校园。”[209]②渴望成才，振兴中华。“随着自我意识的不断增强，在目睹与世界经济发达国家的巨大差距之后，作为时代精英的大学生又明确意识到了历史使命与时代的重任。”他们“不再信仰权威与个人崇拜，而从书本中寻找自我，渴望通过读书成才，为祖国贡献才华”[210]。辛淑英（东北林业大学）有相似的观点，她认为，大学生“受各种思潮的影响，尤其是萨特的存在主义影响，使他们在读书热潮中表现了强烈的主体意识，并在社会改革过程中寻找各种途径力争实现自我价值，这一时期大学生的价值观开始表现出不自觉地个人本位倾斜”[211]。第三个时期是从20世纪80年代中期到90年代初。姚本先认为，在80年代中后期，大学生的价值观突出特点是“改造冲动与自我失落”。他认为，这一时期的大学生价值观具有以下特征：①改造社会的冲动增强。大学生“表现出对诸多社会问题尤其是对不正之风、政治体制改革等的关注，部分大学生还对政治民主、三权分立等产生了浓厚的兴趣和盲目崇拜”。“大学生的参与意识膨胀，思想政治上动摇失望和离心倾向滋生蔓延，并引发了1989年“六四风波”，大学生的参与意识与改造社会的冲动达到了顶峰。”[212]②自我失落与玩世不恭。在1989年政治风波平息以后，大学生价值观中的悲观意识和失落意识陡涨。③注重实用，偏于功利。随着商品经济的发展，大学生价值观中又增添了注重实用、偏于功利的倾向。辛淑英认为，这一时期出现的学潮与大学生对改革开放缺乏正确的认知和理解是分不开的。她认为，这一时期改革开放中遇到的一些问题，如腐败、物价上涨、抢购风等问题使大学生陷入了苦苦思索之中。而社会又放松了对大学生价值观的正确引导，致使他们把痛苦的思索化为一种宣泄——即以学潮的方式来推动改革。第四个时期是20世纪90年代中后期。这一时期大学生的价值观特点是：价值取向的自我化与价值标准的实用化。姚本先认为，“社会主义市场经济的确立与快速发展促进这一时期的大学生价值观也发生着变化，呈现出六大热点，即崇尚自我、热心参与、学习求知、校园经商、潇洒人生，大学校园里盛行的是‘讲实际求实惠，不听虚不玩空’的风气。价值取向的自我中心化和价值标准的实用化成为这一时期大学生价值观的真实写照”[213]。第五个时期是20世纪90年代中后期至今。关于这一时期的大学生价值观特点，国内学者讨论较多，其中姚本先认为，在这一时期，“经过一系列政策改革，特别是教育收费制度确立以及1999年高等教育的扩招，高等教育逐步从精英教育阶段向大众教育阶段转变”，再加上这批大学生都是改革开放以后出生的独生子女，因而，他们的价值观表现出以下特点：①自我中心取向；②价值多元；③重感性，轻理性；④政治价值观较为淡化”。杨光群（佛山科学技术学院）认为，在新时期大学生价值观呈现出个体化、务实化、多样化的特点，即价值主体由社会主体向个人主体转移，价值目标由理想向现实转变，价值取向由单一型向多元型发展。

从以上学者对大学生价值观的论述中，不难看出大学生政治价值观的历史演变轨迹，笔者认为可大致分为五个阶段：

第一个时期是新中国成立后到改革开放之前。这一时期大学生政治价值观的主要特点是：高度一元，立场坚定。新中国成立以后，我国一直坚持爱国主义、集体主义、社会主义教育，这三个主义构成了当时政治价值观教育的主旋律。“在当时单一的计划经济体制下，人们在比较封闭的环境中，思想受到一定的束缚，大学生们也不例外。”[214]学生的思想表现较“单纯”，毕业分配时绝大多数毕业生是服从组织分配的，只要党组织一声令下，到祖国的天南海北工作，贡献自己的青春，甚至一生。

第二个时期是20世纪80年代初上半期，其主要特点是：政治价值观的主体意识觉醒。在这里，本文赞同姚本先的观点，在1978年发生的以真理标准大讨论和党的十一届三中全会的伟大转折为标志的思想解放，给全国思想理论界带来了全新的空气。大学生们也从对毛泽东思想的绝对崇拜中走出来，不再盲目地看待问题，而是开始学会用自己的观点来看待问题，大学生的主体意识开始觉醒。

第三个时期是20世纪80年代中后期至90年代初，这一时期大学生政治价值观的突出特点是：强烈的政治参与意识。大学生有强烈的政治参与意识，对政治参与的必要性持较为一致的肯定，其政治价值观的变化及其与社会主导政治价值观的背离倾向明显。多数大学生拥护和支持改革，但对改革的支持率明显下降。这主要是由于改革进程中出现的分配问题，以及涉及大学生切身利益的其他社会问题。这一阶段的大学生对党风社会风气表示担忧，对政治决策者的素质和能力评价不高，对民主的要求更高，愈加不满于我国的民主法制建设水平。

第四个时期是20世纪90年代中后期。这一时期大学生政治价值观的突出特点是：政治认同度的提升。这一时期，市场经济的快速发展和综合国力的大幅提升，使大学生对建设有中国特色社会主义道路充满信心。大学生对于当前社会稳定和社会公正性已经有了较理智的认同，关切中国现实、关注社会和自身具体问题的倾向开始明显增强，对重大的社会热点问题关注视野更加开阔，积极、稳定的因素在增强，消极、不稳定的因素在减少，政治心态由原来一味的对立趋于平和。实践主义和温和主义的观念逐渐为广大青年学生所接受。

第五个时期是新世纪初至今，这一时期的主要特点是政治价值观念的多元化。随着改革开放的进一步深入，在多元文化背景下，大学生政治知识比以往任何一个时期都要丰富，政治思想表现出多元化的发展趋向。

（二）从实证调研分析角度考察当代大学生政治价值观现状

在从历史发展的角度对大学生政治价值观进行了纵向的思考与分析之后，仍需要根据当代大学生政治价值观的现状进行广泛而深入的实证分析，从而总结出当代大学生的政治价值观的基本特点和变化规律。为了对大学生政治价值观现状进行研究，笔者组织了专项调研[①]，面向吉林省3所高校6000余名大学生开展了问卷调查，开展了5次广泛深入的学生座谈，全面深入地了解了当代大学生政治价值观的基本状况。就本次调研来看，当今大学生的政治价值观的特点主要表现为以下几个方面。

1. 大学生政治知识状况

政治上的坚定来自理论上的清醒。随着经济全球化和政治多极化的深入发展，知识经济已初现端倪，知识开始迅速普及、扩张和更新，它向一切社会领域渗透。特别是随着我国社会主义市场经济的逐步确立，人们头脑中关于国际和国内政治知识的价值评价发生了变化。在人们的政治价值观念中，人类要想拥有政治权利，获得政治地位，就必须具备政治知识。

政治知识水平参差不齐。当代大学生善于思考问题，政治认知主体性强。绝大部分学生可以正确恰当地认识和分析各种错综复杂的政治问题、政治现象和政治事件，并在此基础上客观地、理性地评价现实社会中的政治现象和政治事件。但是也存在部分学生忽视政治理论的学习，对于政治的基本理论知识的掌握程度不高，对于政治理论知识一知半解，比如在判断“我国的国体是人民民主专政”的问题上，有34.2%的学生选择“错”或者“说不清”，在回答“党的全国代表大会多少年召开一次”时，38.7%的学生回答错误。

政治认识不够深刻。在由计划经济体制向市场经济体制过渡的转型时期，各种思潮纷至沓来，东西方文化的碰撞带来新旧思想观念相互矛盾冲突，使人们政治观的形成必然是一个矛盾运动的过程，这种情况也必然会反映到大学生中来，使涉世不深的大学生难以作出准确的判断，加之对于政治的本质观点和精神实质理解不够，往往只能看到政治问题和政治现象的表面，抓不住本质，产生错误的想法。这一方面的问题主要体现在以下两个方面：

① 本章中的调研数据除特殊说明外均出自此专项调研。

一方面，青年学生对马克思主义理论的精神实质理解不够，对于未来社会主义的发展趋势难以形成准确的判断。调查中显示，12.5%的学生认为“资本主义将最终战胜社会主义”，41.8%的学生表示会有选择性地接受“网络中的西方反华言论”，3.7%的学生甚至觉得“很有道理”，44.5%的学生认为马列主义毛泽东思想“只是众多理论中的一种，不宜在指导思想上搞马列主义一元化”、“已经过时了”。“假若有人以短信或网络方式通知你，高校学生要组织罢餐、罢课活动，你会怎么做”，调查结果显示，只有13.9%的学生表示“坚决反对并迅速上报信息”，33.2%的学生“不赞同但不会阻止”，15.8%的学生“看形势的发展，怎么对自己有利怎么做”，15.9%的学生表示“支持，但不会参与”，5.2%的学生表示“支持，并积极参与”。

另一方面，青年学生对于政治安全的认知存在一定偏差，这使得他们很少能够意识到潜在的意识形态安全威胁。当前大部分学生在我国整体社会政治经济看似和平、安定的氛围中，降低了自己的防御意识。调查显示，60%以上的学生对国家政治安全还停留在军事、战争、国防、领土等这样一些传统的、局部的认识上，缺乏对“意识形态安全”、“政治制度安全”等方面的认识，把国家政治安全等同于情报、间谍机关的活动。例如一谈到国家政治安全，很多大学生会马上联想到美国的中央情报局、联邦调查局，苏联的克格勃以及我国的各级国家安全机关。这种把国家安全等同于情报间谍活动的片面认识，使大学生有意无意地认为“国家安全与己无关”[215]。在实际走访中笔者发现，大多数学生认为“周围没有危害到意识形态安全的行为”，调研结果显示，学生对罢餐、罢课问题的态度与做法上充分反映出其政治的理性思考不够。如，41.2%的学生认为高校大学生参与罢餐、罢课“这与政治无关，学生只是为争取个人利益”，28.1%的学生表示“说不清楚”。

2. 大学生政治立场状况

政治立场是指维护一定阶级的根本利益和统治地位所持的鲜明

的态度，是个体政治价值观中最为根本的政治价值选择倾向，直接规范着其他政治价值观念的大致方向。

政治立场的稳定性与波动性并存。政治立场具有稳定性，但是这是相对意义上的稳定，尤其是在主体还没有完全成熟并趋于成熟的阶段，容易受到后天环境和社会现状的制约和影响，从而导致信仰出现波动的态势。调查结果显示，大部分学生拥有相对坚定的政治立场，一项北京大学生政治观的纵向研究报告显示：对“只有坚持党的领导，并不断完善党的领导，共产党才能完成自己的重任”一项，持肯定回答的学生比例，在1988年占67.6%，而在2000年提高到80.4%[216]。吉林省对全省高校学生在2002年的思想热点调查中反映：坚信中国共产党领导地位的人数在增加，要求加入党组织的人数也在增加，89.15%的学生认为整个社会主义现代化建设事业都要坚持中国共产党的领导[217]。我校的调研结果也显示，78.2%的学生赞同“只有中国共产党才能领导中国人民建设有中国特色的社会主义”，73%的学生认为“社会主义最终可以战胜资本主义”，90.8%的学生认为“坚持四项基本原则是立国之本，是搞好改革开放发展经济的保证”，76.5%的学生认为马列主义、毛泽东思想、邓小平理论、“三个代表”重要思想无论过去、现在还是将来都是中国革命和建设的理论基础和指导思想，是中国各族人民团结奋斗的旗帜。由此可见，大部分学生都能正确认识到马列主义、毛泽东思想、邓小平理论、“三个代表”重要思想是不断发展的科学思想体系，是经过实践检验的科学思想体系，中国必须坚持这一思想体系的指导地位，绝不能搞意识形态的多元化。

由于大学生正处于心理成熟期，社会经验尚待丰富，理论思维不够成熟，他们对于落后的事物和丑恶的社会现象深恶痛绝，时常会因为看到社会上的不良现象或受西方势力的干扰而对现行政治表现出怀疑甚至否定，表现出政治立场的波动性，例如：一堂生动的党课，会使大学生从内心深处萌生对共产党的信任，对于中华民族伟大复兴的信心；一场感人的英雄事迹报告会会使大学生为之震撼，并将英雄人物视为偶像和榜样，立志向他们学习。但是，回到现实，看到社会中的一些社会现象、社会问题，生活中遇到一些挫折、困难，导致怀疑，甚至改变了原本美好的理想和信念，心灰意冷，意志消沉，无所适从。

3. 大学生政治认同状况

政治认同是人们在社会政治生活过程中所产生的一种情感和认知上的归属感，是把社会成员组织在一起的重要凝聚力量。它对于政治体系的稳定和良性发展具有不可替代的作用。当代大学生生活在深化改革的社会转型时期，他们的政治认同体现出前所未有的复杂性，即政治认同的忠诚性和困惑性并存。

社会发展为形成良好的政治认同奠定现实基础。与80年代末90年代初的大学生相比，这一代大学生的政治情绪比较稳定。改革开放以来，我国综合国力显著增强，中国特色社会主义在实践中取得的成绩令人信服；科学发展观中“以人为本”的观念给中国社会带来的发展变化是学生有目共睹的；世界地位的日益提升，人民生活逐渐富裕，党的十七大又重点提出“关注民生”，这是受到全国人民及大学生赞誉的。大学生们耳闻目睹了这些大事、喜事，为之欢欣，为之鼓舞，国富民强的生活状态让大学生发自内心地拥护我们的党，对党和国家的政治认同主流是积极的。笔者的调查结果显示，86.4%的学生对“以胡锦涛为核心的中央领导集体”充满信心，74.5%的学生认同“共产党领导的多党合作制会给中国的发展带来希望”，78.2%的学生认为我国的政治局势基本稳定。在座谈中，大部分学生都充分肯定了中国目前的政治制度，赞成建设有中国特色的社会主义理论，对中国现行的政治制度和运行机制比较满意，政治认同的主流是积极向上的。

社会政治的复杂性导致了大学生政治认同的困惑性。客观地讲，大学生的政治认同还没有从情绪上升为理智，即对中国目前发展的现实，相当一部分的成分是情绪上的认可，还缺乏冷静的思考以及理性的认同，对政治价值的认同和评价往往偏重于个人感受，易受社会现实的影响。面对国际政治格局的多极化、国内改革的持续深入，社会上的一些不合理的现象让当代大学生感到困惑和苦恼。笔者的调查显示，8.4%的学生不认同“现行的政治制度会给中国的发展带来希望”，有13.8%的学生认为马列主义、毛泽东思想只是众多理论流派中的一种，不宜在指导思想上搞一元化，有5%的学生认为马列主义、毛泽东思想都已属于过去的时代，已经过时，对我们现在进行的建设中国特色社会主义已经没有指导意义。访谈中，有的学生还认为，邓小平理论和“三个代表”重要思想只是实用主义，没有形成能长期指导中国发展的新理论。还有一部分学生担忧“社会主义大旗到底能扛多久”，困惑为什么社会主义国家都是发展中国家，社会主义的走向如何，我国是否像外界所说的名为社会主义，实为资本主义等等。由此可见，对于涉世不深的大学生而言，很多的社会现实困扰动摇了他们坚定的政治认同。

4. 大学生政治宽容状况

政治宽容度反映了个体对政治生活中遇到问题的理解和宽容程度。对于大学生群体而言，由于具备较强的政治认知能力，大部分学生能够认识到改革的艰巨性和复杂性，但是同时，青年时期的理想化程度高也在一定程度上限制了其宽容程度。

对政治认识的理性化提升了政治宽容度。大学生群体是高知识含量的群体，他们的理解力强，随着其政治知识的丰富，对于政治问题的思考也逐渐趋于客观和理性。整体上看，大学生的政治宽容度表现较好。调查结果显示，87.2%的大学生赞同“改革是创新，过程中有失误在所难免”，在问及党内腐败的根源时，我校83.6%学生能够从多方面进行分析，认为“这是任何执政党都可能存在的问题”(25.3%)、“是法律法规不健全所导致的”(26.6%)、“是社会风气不良造成的”(22.7%)、“是社会主义初级阶段的必然产物”(9.0%)，仅有14.1%的学生缺乏理性地对党或政治制度提出质疑。年级比较结果显示，随着年级的升高，学生对政治的宽容度也逐步提高。这是因为，随着学校教育、自身思维能力的发展以及学习的不断深入等，学生在认识、理解问题上能够辩证地、多角度地进行理性思考，分析问题的内在原因，而不是从表面现象上断然得出结论。在江苏大学的一项调研中，对于“你认为国家大事应该如何决定”调查中，认为人大代表讨论决定为58.47%，全民讨论后由国家领导人决定为18.61%，专家提方案，由领导人决定为12.45%，国家领导人决定为2.48%。由此可见，绝大部分大学生在充分了解和认可的基础上，能够拥护和支持我国政治决策程序。[218]

政治理想化成分导致政治的宽容度下降。作为尚未接触社会生活的青年人，大学生群体对于政治的了解大多来源于书本、课堂和大众传播，因此，这样缺乏现实依据的缺陷会或多或少促使当代大学生带有一些“理性主义”和“浪漫主义”的色彩，这使得他们在认识社会、评价社会时，往往会根据自己内心的主观标准去衡量，对现实社会寄予美好的感性向往和追求。在这种理想化色彩的驱使下，学生政治观念，很少考虑实践的因素和现实的条件，幻想大于现实，牢骚胜过满意。因而，对于社会现实，常常带有挑剔的目光，提出一些现实难以接受的理想化的观点，青年大学生常常对于市场经济体制所带来的贫富差距扩大，失业现象频繁，犯罪率、离婚率上升，社会公共资源享用不公、社会保障机制尚不健全等社会问题认识不够，如在各种调研中，他们普遍将腐败问题作为最严重的社会问题，总是将反腐败作为当前最为迫切的问题，并对政府的反腐败工作成效不满意。[219]部分大学生会把一切的问题都归罪于政府的领导和方向，甚至产生一些极端的情绪和行为，导致政治的宽容度下降，进而形成所谓的“愤青”，一味地指责现实或采取悲观逃避方式来面对社会生活。

5. 大学生政治关注状况

比较政治学研究表明，受教育程度高的人对政治的关心程度较强。[220]大学生是社会人群中知识层次较高，思想最活跃，反应最敏感的群体之一。随着市场经济体制的确立和高等教育改革的深化，大学生自主意识日渐觉醒和增强，他们以强烈的责任感关注着社会的进程与发展，表现出很强的独立意识和自主意识。

对国内外政治问题的关注以国家安全、民族统一及切身利益为主。21世纪的大学生，他们的世界很大，他们的视野很广阔，他们的关注目光会投向不同的空间。大学生对政治的关注范围也较广，呈现多元性。调查结果显示，在列举的11个国际政治问题中，学生较为关注的前三个问题是“石油问题”、“国际恐怖组织”、“美伊战争”，其人数比例分别为40.5%、36.8%和30.0%；在国内政治问题中，学生最关注的三个问题是“台湾问题”、“物价上涨”、“北京奥运”问题，其人数比例分别为63.4%、37.3%、35.3%。台湾问题是国家统一问题；物价上涨关乎民生，影响广大人民的日常生活；北京奥运是国家展示经济社会实力、树立良好国际形象的盛会。学生对这些问题的广泛关注，表明学生关注国计民生，心系祖国统一，富有爱国主义热情。进一步调查发现，促使学生关注政治的因素排在前三位的主要是“国家民族命运”、“人民生活水平显著改善”、“党和国家重视大学生思想政治教育”。这进一步说明，我校大学生虽对政治的关注面较广，但还是更关心民族命运与前途，关注国内政治问题。

学生对与其切身利益相关的热点社会问题较为关注。与对国际国内政治问题的关注相比较，学生对与其切身利益相关的热点社会问题较为关注。调查结果显示，学生最关注的三个社会问题依次为“现阶段我国物价上涨”、“环境污染防治问题”、“贫富差距问题”，其人数比例分别为85.2%、72.2%和67.1%。究其原因有如下几点：①这三个问题都是当前涉及民生的热点问题，受到社会各界广泛关注，特别是本年度物价上涨幅度较大，成为社会关注的一个焦点，对人民生活产生较大影响，同时，也影响学生生活的物质保障水平。2003年以来的“厄尔尼诺”现象、“非典”等警示了学生，他们对保护人类赖以生存的环境，保护生态平衡，保护世界和平的愿望愈来愈强烈。因此，笔者的调查结果显示学生对直接关系其身体健康、生存质量的“环境污染防治问题”尤为关注。②这三个问题与学生关联度较高，物价上涨、环境污染关系到学生的生活、健康，贫富差距问题关系到学生的物质生活、经济地位、自我评价、人际关系、学习、就业等诸多方面。因而，这三个问题与学生的关联度大，同时，也受到学生的广泛关注。此外，学生对“取消农业税”、“社会福利”、“下岗问题”、“三农问题”、“物权法”这五个问题关注程度在47.0%—29.9%之间，从学生个人角度来看，在学生的现实生活中这未免有些过于抽象，与他们切身利益的关联程度一般。

相比之下，学生对学习、生活问题的关注程度呈现最高。在自身的学习、生活方面，我校学生最关注的四个问题依次为“大学生就业”、“学习”、“高校教育、教学水平”、“饮食”，其人数比例分别为89.9%、89.7%、81.8%和77.7%。一方面，学生对社会问题的关注不能产生实际效用，而关心与自己切身利益相关的事物，比如就业、学习等问题可以促进个人的发展，能够切实感到效益。另一方面，长期应试教育下的学生对社会生活没有深刻的了解，缺乏切身的经验和体会，缺乏对社会问题的深刻认识，因而学生表现的更为关注与自己切身利益相关的问题。

（三）从政治参与角度考察大学生政治价值观现状

行为是观念的反映和最终表现形式，研究行为能够帮助我们更好地了解观念系统的真实状况和运行方式。政治参与是学生政治生活的最终环节，是大学生政治价值观念和政治参与意识的外在表现形式。研究大学生的政治参与行为才能使我们全面、客观、真实地了解大学生的政治价值观念。

随着我国政治经济的飞速发展与政治体制改革的深入，国家和社会对大学生政治参与的态度以及信息时代、多渠道的政治表达渠道都促使当代大学生政治参与的形式呈现多样化的发展。其中，大规模的政治运动、集会等形式已经极为少见。投票、议政等形式的政治参与活动也为数不多。当代大学生的政治参与主要表现为个体参与和群体参与两种方式。

就个体政治参与而言，一般主要包括政治投票，政治选举，加入政党和政治团体，直接或间接的接触活动，参加社会实践及利用网络舆论等方式。有调查表明，有87.6%的学生选择网络作为自己政治参与的主要途径。同时大学生也普遍知道自己至少可以通过三种途径实现自己的政治参与，其中包括最直接的投票选举，也包括新出现的网络舆论，表现出了一定的理性色彩。[221]

在当代大学生的政治参与当中，除了个体为主的政治参与外，以团体或组织的方式去表达自己的政治意愿，促进一些社会或政治问题的解决也成为了更为主流的政治参与形式。这是因为自改革开放以来，各种组织协会大量涌现，如企业家协会、农民协会，个体劳动者协会以及各种学术团体等。属于并积极参与这些组织的人，参与政治的可能性比不属于这些组织的可能性大得多。[222]而这种潜在影响同时对当代大学生产生了导向作用。近年来，大学生中的一些社团和组织在保护环境、社区服务、扶贫济困等社会问题中开始发挥积极作用。因此本研究中，我们主要从学生的组织参与角度入手，研究大学生的政治参与特点，进而反映大学生政治价值观念状况。

近年来，随着学生组织的逐步繁荣发展，越来越多的学生参与到各种类型的学生组织之中。调查结果显示，88%的学生参加了除班集体、团支部和学生寝室之外的其他学生组织，近50%的学生参加2个或3个学生组织，3.4%的学生甚至参加6个以上的学生组织。从年级差异上来看，一年级学生大都处于适应期，其主要交往范围集中于学生寝室和本班级、本专业的学生，对于寝室和班级的归属感最强，到了大一下半学期和大二年级，学生开始更多地参与到学校的各级各类的学生组织之中，学生会组织、学生社团组织成为学生的又一个主要的活动、成长空间，学生通过在学生组织中担任学生干部，参加各种组织活动，发展兴趣，锻炼能力，结交朋友。这段期间，学生对于各类学院或学校内的组织的归属感比较强。到了大三年级，学生的组织参与情况出现了分流，一部分学生由于考研和就业的需要而离开各种学生组织或仅参加与专业学习关系密切的学术科研型组织，另一部分学生通过大一、大二的努力已经成为某一学生组织的核心成员，这部分学生对于组织的归属感会更加增强。大四年级学生的校内组织参与更少，但是此时参与校外组织的学生比例达到最高。

学生的组织参与以及学生通过组织进行政治参与的特点主要表现为以下几点：

1. 学生组织参与类型增多，政治型组织参与度不高

传统的政治型组织的参与度逐步降低。高校范围内广义的政治组织主要包括班集体、团支部、学生会、分团委，以及学生社团中的马列协会、“三个代表”学习小组等等。随着社会的不断发展，学生组织参与的功利性、实用性不断增强，传统的政治学习型组织在学生中的影响逐步减弱。一方面，随着高校扩招、全面学分制、选课制等高校教育体制改革中的一系列变化的发生，大学师生对传统的“班级”、“团支部”这种组织形式的意义及功能的认识也在不断更新变化，尤其是团支部的政治引导职能随着班级意识的逐步消解而越来越弱化。调查结果显示，26%的学生认为“寝室对自己的影响最大”，班集体和学生会对个人成长的影响基本持平（20%），而只有3.6%的学生认为“团支部对个体成长有很大的影响”。另一方面，政治类社团的影响范围也在逐渐减小。在问及“你参加政治类组织的情况（除班集体和团支部以外）”这一问题时，50.4%的学生表示“没有参加过”，23.5%的学生参加过“学生会”，12.9%的学生参加过“分团委”，而参加马列协会、“三个代表”等学习小组的人数分别为6.8%、1.2%。只有32.1%的学生乐于参加各种政治学习活动。此外，在各大学的校园网论坛上关于时事政治的帖子较少，点击率和跟帖率从整体上看偏低；参加学校组织的校园政治论坛活动的人数偏少，主动参加的人数则更少。

兴趣爱好型组织和项目型组织是学生自主参与最为广泛的组

织。随着社会的不断发展，当前高校学生组织已变得实用和功利化了，以发展兴趣、锻炼能力、增长才干、适应社会为目标的兴趣爱好型组织和功能型学生组织则受到学生的青睐。一方面，学生兴趣爱好组织种类多样、活动形式生动有趣，吸引了大批的学生参与，同时，由于兴趣爱好组织对于参与其中的学生没有素质能力方面的过多要求，学生参与起来不受限制。所以，兴趣爱好型组织一直以来是学生参与最为广泛的组织。由共青团中央和青少年研究中心2005年进行的一项调查结果显示，有59.7%的大学生参加了校内社团，平均每人参与的社团数为1.8个[223]，我们的调研结果显示，有88%的学生参加了除班集体、团支部和学生寝室之外的其他学生组织，69.5%的学生参加了各类学生社团，学生参与的组织有从校内向校外延伸的趋势，近30%的学生参加了各种校外组织。另一方面，项目型组织成为学生最受青睐的学生组织，项目型组织与功能型组织不同，它的组建一般具有比较具体而明确的目标，是为了在预定时间内、按照预定的质量标准或效率标准完成某项具体的工作任务。调研结果显示，科研团队、创业团队等项目型团队是学生最乐于参加的团队，但是由于这类团队对学生素质有一定的要求，所以，学生的参与比例有限，但是依然呈增长趋势。以东北师范大学为例，2005年以来，学校国家级学生科研项目50个，校级每年设立学生科研项目100余个，每个科研项目由一个独立的学生科研小组承担，也就是说，每年有百余个科研小组活跃在学校内开展各种科研活动。

2. 学生组织促进学生政治参与，校外组织参与值得关注

学生组织不仅仅是学生政治参与的主要渠道，而且在学生政治素质提高等方面也发挥着积极的影响作用。

政治型组织在学生政治素质提升方面有重要影响。团支部和分团委是团的最基层组织，是党的助手和后备军，是学生政治组织的核心，其活动内容往往带有很强的政治色彩。尽管团支部、分团委等政治型组织在学生中的影响力逐渐减弱，但是其在学生的政治素

质提高方面依然具有举足轻重的地位。调查结果显示，55.5%的学生认为团支部和分团委能够提升个人政治素质。政治型组织的活动方式主要有组织团日学习，团组织推优，基层人大代表的选举，参加班团干部的选举和被选举，参加社会实践活动，加入党团组织，公开发表政治见解和政治观点等形式。通过这些形式的活动让学生了解政治，参与政治，从而提高学生的政治素质。

志愿者组织成为学生政治参与的一条重要途径。近年来，学生参加公益活动的愿望和行动日益高涨，《中国青年报》社会调查中心今年与腾讯网新闻中心联合实施的一项调查显示，97.6%的青年表示“有空的时候，愿意去做公益活动志愿者”。调查还显示，76.2%的青年之所以参与公益活动，是因为“能帮助别人心里高兴”；“可以结识志同道合的朋友”，则是40.9%的青年投身公益活动的原因。此外，24.3%的人认为公益活动也是“一种休息方式”。还有20%的青年“没有原因，就是想做”。本次调查中，青年最愿意做的志愿者依次为环保（61.8%）、关爱老人（43.1%）、奥运志愿者（42.4%）、支教（37.2%）。参与志愿服务活动增强了大学生的主人翁意识和社会责任感，使学生更多地参加到社会活动、政治活动中来。

兴趣爱好型组织和项目型组织在学生中的影响逐步增强。学生个体特征千差万别，目标、兴趣、爱好、思想观念各不相同，这造成了他们心理需求的多样性和复杂性，各种兴趣爱好组织就是应学生的多样化的心理需求而产生的。可以说，无论怎样完善的功能型组织都无法完全满足所有学生的需要，因而，更多的学生为了培养兴趣、追求独立或者寻求友谊等需要的满足而组建或参与各类个性化的学生组织。调研结果显示，学生参加兴趣爱好型组织的主要原因是发展兴趣，结交朋友，参加项目型组织的主要原因是为了锻炼自身能力，增长才干。兴趣爱好型团队和功能型团队的多样性也决定了其对于学生影响的多元性，组织通过本身的运行和文化艺术类的活动，可以大大丰富和拓宽学生的知识面，同时，在学生了解社会、服务社会的过程中发挥着巨大的作用。

校外组织在学生的政治参与过程中发挥着积极和消极的双重作用。从学生参加的校外组织的数量来看，30%的学生参加了校外组织，人数比例随年级增长而逐渐增多。其中11.6%参加的是“义工服务组织”，8.4%参加了“公司企业组织”，7.9%参加了各种“俱乐部组织”，值得注意的是，0.7%的学生参加了校外党派组织。从总体上来讲，大部分校外组织为学生感受社会、体验社会、适应社会搭建了平台，畅通了渠道，在大学生的成长过程中发挥着积极的促进作用。但是，由于社会组织良莠不齐，形形色色，它们所发挥的作用不尽相同甚至迥然相异。一方面，一些不良政治企图的人或团体以正规组织、团体的名义吸引大学生加入，对其灌输错误思想，引导其从事一些有悖于社会、有害于国家的活动；另一方面，一些校外组织通过某些手段与校内学生组织联系，利用组织内部学生的心理一致性和学生对于学校的一些不满情绪，煽动学生“罢餐”、“罢课”等一系列负向的政治参与行为，误导学生的思想观念，进而对学生的成长成才产生消极的影响。

综上所述，对于处于过渡时期的大学生而言，由于政治经验的不丰富，并且管理国家和社会事务的主要是成年人，因而在实际生活中，他们往往不是真正享有宪法所赋予的社会权利，并且较少具有参与政治生活的机会，政治参与的主要形式是通过学生组织的各项活动，政治的方式也在不断朝多样化发展。

从大学生的政治参与行为来看，大学生政治价值观念表现出两个方面的特点。首先，政治价值观念趋于理性。与80年代大学生的政治参与方式相比，当代大学生当自己的利益受损的时候，不再冲动，不再以呼吁、呐喊的方式参与社会、游行或类似游行的静坐。这不再是大学生喜欢的参与政治的方式，他们更多是采取通过组织的渠道反映问题，政治价值观念趋于理性。其次，政治价值观念趋于淡漠。很多理论家认为当代大学生是“较为缺乏政治激情的一代”[224]。从大学生的政治参与中我们可以看出，越来越多的大学生开始关注自身的成长和自我价值的实现，他们在进行组织选择和参与的过程中，更多地注重组织对于个人能力素质的提高，而忽视了组织的社会参与和服务功能，对于政治型组织的关注程度日益降低，政治参与的欲望较差。

（四）当代大学生政治价值观的基本特征综述

当代大学生处在一个社会政治经济改革的年代，他们的价值取向，在很大程度上必然随着不断变化的社会局势而变化，在各种政治生活中会变化出种种不同的现象和特征。将这些现象和特点进行综合分析，在从专题调研、政治参与状况分析和历史发展的角度进行研究后，可发现当代大学生政治价值观呈现出以下三个基本特征。

1. 大学生政治价值观一元主导性与多样性并存。在新的时代背景下，传统权威的绝对性和规范的严肃性进一步受到冲击，多元的价值取向开始成为当代大学生政治价值观变化的一个显著特征。然而作为我国社会主义的本质特征，马克思主义和社会主义在大学生政治价值观当中仍然具有主导性作用。以马克思主义为指导的大学生政治价值取向始终会是我们坚持的方向。与此同时，当代大学生群体思想日趋多元化的现实也是我国意识形态多元化、经济制度多元化所必然形成的现实状况。“由于接触到世界是多元的，多元的经济体制、多元的价值观念、多元的榜样、多元的信息、多元的社会导向等，所以他们的思想中多元的色彩开始浓厚起来。”[225]因此，对于当代大学生的政治价值观，应在坚持社会主义主流意识不动摇的基础上，尊重大学生政治价值观的多样性。

2. 大学生政治价值观由社会本位向个人本位倾斜。中国传统政治价值观中强调整体主义，整体利益高于一切，个人服从集体。然而，随着时代的发展，特别是进入20世纪90年代以来，社会主义市场经济深入发展，西方各种文化、社会思潮也随之而来并对中国文化产生冲击，传统的政治价值观念也不断发生变化，很多大学生在自觉不自觉中受到感染，大学生集体主义的价值观念受到冲击。越来越多的大学生开始正视并积极追求个人的价值，其自我意识、自我责任感明显增长。一方面大学生通过自我的积极思考，确定人生坐标，最大限度地为社会作贡献；另一方面，他们的选择不排除对个人利益、个人理想、个人事业的追求，逐渐形成“主观为自己，客观为他人”的处世原则。这反映了大学生在个体与集体，自我与社会，义与利，奉献与索取等问题上正努力寻找“社会与个人利益并重，事业与利益兼得”的结合点。

3. 大学生政治价值观由理想型向现实型转变。社会的大转型使新旧价值观念发生激烈的冲撞。在过去计划经济时代以集体主义价值取向为核心的价值观念中，崇高的精神、追求共产主义的理想被人们普遍认同，人们的价值判断标准表现出浓厚的理想主义色彩，既不谈个人的现实利益，更不能以物质或经济的标准去评判，而是以奉献的大小和共产主义的理想道德准则作为人生价值的唯一判断标准。然而到了今天，随着我国社会政治生活氛围日渐融洽和谐，个人生活空间不断扩大，加之多元价值观念的出现，价值评价标准也日趋复杂化和多样化。当代大学生在接受各种新思想中长大，思想更为开放和自由，因而在评价各种价值观时，更少受传统思想束缚，显得更为宽容。他们在政治价值评价标准上逐渐由理论原则向现实生活转变，他们对一些新事物表示理解，更容易接受现实的或现存的事物。

二、大学生政治价值观教育现状分析

近年来，我国对于大学生思想政治教育领域的重视程度日益增高，中共中央、国务院颁发的《关于进一步加强和改进大学生思想政治教育的意见》指出：“加强和改进大学生思想政治教育的主要任务，一是要以理想信念教育为核心，深入进行树立正确的世界观、人生观和价值观教育。”完成这个任务，其中就要对大学生进行政治价值观教育，因为这一教育既是以理想信念教育为核心的政治观教育的重要方面，也是价值观教育的重要部分。但是，到目前为止，在我国学校教育领域，并没有专门的政治价值观教育课程，政治价值观教育从内容到方法都比较模糊，政治价值观教育更多地被涵盖在思想政治教育中。

（一）大学生政治价值观教育的主要内容和途径

1. 大学生政治价值观教育的主要内容

高校的思想政治教育在对大学生进行世界观、人生观、价值观教育中，无论是教育目的还是教育内容，都包含着显见的政治价值色彩，都与政治价值观有着千丝万缕的联系，归纳起来主要涉及的政治价值观教育包括以下六个方面：

（1）通过政治理论教育提升政治认知水平。理论教育是思想政治教育主体有目的、有计划地向思想政治教育客体进行的系统传播先进思想的方法。[226]政治理论主要是指人类历史发展过程中所形成的关于社会政治现象的一般知识理论，它既是人们对现实社会中复杂政治现象的认识基础，又是一个学校实施政治价值观教育的理论基础。目前高校政治理论教育的主要形式就是思想政治理论课的灌输，就是指从外部对大学生输入科学政治理论，帮助大学生树立政治问题中的科学化意识，提升政治认知水平。

（2）通过马克思主义理论教育坚定政治立场。政治立场是政治价值观的核心，学校政治理论课程通过不同的内容和方法，向大学生全面灌输马克思主义的基本观点、基本立场、基本方法，使他们能够创造性地运用辩证唯物主义和历史唯物主义的世界观和方法论分析当今世界和中国的实际，在错综复杂的社会现象中看清本质，明确方向，认识和把握新形势下的人类社会发展的规律，将马克思主义的基本理论最后内化为学生个体的行动指南和精神动力，进而使大学生在思想政治方面成熟起来，坚定大学生的政治立场。

(3) 通过主旋律教育强化政治认同。爱国主义、社会主义和集体主义是我们社会的“主旋律”，它们是三位一体、内在统一的，集中体现了我国占主导地位的政治价值取向。高校通过爱国主义教育，使广大学生了解我们民族的光辉历史和中华民族反帝反封建的革命传统，从而更加热爱祖国，热爱社会主义，并增强其民族自豪感和历史责任感；高校通过集体主义、社会主义教育，使当代大学生的价值取向、人生理想以及世界观等思想意识符合社会主义市场经济的要求，克服和抑制与社会主义伦理准则和法规制度相违背的极端个人主义和狭隘的小团体利益的不当追求，使他们认识到社会主义制度的优越性，加深对社会主义祖国的认同和热爱。

(4) 通过形势政策教育提高政治关注度。政治价值观的教育具有特殊性，即政治价值观的形成不仅受知识传授的影响，更受现实生活中国家方针政策、政治文明建设进程的影响。因此，高等学校在开设思想政治理论课教育教学课程的同时，一直不断地加强形势和政策教育，通过建立形势政策报告会制度等形式，引导大学生关心、了解国家的方针政策、国家的政治走向、热点国际政治问题，了解我国改革开放和现代化建设取得的伟大成就，使大学生关注国际和国内政治与经济发展，关注国家方针政策的发展与变化，增强大学生的政治关注度。

(5) 通过行为规范教育强化政治参与意识。行为规范教育也是高校德育工作的一项重要内容，其中也渗透着政治价值观教育的若干要素，特别是在学生的政治参与意识和政治参与行为上有着一定的规范和约束的作用。高校通过行为规范教育，帮助大学生认识各种社会关系，学习和掌握社会认可的一套系统的权利义务关系、政治参与方法和政治行为规范，并转化为自觉的个人行为习惯，从而保持个人的政治参与意识和行为与整个社会的协调一致。

(6) 通过民主意识教育提升政治宽容度。高校通过教育引导大学生理解支持我国现行的政治制度和政治生活，使大学生能够理性成熟地对待我国社会主义现代化进程中的各种问题，从而坚定对社会主义现代化建设事业的信心，树立科学正确的政治价值观。

2. 大学生政治价值观教育的主要途径和载体

大学生政治价值观教育和其他政治教育、价值观教育的途径和载体相同，渗透在思想政治教育的各个领域。

思想政治理论课。2004 年中共中央、国务院《关于进一步加强和改进大学生思想政治教育的意见》指出："高等学校思想政治理论课是大学生思想政治教育的主渠道，要按照充分体现当代马克思主义最新成果的要求，全面加强思想政治理论课的学科建设、课程建设、教材建设和教师队伍建设，进一步推动邓小平理论和"三个代表"重要思想进教材、进课堂、进大学生头脑工作。"思想政治理论课是大学生的必修课，其主要任务是通过对大学生进行马克思主义的理论教育和道德规范教育，帮助大学生树立正确的世界观、人生观和价值观，培养符合社会主义教育目标要求的思想政治素质和道德品质。思想政治理论课是大学生接受政治价值观念教育的主渠道，是指教育主体通过有计划、有目的的集中授课的方式把政治价值观念体系的理论观点系统地灌输给青年大学生的教育方式。

日常思想政治教育。日常思想政治教育是高校学生思想政治工作的有机组成部分，是对学生进行思想教育和日常管理最基本，最重要的途径，对学生政治素质的提高和政治价值观的形成有着重要的作用。所谓高校学生日常思想政治工作，是指政治辅导员和班主任等高校学生工作人员根据党的教育方针和高校思想政治教育工作的开展要求，从学生的认知发展规律出发，针对不同学生的思想实际，以宿舍、班集体和年级工作为载体，组织开展各种教育活动，加强对高校学生的政治素质、思想品质和心理健康的教育。其主要任务是及时发现和解决学生在思想、学习和生活等各方面存在的问题，保证学生学习任务的顺利完成和身心的健康成长。

校园文化活动。校园文化活动的一项重要功能就是通过丰富多彩的文化体育活动把思想政治教育的内容潜移默化地传递给大学生。校园文化活动具有较强的自主性，近几年普遍推广的是社会实践活动、主题教育活动、社团活动、文艺体育活动等等。例如，利用“十一”国庆日、“七一”党的生日、五四运动纪念日等，开展简洁、有历史意义的纪念活动；通过社会实践，了解党的路线方针政策在农村、厂矿和企事业单位的贯彻执行情况，了解群众在建设有中国特色的社会主义过程中的历史作为等等。学校把思想政治教育的内容渗透在活动中，引导学生自发主动地参与活动，在潜移默化中促进学生政治价值观念的形成。

政治实践活动。政治实践是大学生政治价值观教育的一条重要途径，通过政治实践，可以使平日所学的政治理论与所参加的政治社会实践结合起来，让学生在社会现实中深入思考，既从政治理论的高度，又从社会发展的现实中认识社会，分析社会，增强政治敏锐性和政治宽容度，提高对腐朽思想文化的抵制能力。大学生在校学习时期的政治实践活动性质主要有三种：①参加政治性组织，如中国共产党、中国共产主义青年团，让他们在党团的组织生活中得到锻炼和提高；②保证他们行使社会和国家赋予的政治权利，如参加选举活动、行使监督权力等；③引导他们参与主题性的社会政治现象讨论，如参加反邪教活动、倡导男女平等的活动、遣责日本军国主义的歪曲历史的丑恶行径等。

网络思想政治教育。近年来，以互联网为代表的新的信息传媒工具已经成为当代大学生获取知识和信息的重要渠道，深刻影响着大学生的学习、生活和交往方式。网络思想政治教育也逐渐成为高校思想政治教育的一项重要载体，各高校通过红色网站建设、网络舆情调查等渠道和手段进行学生政治思想和价值观教育。

此外，除了上述主要的教育途径载体以外，谈心辅导、心理咨询、学生党建工作等等也都是学校开展思想政治教育和政治价值观教育的有效途径。

（二）大学生政治价值观教育存在的主要问题

改革开放至今，高校学生的政治价值观教育取得了一定的经验和成效，比如，能够动态把握和及时引导大学生政治价值观，开展了一系列卓有成效的政治价值观教育活动，确保了在特殊时期学生的政治安全和稳定等等。但是，我们同时也应看到，政治价值观教育作为一项关系到国家安全稳定的重要的教育内容，还没有得到应有的重视，教育过程也存在一系列的问题。

早在2004年，党中央在《进一步加强和改进大学生思想政治教育的意见》中从当前大学生群体的角度提出了一些当前急需关注的问题，如“政治信仰迷茫、理想信念模糊、价值取向扭曲、诚信意识淡薄、社会责任感缺乏”。而就当代大学生的政治价值观教育而言，大多数学者认为其核心问题表现在对于政治价值观教育的重视程度不够和教育的缺乏实效性。其中学者郑志谦认为，当代大学生政治价值观先天不良，在大学阶段，仍有一些薄弱环节，如：对大学生的政治价值观教育重视不够；思想政治教育办法不多，缺乏创新；有的教师干部不良的“政治形象”和“政治感召力”也给大学生政治价值观带来消极的影响。唐昆雄、赵春风在调研的基础上，专门针对高校广大教师的政治素质进行了专门研讨，提出要树立大学生正确的政治价值观，首先每一个高校教育工作者，特别是教师自己，要具有正确的政治价值观。[227]综合各家学者的观点，笔者认为当前大学生政治价值观教育的问题主要表现在以下几个方面：

1. 对于政治价值观教育的重视程度不够

政治价值观教育作为思想政治教育的一个重要组成部分，是高校德育的主要内容，是大学生政治思想形成的基础，是国家未来政治方向和政治稳定的基础。但是，在新的形势下，政治价值观教育的重要性和紧迫性还没有得到充分的认识。

一方面，在国家的相关教育文件中还没有把“政治价值观教育”作为一项单独的教育内容提出。近年来，中央高度重视思想政治教育，《关于进一步加强和改进大学生思想政治教育的意见》中指出：“加强和改进大学生思想政治教育的主要任务，一是要以理想信念教育为核心，深入进行树立正确的世界观、人生观、价值观教育。”文件中对理想信念教育和价值观教育都有所提及，政治价值观作为理想信念教育的重要支撑，作为价值观教育的重要组成部分，其教育地位不容忽视，但是，还没有成为文件中所单独指出或强调的重要内容。

另一方面，在高校教育体系内部，政治价值观教育在整个德育内容甚至大学人才培养体系中的重要地位并没有得到体现，还没有专门的政治价值观教育，没有系统的政治价值观教育目标，没有针对性地按照大学生政治价值观形成的规律和大学生的身心特征科学地安排政治价值观教育的内容和方法途径。特别是近年来，国家社会的健康稳定发展已经使越来越多的教育者和受教育者开始逐渐忽视政治教育的传统重要地位，某些教育者只是在泛泛地强调一下政治价值观教育，做些表面文章，而对于直接进行政治价值观教育的高校德育或者社科部门却采取轻视的态度，并没有从本质上理解政治价值观教育对于学生成长和国家民族长久发展的重要性。

2. 缺少一个主导性的、系统性的政治价值观教育内容体系

由于政治价值观教育还没有成为一项独立的教育项目，因此，自然也没有形成相对完善的、与时俱进的教育内容体系，其教育内容大都是和思想教育、道德教育、心理教育、法制教育等混在一起进行的，教育内容分散，更新不及时，教育效果自然也不理想。

首先，缺少主导性的政治价值内容体系。当前社会迅猛发展，不仅改变了我国经济领域的面貌，也深刻地改变了人们的思想观念，大学生传统的价值观念受到冲击，新的价值系统正在演变，价值观念体系正在从一元走向多元，从集中走向分散，传统的政治价值体系受到冲击，社会价值取向出现失衡、混乱，缺少了一个相对完善的主导性的政治价值观念体系。因此，在价值观多元化的基础

上，根据我国大学生的实际觉悟水平和思想状况，吸取各种政治价值观念的合理因素，整合出一套新型的、既有先进性又有合理性的、与社会历史发展相适合的政治价值观体系是非常必要的。

其次，缺少系统化的政治价值内容体系。政治价值观教育是一个系统工程，涉及政治知识教育、政治认同教育等方方面面，仅单一地进行某一项或是某几项教育都不能够收到很好的教育效果。传统的将政治价值观分散进行的教育模式只能使大学生逐步淡化政治价值观念，不能形成完整的、科学的政治价值观念体系。因此，要充分考虑教育的层次性和差异性，把政治价值观教育作为一个完善的教育系统，使学生逐步地、相对完整地形成政治价值观念系统。

3. 缺少个性化的、相对独立的政治价值观教育方法和载体

目前，高校政治价值观教育的主要途径和载体依然是思想政治理论课的教育，教育方法依然以灌输为主，还没有比较成形的教育方法和载体。

一方面，思想政治理论课教育本身存在一定的弊端。思想政治教育课的主要的实施方式仍然是灌输，通过教师、教材，以知识传授、计分考试等形式自上而下地灌输。而这种“填鸭式”的灌输往往存在很多弊端，比如，过于关注“教”的过程而忽视了“学”的过程，将丰富的价值观教育和思想政治教育的内容当作个体外在的规范和条条框框，使教育的实施过程死板，僵硬，缺乏灵活性和实践性，极大地影响了教育的效果。

另一方面，政治价值观的独特教育内涵需要与之适应的教育载体和方法。我们应该看到，政治价值观教育不同于纯粹的知识教育，而是一个精神教育的过程，它是具有自身独特内涵和特征的教育概念，它需要符合自身特点的独特的教育载体和方法，不是仅仅依靠灌输，它更加需要大学生的积极投入，需要情感内化和行为实践等多个教育过程，否则教育的实效自然大打折扣。因此，要根据政治价值观教育的目标和内容体系探索构建政治价值观教育的独特的教育方法和载体体系，注重加入实践、体验等教育环节，促进学

生个体的政治价值体系的内化活动，注重教育实施手段的灵活性、隐蔽性和个性化。

4. 缺少一体化的、全方位的政治价值观育人环境

“教育是年轻一代系统地社会化的过程。”[228]大学生政治价值观的形成，不是哪种单一因素影响的结果，而是受到社会环境、家庭、学校、集体生活等多种条件的系统的作用。但是，一方面，就目前来看，在学校范围内还没有形成全员育人的一体化育人局面，政治价值观教育只被认为是某些思想政治教育工作者的责任，并没有纳入高等教育的体系之中，渗透到教学、科研和社会服务的各个方面。此外，更重要的是，由于我国大学生的主要生活环境远离家庭，在大学校园里生活和学习，我们的政治价值观教育过多地依赖于学校教育这一途径和学校这一教育载体，而大学生们喜欢的是广阔丰富、多姿多彩的生活，因此，他们主动地接触社会，自觉不自觉地接受庞杂的社会价值体系，致使学校教育在实际上往往为家庭和社会因素所否定，而不是被强化。大学生不是生活在“真空”中，他们也会接触到社会的阴暗面，学校正面的价值观教育，在纷繁复杂的社会现象面前显得单薄、脆弱，甚至不堪一击。要改变这种状况，仅靠学校的努力，恐怕是远远不够的。因此，要使大学生政治价值观教育取得好的效果，就必须协调学校、家庭、社会等多方面的教育力量，建立学校、社会、家庭多方互动，形成政治价值观教育的合力，共同营造大学生政治价值观教育的一体化、全方位的良好环境。

5. 教育者的素质有待进一步加强

教育者也是在社会现实生活中的活生生的个体，外界客观环境的变化在一定程度上也给大学生政治价值观的教育者带来了诸多影响。这种影响波及到教育者的道德素质、专业素质和教育素质等方面。首先，从教育者的政治素质来看，政治价值观教育是一项具有政治倾向和道德伦理性的实践活动，这就要求教育者具有较高的政治理论水平、政策水平和优良的政治品质，与党中央保持一致。在

市场经济大潮的冲击下，有个别的思想政治理论课教师和非专职的教辅人员受到西方思想价值观念的侵扰，盲目西化，放弃了传统的科学社会主义价值体系，崇尚西方的生活方式和价值体系，极大地干扰了大学生政治价值观念的形成。其次，从教育者的专业素质来看，价值观的教育不仅仅是一种知识的传授，更是一种思想观念的辨析，这就要求无论是专职的思想政治理论课教师还是非专职的教辅人员都要有较强的专业水平和文化素养。再次，从教育者的教育素质来看，一方面，思想政治理论课教师要坚定教育信仰，要充分意识到尽管大学生的政治价值观教育困难重重，但是只要坚持不懈依然会取得很好的成效；另一方面，思想政治理论教师要大力开展学术研究活动，提高教师教学和科研的整体水平，以教学带科研，以科研促教学，教学科研良性互动，提高自身的教学素质和专业素质。

第五章　西方政治思潮与中国传统政治思想对我国当代大学生政治价值观的影响

从我国当代大学生政治价值观的现状调研和我国当代社会政治思潮的历史变迁中，我们发现，当代大学生政治价值观的形成和发展除了受到我国主流社会主义意识形态的根本性影响外，在其深层次的思想意识领域还存在着另外不容忽视的重要影响因素，特别是针对当代大学生群体所表现出的政治价值取向多元化、政治价值评价功利化、政治信仰不稳定等现实问题。分析其原因，不难发现其内在影响因素主要是受到了西方政治思潮和中国传统政治思想的双重影响。在某种程度上，可以说当代大学生的政治价值观正是在传统政治思想、西方政治思潮和主流意识形态的冲突和碰撞、侵袭和融合的形势下不断变化和发展的。现就西方政治思潮、中国传统政治思想对我国当代大学生政治价值观的影响进行深入分析。

一、当代西方政治思潮对我国当代大学生政治价值观的影响

20 世纪 80 年代末和 90 年代初以来，全球化经济的不断发展，冷战的结束，新兴科技加速社会的进步，新经济模式的出现和信息社会的来临，都从某一个方面标志着一个新纪元的开始。在这样一个全新的历史背景下，由于社会经济、世界格局的纷繁变化，西方发达资本主义国家各种政治力量在面对时代发展变化的同时，也适时地产生了诸多变化，纷纷提出了诸多新的思想理论，希望能够解

决世界新格局形成以及资本主义社会发展过程中出现的新问题，并进而在哲学、社会学、经济学、政治学等不同领域形成了各式各样的社会思潮。与此同时，我国社会政治经济在全球经济一体化和改革开放大潮的相互影响下，开始经历着重要的变革和转型，各种新事物、新思想不断涌现，并相互激荡。尤其是在改革开放过程中，西方诸多社会思潮的不断涌入使得在改革开放后这一阶段成长的当代大学生不可避免地受到西方社会思潮的渗透和影响。

在西方诸多社会思潮当中，有对社会主义的全面否定，有对资本主义的改良和批判，也有对未来社会发展的探索。其中，当代西方政治思潮对我国当代大学生政治价值观的发展变化产生着极其重要的影响，这是因为，政治思潮作为特定历史条件下形成的、具有共同政治倾向和较为广泛影响的重大思想潮流[229]，首先它所研究的对象是包括人、社会、国家、历史等基本问题以及观察社会政治现象的一般方法，其次它更侧重关注人们的基本价值取向，对现实社会政治问题的看法，对有关理想的社会政治生活、制度、原则或政策的主张以及实现理想社会的道路，如对自由、民主、平等、人权、社会责任的探讨始终是政治思潮所涉及的重要话题。

（一）影响我国当代大学生政治价值观的西方政治思潮评析

毛泽东曾指出“一定的文化是一定社会的政治和经济在观念形态上的反映”[230]。纵观西方政治思想的发展历程，特别是进入到20世纪70年代以来，西方社会的政治经济危机引起了西方政治思想的深刻变化：自由主义开始进行反思，并促使后来新自由主义的不断发展；资本主义新的政治思潮如生态主义、女权主义开始登上历史舞台；西方左翼的保守主义逐渐走向低潮。到了20世纪八九十年代，新一轮的西方民主化思潮开始逐渐渗透并改变着世界格局。随着苏东剧变和国际共产主义运动陷入低潮，西方国家保守主义掀起了市场化和私有化浪潮，也波及了世界其他地区，促使这些地区开始了针对性改革，也正在这一时期，西方全球化、民主社会主义逐渐成为西方资本主义国家新的政治思想理论代表。

总的来看，西方政治思想的发展变化是西方社会矛盾变化的产物。西方政治思想在某种程度上也反映了人们对于社会政治现象和社会政治价值的认识。西方政治思想当中的追求民主政治、实施社会福利、市场经济资源合理配置等观点也对我们目前的现代化建设具有重要的借鉴意义，可以帮助我们解决在现代化进程中的一些具体问题。然而不能因为西方政治思想对我们的一些借鉴和指导就认为西方政治思想理论可以全部复制到我们的社会当中，因为我们不光有自己的现实国情，与西方社会有着根本性的差别，而且我们社会主义国家坚持的马克思主义理论代表着更先进的生产力，是比西方政治思想更为先进的社会思想。在当前经济全球化发展历程中，新一轮的经济发展并没有改变国家间意识形态的矛盾与冲突，新时期西方政治思潮反而加快了自身的传播速度，不断对我国当代大学生进行意识形态渗透，对我国社会主义意识形态构成了挑战与威胁。因此，研究、认知西方政治思潮及其影响成为新形势下加强我国大学生政治价值观教育的重要课题。

针对西方政治思潮的理论研究，我国学者进行了较为深入、系统的研究，大多数学者都认为西方价值观是以个人主义为思想基础的。其中有学者认为“当代西方意识形态领域最活跃的、占主导地位的两大流派是自由主义和保守主义”[231]。张耀灿和梁建新在《论加强西方思潮引导的方法论问题》一文中指出：“新自由主义思潮、未来主义思潮、科学主义思潮、公共知识分子思潮、意识形态终结论思潮、民族主义思潮、女权主义思潮、全球化思潮、西方马克思主义思潮等纷纷登台亮相，从而在历史与现实交汇的平台上演绎出一幅多音争鸣、眼花缭乱的思潮景观。”此外，俞可平认为：“每一个时代都有每个时代自己的政治学理论，每一种政治理论也必然打上时代的烙印。政治学家由于所处的经济和文化背景不同，政治立场和价值观念不同，分析和观察问题的角度不同，对上面这些现实政治问题的认识也极不相同。现当代以来，各国政治学家提出的各种各样观点、学说和思想，大体上可归入以下不同的政治理论或政治思想流派：新马克思主义、政治精英主义、新帝国主义、新自由主义、新保守主义、社群主义、民主社会主义等等。"[232]与此同时，在全球化背景下西方世界所提出的各种反共产主义的意识形态理论也是当前学者所关注的热点。其中对"全球民主论"、"趋同论"和"文明冲突论"都进行了较为详细的论述。如王永贵等在《经济全球化与社会主义意识形态建设研究》一书中指出："'全球民主论'、'文明冲突论'、'意识形态终结论'、'中国威胁论'等论调都隐含着反共产主义倾向，必须坚决反击上述各种反社会主义、共产主义的意识形态谬论。"

综上所述，在进行当代西方思潮对我国当代大学生政治价值观的影响这一研究中，我们认为在全球化背景下，西方发达资本主义国家抛出的"新自由主义论"、"全球民主论"、"第三条道路"、"趋同论"等，对我国当代大学生的政治价值观以及主流意识形态构成了一定的威胁、挑战，具有一定代表性。总的来看，在人类社会有一些价值成为人类一直追求的目标，成为人类永恒的价值，那就是自由、平等、和谐、公平、正义。这些价值相互关联，相互促进。[233]而"新自由主义论"、"全球民主论"、"第三条道路"、"趋同论"等西方政治思想正是利用这些基本的价值取向来进行思想价值渗透。其具体表现为：第一，上述思想的本质内涵集中体现了全球化背景下，西方发达国家极力推行西方"自由民主"，进行"新干涉主义"的反共产主义战略思想。其主要表现是冷战结束后，西方战略家尼克松、基辛格、布热津斯基和亨廷顿马上从不同角度提出了建立民主国际的政治思想。进入90年代，历届美国政府都在力争建立"世界新秩序"，即"努力为这个新世界建立一种新秩序，各国政府要对内实行民主、宽容和经济自由的政策"，"美国的职责就是运用自己的道德和物质资源，以促进民主与和平"[234]。第二，这些西方思潮所倡导的"民主"、"自由"、"个体本位"和"社会形态趋同”等思想，具有一定的迷惑性，而当代青年大学生在改革开放的环境中成长起来，其成长的过程同时也经历着重要的社会转型，种种矛盾冲突很容易造成他们对社会理想产生困惑，在追求自身价值的过程中，容易陷入西化的陷阱之中。第三，从国际共产主义运动历史上看，“国际共产主义或世界社会主义运动出现曲折的历史关头，最容易出现机会主义和修正主义”[235]。从苏联以及东欧社会主义国家社会变革中青年所发挥的反作用以及西方思潮对于其青年的渗透影响中，我们也可以总结出一些重要的经验。正如德国专家埃克·考普夫在《欧洲社会主义失败的教训》一文中指出的西方意识形态特别是“社会民主主义意识形态首先对那些没有亲身经历过资本主义剥削、法西斯战争或者重刑监狱和集中营的德国统一社会党及政府中包括最高领导层在内的年轻一代领导人产生了影响，其实际后果是：他们的无产阶级的阶级意识和阶级判断力，他们捍卫社会主义的革命警惕性和积极性受到麻痹，因此轻信资本主义在本质上已经变得‘文明’了，变得‘和平’了”[236]。正是这些思想的不断亲近、渗透，对苏联、东欧的社会主义产生了重要的破坏作用和负面影响。

综上，西方政治思想当中的新保守主义、法西斯主义、无政府主义、生态主义等政治思想都对当代大学生或多或少产生了一定的影响，造成了当代大学生政治价值取向多元化发展的趋势。本文将从当代大学生政治价值观的形成、发展的角度出发，将主要依据西方政治思想对我国当代大学生的侵袭表现，仅就“新自由主义论”、“全球民主论”、“第三条道路”和“趋同论”等几种西方政治思潮对当代大学生的渗透和影响进行简要分析，针对其提出的“自由”、“民主”、“全球化”和“社会趋同”的政治口号对当代大学生的政治价值观造成一定程度的迷惑和困扰进行客观辨析、把握其内涵，揭示其实质，从而为进一步巩固马克思主义在意识形态领域的指导地位，为有效抵制西方国家针对青年大学生的“和平演变”提供理论依据。

1. 新自由主义论

自由主义是近代以来西方资本主义的主流意识形态，当代新自由主义论是自由主义在全球化进程中的发展和延续。新自由主义以哈耶克、弗里德曼的学说为代表，在20世纪80年代登上世界历史舞台，其直接原因有两条：一是当时的主流经济学理论——英国经济学家凯恩斯的国家干预主义——无法解决西方经济长期陷入“滞胀”状态的难题，这为新自由主义的兴起提供了契机；二是随着撒切尔出任英国首相，里根出任美国总统，新自由主义成为英美政府的施政理念，并在国内外得到大力推行。当然，新自由主义兴起的根本原因，还是它迎合了国际垄断集团抢占国际市场、向发展中国家扩张的需要。按照新自由主义理论，任何国家特别是发展中国家必须放松政府对经济的干预，解除外汇管制，消除贸易壁垒，使国有企业私有化，最大限度地开放市场，实现经济自由发展，实现市场主体的平等竞争。[237]

新自由主义首先是作为一种经济理论出现，其核心观点是主张自由化、私有化和市场化，后来逐渐由以经济思想为主，发展到广泛涉猎哲学、政治学、社会学、史学等相关领域，成为具有重要话语权的世界性思潮。改革开放后，新自由主义思想进入我国并开始流行起来。

新自由主义继承了传统自由主义的基本价值，即以自我和个人为核心，其根本观点是个人的自由选择权以及保证这种自由选择权在公正的环境中得以实现。在自由主义者看来，一旦个人能够充分自由地实现其自身的价值，那么个人所在的群体和社会，也必然能最终实现其公共利益。根据自由主义的逻辑，个人的利益和行为是分析和观察一切社会政治问题的基本视角。一切复杂的历史事件、社会制度和政治运动等等，最终都可以被简约为个人行为，所以自由主义的方法论是个人主义或“原子主义”。[238]当代的新自由主义在继承传统自由主义思想的同时，由经济理论逐渐政治化、意识形态化，提出了个人主义原则、平等的自由、民主原则和新自由主义的国家学说等思想，其着重强调私有制和市场经济对实现个人权利的极端重要性，主张国家的中立性，反对国家对社会和个人事务过多的干预，积极倡导公民社会的作用，竭力维护社会的多元主义价值。从本质上看，新自由主义是西方发达国家为了解决其自身社会发展问题而倡导实施的，是“代表着资产阶级的利益和发达国家的整体利益，因此其阶级性属性是资产阶级的”[239]，新自由主义在“华盛顿共识”① 之后，成为了资本主义向外输出的意识形态和制度价值。对于我国社会主义的公有制和社会主义国家制度形成了强烈的冲击。

近年来，新自由主义在我国的传播过程中，从总体上看，专家们普遍认为：作为一种经济学理论和研究方法，它对市场经济运作具有一定的借鉴意义，可以批判地借鉴吸收；但作为国际垄断集团的核心理论体系和价值观念，则必须坚决反对和抵制。当前其对当代大学生的侵袭主要表现为：第一，新自由主义着重宣扬新自由主义的经济模式，强调个人的自由与权利，反对以平等与再分配的名义扩大政府的权力，声称公有制只能导致集权，国家对经济的干预职能造成经济效率低下，实现经济发展必须进行市场的全面私有化。在他们看来：“私有制是自由的最重要的保障”，“私有制是经济发展最充分的动力”。[240]新自由主义宣扬“经济全球化”、“自由贸易”等看似美好、科学的进步思想，同时抨击集体主义，抹杀民族主义，完全否定我国社会主义主流意识形态，严重危害了当代青年大学生对我们国家经济发展的信心和坚定的政治立场。第二，新自由主义否定、排斥政府在市场、经济活动和政治引导中的作用和地位，他们强调市场经济和现代社会的自我调节，因此新自由主义

① 1989年陷于债务危机的拉美国家急需进行国内经济改革。美国国际经济研究所邀请国际货币基金组织、世界银行、美洲开发银行和美国财政部的研究人员以及拉美国家代表在华盛顿召开了研讨会，旨在为拉美国家经济改革提供方案和对策。美国国际经济研究所的约翰·威廉姆森对拉美国家国内经济改革提出了已与上述各机构达成共识10条政策措施，称做华盛顿共识。

经常以质疑我国政府对于社会主义市场经济的宏观调控战略为由，同时以极力宣扬限制国家专权的口号来迷惑人们，主张通过自由至上来追求人与人平等，迷惑我国当代大学生弱化集体主义思想和社会主义阶级判断意识。因此，不管新自由主义如何进行伪装，我们都必须引导当代大学生认清其真实的新殖民主义面目——是以推动经济发展为幌子来彻底否定、推翻社会主义根本制度。近年以东南亚经济危机和中亚地区的橙色革命为代表的一系列事件就是新自由主义严重危害的铁证。所以说，新自由主义一方面是西方国家诱导社会主义国家和平演变的理论武器，另一方面是西方国家对发展中国家推行新殖民主义的理论武器。在信息网络化时代，在参与全球化的过程中，我们应提高警惕性，维护我国的主流意识形态安全，以免落入新自由主义“全盘西化”的陷阱。

2. 第三条道路（民主社会主义）

在西方资本主义国家，民主社会主义一直作为欧洲左翼政党的指导性理论，主张将资本主义的优点和社会主义的优点结合起来，同时克服两者的缺点，寻求一条介于资本主义与社会主义之间的“第三条道路”。[241]进入20世纪90年代以来，全球化的世界影响和冷战两极格局的结束，为“第三条道路”理论的发展提供了有利的社会历史背景，它在由美国民主党派总统克林顿率先提出后，伴随着英、德、法等国工党、社会党、社会民主党的先后上台执政而广泛发展起来。“第三条道路”甚至被称为“新欧洲道路”。

20世纪90年代以来的“第三条道路”理论在继承传统民主社会主义和新自由主义的某些价值理念的基础上，声称要同时超越新右派和传统左派，而寻找到一个合适的中介，或一个新的中心。而从近年的实践发展来看，“第三条道路”实质上是西欧左翼政党在全球化影响下，针对当代资本主义社会的现实问题而提出的建设性的“解决方案”，是资本主义社会为迎接全球化挑战，克服自身弊端，保持内部活力而提出的试图“超越”左和右的一种改良主义思潮。[242]

与历史上同类型的西方政治思潮相比较，“第三条道路”在解决具体问题的对策上提出了一些值得关注的新思路，如：全球化背景下，国家提高行政管理能力，增进国家民主；建立积极福利制度的构想，注重维护社会公正；保障公民权利的同时强调个人的职责。然而总体上看，“第三条道路”带有明显的不成熟性。它推行改良主义，遵循实用主义，然而在新自由主义和社会主义的价值体系下，其核心价值观念模糊不清，政策内容存在诸多不确定因素。部分批评者认为“第三条道路”实质上就是“贴上了新标签的旧政策”[243]，“它所要提供给我们的，不过是对美国罗斯福的战前‘新政’的重复，并掺杂了新撒切尔主义的经济政策和大量维多利亚时代的伪善”[244]。而这些问题都是源于“第三条道路”在实践过程中表现出的积极性与消极性两面性特征。尽管“第三条道路”存在着诸多根本性问题，但是西方发达资本主义国家仍将其鼓吹为是可以代替社会主义的新社会制度，并以此作为其政治思想渗透的有力武器。对此我们应当教会当代大学生对其有清醒而全面的了解与认知。

近一个世纪的意识形态斗争历史告诉我们，国际交往，特别是不同制度间的交往，意识形态总是以临高视远的谋略，反映、引导、制约着各种交往关系。无论西方世界的意识形态的何种理论，其实质都是从本阶级的立场出发，用于维护自身根本利益的。当前在西方国家战略中，西方思潮已经成为其意识形态渗透的重要工具，它的内容在不断变化，其作用在不断强化。当前，我国正处于社会转型期，社会的思想观念正在发生深刻变化，当代大学生政治价值观的独立性、选择性、多变性、差异性明显增强，对西方政治思潮带有极强隐蔽性、迷惑性和欺骗性的意识形态渗透缺乏设防，容易受到影响，从而在政治价值取向上产生迷惑和错误倾向。

3. 全球民主论

全球民主论是20世纪90年代中期以来美国等西方国家借全球化浪潮之机，极力向广大发展中国家尤其是社会主义国家推行“美国式”民主制度的过程中产生并发展起来的。其提出的“全球共同价值”、“全球意识”、“全球公民社会”等观点，旨在说明在全球化浪潮中，国家主权观念和以国家主权为基础的国际关系原则已不合时宜，新的形势下，对于传统国家主权的政治认同将逐渐被取代，部分发展中国家“愚昧”、“落后”的主权束缚了“民主”、“自由”、“人权”的发展，形成了统治、压迫乃至战争的根源。必须通过“全球民主化”来构筑所谓的“全球民主社会”[245]来解决上述根本性问题。布什总统在其第二任期伊始，就在这一指导思想下推出了以“全球推动自由”和“结束全球暴政”为主题的“全球民主化”战略，把向全球扩展美式“民主”、“自由”定为美国外交政策主要目标之一。

然而从全球民主论的本质上看，全球民主论明显带有了西方“新帝国主义”的基本特征。所谓新帝国主义，实质上指的是西方发达资本主义国家在通过全球化过程进行经济扩张和金融垄断的同时，也想方设法将其文化价值、政治制度和意识形态推向广大发展中国家。其理论基础主要包括人类利益高于国家和民族利益，人权高于主权，人类有全球治理的需要，世界上存在着“责任国家”和“失效国家”等。[246]当我们深入分析这些理论，通过种种国际政治现象的表征，就不难发现美国等西方国家实际上并非希望在全球范围内以真正的民主原则来构建平等、公正的国际关系，而是希望全世界各国按照美国模式确立自身的政治、经济体系。美国等西方国家的全球民主论正是“为了达到自己的目的而不得不把自己的利益说成社会全体的共同利益”[247]。以美国为首的军事联盟之所以非要军事打击伊拉克，并随即推出“大中东民主计划”，除了经济利益的原因，也正是希望通过西方的“民主”和社会秩序取代带有敌对意识的伊斯兰政治体制。

近年来，全球民主论的思潮利用全球经济一体化进程，对我国当代大学生进行政治思想的灌输和渗透。正如美国《纽约时报》一则评论中所述，“加入 WTO 的资格不仅是经济问题，而是关系到全球一体化，迫使中国根据西方的贸易法律行事。它将使市场极大开放，从而使得更多的中国人能够接受外国思想的影响”[248]。这在某一方面也就说明了，全球民主论所标榜的民主社会的根本初衷。当前我国青年大学生由于盲目轻信美国式的民主制度，有部分学生出现了希望采用美国倡导的“多党制”和“三权分立”制度来改革我国社会现实问题的愿望，其中一部分人寄希望于所谓的民主政治可以实现理想的“民主”和“平等”，进而他们对于我国社会主义民主政治制度产生了一定的迷惑，政治认同度、政治关注度开始有所下降。这些意识形态领域的新变化值得我们重点关注和思考。

4. 趋同论

趋同论萌芽于1949年美国社会学家索罗金的《俄国和美国》一书。1959年，雷蒙·阿隆在他的《知识分子的鸦片》一书中也提出，“西方的‘资本主义社会’已经包含各式各样的社会主义制度”，同时人们也认识到，“任何人已经无法梦想通过生产工具公有化或计划经济的途径可以根本改造人类的命运”。完整系统的阐述则是50年代末60年代初的事。当时的荷兰经济学家、诺贝尔经济学奖获得者J. 廷伯尔根于1961年发表《共产主义与自由经济是否会“趋同”》一文，第一次使用“趋同”（convergence）这一概念，并系统阐述了趋同理论的内容。1967年，新制度学派的主要代表人物加尔布雷斯在其《新工业国》中系统阐发了他的趋同论。

趋同论认为，在科学技术进步的影响下，社会主义和资本主义都将离开自己的“极点位置”而趋向于相同的特征，最终通过相互渗透，形成工业社会这种最佳的社会形态。在思想文化领域，将会出现“意识形态终结”。在经济意识形态上，资本主义社会中的左派社会主义政党不再想搞更多的工业国有化，而右派保守主义者则更多地接受原属左派的国有制和计划经济思想。丹尼尔·贝尔认为，意识形态是西方19世纪社会政治问题的产物，是对人类社会未来发展前途的不同主张。

西方趋同论思想的本质是资本主义同化社会主义，意识形态终结学说着力宣扬“马克思主义过时论”和“意识形态终结论”是希望当代大学生放松意识形态的警惕，模糊他们的政治价值取向，降低当代大学生的政治参与度和政治认同感，从而实现其意识形态分化、西化的根本目的。从西方趋同论的本质上分析，其核心思想当中明显带有了鲜明的冷战思维，由于近年来国际共产主义运动陷入低潮，西方敌对势力更开始声称“共产主义气数已尽，世界正进入历史上共产主义之后的阶段”[249]。

西方趋同论思想对我国当代大学生的影响主要表现为：第一，趋同论思想极力夸大资本主义社会体制的优越性，并将之作为人类社会的最终社会形态，通过当前国际共产主义运动的低潮现象来否定马克思主义的合理性，抛出“社会主义”的失败论，影响当代大学生的政治判断，其核心目的和“历史终结论”所鼓吹的西方自由民主制度和市场经济的最终胜利可谓“异曲同工”。[250]第二，趋同论思想混淆我国社会主义经济制度与资本主义制度，将我国建设中国特色社会主义等同为资本主义社会的初级阶段，并指出我国社会主义建设最终只能趋同于资本主义制度，而我国当代大学生由于没有亲身经历过我国社会主义建设，很难对社会主义建设形成准确的判断，受到西方思想的侵袭很容易陷入迷惑，而一旦当代大学生对社会主义政治制度的认同感受到威胁，就会对我国社会主义建设造成严重危害。

（二）西方政治思潮对我国当代大学生政治价值观主要侵袭方式

从历史上看，无论是“新自由主义”、“社会趋同论”还是“全球民主论”、“第三条道路”，这些思想和理论在发达资本主义国家诞生并不断发展，它们在一定程度上满足了西方现代化进程中的特定需要，也在一定时期内促进了资本主义生产力的发展，对社会进步乃至人类文明的发展起到了重大的积极作用。可以说这些思想当中，很大一部分对于整个人类社会都有着极其重要的意义。在某些方面，如市场经济体系运作、改革福利政策、注重国民教育、加强环境保护等方针政策对我们的社会主义现代化也同样具有极强的借鉴意义。但是这并不意味着西方政治思潮具有绝对的“示范意义”。正如一些学者所言：“翻开现代史，人们找不到第三世界或社会主义国家通过先实行民主化然后经济改革的方式，成功过渡到现代市场经济的事例。但是这条失败之路却是唯一得到西方学者和新闻媒体赞许的模式，唯一始终得到西方大量财政援助的模式。这种援助从前门进去，又作为抽逃资本从后门溜走。”[251]

在全球化背景下，西方政治思潮不光在思想内容上具有一定的欺骗性，在其影响方式和传播手段上也发生了重要变化，从宏观上看，西方政治思潮对我国当代大学生政治价值观侵袭出现了一些新形式和新手段，具体表现为以下几个特征：第一，政治思想与文化经济产业相结合，更具“侵略性”。西方资本主义凭借其文化经济产业的优势，不断利用经济、文化产品宣扬其政治思想当中的核心观点，进而迷惑当代青年大学生。第二，政治思想影响领域日趋扩大化，更具“复杂性”。在全球化背景下，西方各种政治思潮相互交错，吸收，西方思想推销其意识形态的载体包罗万象，从教育、学术交往到互联网、出版业、影视制品、商业广告，新自由主义观念几乎无孔不入。罗伯特·迈克切斯尼指出，几乎没有哪种产业的集中程度像美国的传媒业那样惊人，它不断通过大量的跨国并购，控制着许多国家最重要的信息传播渠道，在赚取巨额利润的同时，构建一个名副其实的“文化帝国”。第三，政治思想传播与网络信息技术相结合，更具“渗透性”。近年随着网络在我国的兴起，西方资本主义国家逐渐将其意识形态渗透转移到互联网上，企图凭借网络快捷、开放、不受地域时间所限的特质，进行不间断的渗透。如西方敌对势力为支持法轮功分子，在境外建立了4000多个网站和页面，并通过网络游戏、音乐等手段向我国青年大学生进行渗透。

总之，西方政治思潮对我国当代大学生政治价值观的影响主要通过文化同化、生活方式同化等方式来表现。美国政治学家亨廷顿曾指出："对一个传统社会的稳定来说，构成主要威胁的，并非来自外国军队的侵略，而是来自外国观念的侵入，印刷品比军队和坦克推进得更快，更深入。"当前，西方政治思潮也改变了传统的意识形态渗透模式，而主要采取物质生活同化和文化同化的方式进行意识形态渗透，旨在进一步弱化我国当代大学生的防范意识，逐渐将当代大学生由被动接受转变为不自觉地接受认同，从而危害其政治主体意识。

当前，西方政治思潮鼓励个人至上、利益至上的价值取向，但是其政治影响多采取潜移默化的影响，利用意识形态终结论、全球经济一体化、全球治理等思想弱化当代大学生的政治安全意识。曾有学者指出，当前"无论是在西欧、北美、日韩、港澳还是在中国内地，全球的年轻人似乎穿上了同样的服装，跳着同样的劲舞，'兴奋'着同样的兴奋，'时尚'着同样的时尚……通过影视，西方大众文化的'流行时尚'日益影响到今天的中国青年一代，使他们成为'新新人类'，与中国文化精神日益隔膜"。一旦人们在物质生活和文化上逐渐接受认同了西方的核心价值观念，便不可避免去效仿美国的民主制度。正如当千千万万人吃着麦当劳和肯德基，逛着迪士尼，看着好莱坞的时候，就不能不保证用美国人的方式去思考。目前在当代大学生当中，政治安全、意识形态等政治话题不再受到追捧。在对当代大学生的媒体接触情况分析上看，当代大学生更愿意选择娱乐性的节目类型，而对于政治性的节目却缺乏热情。调研中显示，当前研究生更愿意接受的教育内容中，10个选项依次排列为：实用技能、计算机知识或网络技术、外语、专业知识、人文科学知识、心理健康、中华民族传统道德、形势政策、爱国主义思想、政治理论。这些都在某一方面表明了当前我国大学生在西方政治思潮采用多种方式渗透后，其政治主体价值判断和意识形态安全防范意识受到了不同程度的侵袭和影响。

(三) 西方政治思潮对我国当代大学生政治价值观消极影响的主要表现

西方政治思潮的影响是随着我国改革开放的不断深化，在中西方文化的交流过程中，以其迅猛之势涌入社会政治、经济、文化等各个层面的。“新自由主义”、“第三条道路（民主社会主义）”、“全球民主论”、“趋同论”分别从社会经济发展、政府管理服务、全球民主一体、社会未来发展趋势等维度不断对我国公民的政治价值判断进行渗透。作为最易接受新思潮影响的我国当代大学生群体则首当其冲。他们在没有认清西方思潮的本质特征之时，潜移默化地受到了西方思想的侵袭和熏染，部分学生甚至对极端个人主义、实用主义、全球民主化等错误观点抱有幻想。

总体上看，这些错误的理论给大学生政治价值观的形成带来了错误的价值导向，所产生的消极影响不可低估。综合分析这些消极影响，我们不难发现，西方政治思潮的消极影响的主要特征表现为在意识形态领域，运用看似先进的政治口号、政治理念来从根本上否定我国的政治、经济制度，以此来动摇当代大学生的政治立场和政治信仰，进而弱化其政治认同、弱化其政治关注意识和政治参与意识，从而逐渐在不知不觉中放松阶级意识，放松警惕意识，形成对西方政治思潮的认同和信仰，从而彻底实现其颠覆社会主义政治统治的根本目的。具体来说，这些基本特征主要表现为以下几个方面：

1. 西方政治思潮鼓吹私有化，批判我国公有制经济、国家宏观调控等根本政治经济制度，否定社会主义价值取向和共产主义社会理想，动摇我国当代大学生的政治立场。

20 世纪 90 年代以来，西方国家在世界范围内强势鼓吹“自由”、“人权”等思想的同时，极力利用各种手段对我国社会主义公有制经济、社会主义民主政治制度以及我们所一直坚持的共产主义最终理想提出否定和质疑。首先，西方政治思想利用近年来在民主社会主义思想指导下所取得的成绩，极力鼓吹其“第三条道路”的优越性，并利用“趋同论”和自由主义思想否定我国建设有中国特色社会主义道路的科学选择，否定公有制的社会主义经济体制，将中国特色的社会主义误读为西方自由主义的阶段性发展，进而撼动当代大学生对于社会主义的政治信仰，动摇当代大学生的政治立场。1998年在法国《费加罗报》，美国《华盛顿邮报》、《国际前锋论坛报》等报刊上报道的《中国需要新的转变》一文，就打着“现代化”的旗帜，其宣扬的“思想多元化，反对马克思主义指导地位”、“倡导多党轮流执政”、实施“以私有制为主的混合经济制度”等思想一度引起了人们的思想困惑[252]。其次，西方敌对势力利用我国社会转型期的社会问题不断引导当代大学生对原有政治立场产生怀疑。西方敌对势力利用过去我国计划经济体制在现代化建设过程中出现的问题，将计划经济体制的弊端与马克思主义和共产主义的信仰相互联系，利用市场经济发展在我国社会主义建设中产生巨大正效应的现实，向青年大学生推销自由主义市场化经济体系的优越性，鼓励新自由主义价值取向，并不断通过意识形态渗透挑战我国社会主义意识形态的信仰系统，严重冲击我国一直倡导的集体主义、社会主义等主流意识形态。再次，西方政治思想还不断针对中国人权问题百般刁难，忽视、否定中国共产党领导的多党合作政治协商制度以及长期以来我们不断建设发展的社会主义民主政治，造成当代大学生对于我国政治体制、政治制度的怀疑、迷惑和混乱，影响当代大学生的政治立场，瓦解他们对于马克思主义和社会主义的政治信仰。改革开放初期，正是由于我们对西方资产阶级的民主自由化思潮对于青年大学生的渗透影响的重视程度不够，没有针对性地帮助学生认清新自由主义和趋同论的根本性目的，认清我国社会主义主流意识形态的科学性，才导致了一段时期内青年大学生的政治信仰危机的出现与政治风波的发生。这些历史的经验和教训时刻提醒我们坚决抵制西方政治思潮对于青年大学生政治立场、政治信仰的渗透影响，从而维护我国的政治稳定和政治发展。

2. 西方政治思潮鼓吹和歪曲平等、民主等政治观，渲染不良社会政治现象，弱化我国当代大学生的政治认同。

在我国改革开放的30年中，改革开放以来的巨大成就，国内经济建设的持续健康发展，我国国际地位的不断提高，给当代大学生以深刻的教育和巨大的鼓舞，应该说，当前，大多数大学生对我国政治形势的发展持肯定的态度，对党的政治领导和我国社会的政治认同度较高。然而，西方政治思想家却没有放弃其“和平演变”的根本战略。西方敌对势力利用我国努力寻找自身现代化路径的初衷，首先通过歪曲“民主”、“市场经济”等基本政治观念，通过普遍鼓吹福利国家制度，权力非集中化和政治多元化制度等政治现象，并积极采用横向对比的方式来变相夸大西方政治体制的优越性，以此来弱化我国当代大学生的政治认同。西方敌对势力一方面以“全球民主论”、“趋同论”、“第三条道路”等思想为理论基础，极力冲击我国传统意识形态的一元结构，通过批判社会主义人民民主专政、中国共产党领导的多党合作政治协商制度等我国社会主义根本制度的科学性，利用并针对我国经济改革过程中市场经济体制转轨造成的多种利益矛盾，削弱当代大学生对社会主流意识和传统政治权威的认可度。另一方面，他们鼓吹自身政治制度优势，宣传西方发达国家的“福利社会”、“机会公平”、“三权分立”等思想，误导我国当代大学生的基本政治观念，教唆当代大学生形成对于西方发达国家的“政治崇拜”，让他们盲目地认为只要照搬西方的政治制度，就能够一揽子解决现今中国社会所存在的官僚腐败、法制管理弱化、社会保障缺乏等问题。此外，西方思潮极力将西方的某种政治理念符号化，抹杀其原本的缺陷及问题，片面宣传其积极进步的社会作用。利用“政治崇拜”的广泛影响，将其变成一种简单的符号，并误导当代大学生不自觉地将自己想象出来的意义和愿望投射到这些口号上，把它视为我们的“权威”。[253]而这一思想意识形态一旦形成，就会使大学生对我国社会主义的政治认识慢慢脱离社会实际本身，长此以往会逐渐放弃在实践中对中国特色社会主义建设的探索与尝试，降低我国大学生的政治认同感。而最终危害也如邓小平曾指出的，“整个帝国主义西方世界企图使社会主义各国都放弃社会主义道路，最终纳入国际垄断资本的统治，纳入资本主义的轨道”[254]。比如在前阶段四川汶川发生重大地震时期，不少西方媒体歪曲事实，在网络、电视等媒体上大肆宣扬四川汶川救灾中的共产党员的腐败和失职问题，错误引导网络舆论，利用当代大学生的爱国热情，挑拨事端，大肆制造负面信息，破坏我国政府形象，抨击我国政治体制及政治制度。而这些都是西方敌对势力企图消解我国当代大学生政治认同的铁证，急需我们予以重视。

3. 西方政治思潮鼓吹个体本位、功利主义思想，弱化我国当代大学生的政治关注意识和政治参与意识。

当今，我国社会正在从一个以权威意识形态为中心的政治社会向一个以商业文化和大众传媒为主导的商品社会转变[255]，当代大学生的成熟的政治价值观体系尚未形成。他们在寻找新的理想归属和寄托的过程中，很容易在无意识中接受西方错误的政治价值思想。西方政治思潮从个体本位出发，过分强调个体的充分发展，在当代大学生中极力倡导个人价值、个人利益等个人主义价值倾向，并通过多种途径刺激这种个人主义思想过度膨胀而形成极端个人主义和自由主义倾向，使他们摒弃中华民族爱国主义、集体主义、艰苦奋斗等优良传统，造成了极大的负面影响，使社会失去了基本的价值评判标准，造成了当代大学生精神和信仰的空虚。

在“新自由主义”、“全球民主论”等思想的渗透影响下，个体本位主义的思想倾向打破了青年大学生的传统观念，西方政治思想在青年群体内部鼓吹“民族国家过时论”、“国家主权过时论”，在一定程度上削弱了青年学生对于意识形态安全的敏感性，使部分学生的民族意识淡化，对于意识形态安全的评价标准从原有的“国家保护主义”变为现在的“自由政治”、“政权无国界”，在观察和处理政治问题上往往表现出“更多地采用生产力标准，而不是意识形态的标准；更多地采用利益的标准，而不是抽象的政治标准；更多的采用批判的标准，而不是建设的标准；更多的采用‘与国际接轨’的标准，而不是‘中国特色’的标准”，忽视了发达国家以经济发展为由对于发展中国家的政治、经济干预。调研中显示，在“你对西方势力通过网络渗透反华言论的看法”的调查中，29.1%的学生认为“言论自由，别人无权干涉”，“只是有人在发表自己的看法，无所谓”，“只要不影响我的正常学习、生活，就与我无关”，41.8%的学生表示会有选择性地接受“网络中的西方反华言论”。由此可见，政治自由化倾向已经深深地影响着当代的大学生。

4. 市场经济的个人至上、利益至上的价值取向促使青年学生政治主体意识出现转变，政治关注意识和政治参与意识有所下降。回顾历史，中国青年是在政治的剧烈碰撞中成长起来的，他们经历了一个从政治热情到政治狂热再到政治冷漠的历程，并逐步转向政治理性。特别是伴随着后现代狂风吹过，“娱乐至上、自我至上”成为不少青年的信条。在一些“新新人类”那里，价值评价标准开始由理论原则向现实生活转变，他们追求感官享受代替了忧国忧民，单纯的娱乐消遣替代了沉重的历史包袱，在处理政治与业务，红与专，德与才的关系上，明显地向后者倾斜，认为“政治”和“德”是虚的、软的，“业务”和“才”是实的、硬的，政治在他们眼里成为一种可有可无的附属品。当前一些学生已经逐渐开始拒斥传统的“优秀学生”标准，对于“生活上低标准，工作上高标准”的行为准则并不认可，将个人价值的实现逐渐转向了经济利益的获得和个人享乐的实现，而忽视了集体利益、社会责任的实现，对国内外敌对势力的破坏活动放松了警惕，政治责任意识下降。

总体上看，在经济全球化进程中，西方政治思想的意识形态侵袭进入到了一个新的阶段，对当代大学生政治价值观形成一定的负面影响，也严重威胁到了我国意识形态安全。但在进入2008年后，在我国举办奥运会的历史背景下，由奥运会所引发的一系列事件，包括保卫奥运圣火传递、抵制“家乐福”事件，以及由汶川大地震所引发的全国青年的政治参与活动也在一定程度上促使我国当代大学生政治价值观产生了新的转变，而这对于我们进一步探索当代大学生的政治价值观具有重要的历史意义。

二、中国传统政治思想对大学生政治价值观的影响

考察我国政治思想发展的历史，我们发现，特定的历史时代、特定的文化体系不仅会影响其社会成员的价值取向与判断，同时会将这一影响不断地传播和保存，甚至发展壮大，所以从某种程度上说，任何一个时代的主流政治价值意识都明显带有历史发展积淀和凝聚的影响。当前，我国大学生政治价值观表现出的种种特征就显现出了中国传统政治文化的深刻影响。面对中国传统政治思想在当代大学生政治价值观的双重影响，我们亟须批判性地剪除其消极因素，创造性发展其精华成分，使之与我们当前的主流意识形态协调共融。正如 1940 年 1 月，毛泽东在《新民主主义论》中指出，“中国的长期封建社会中，创造了灿烂的古代文化。清理古代文化的发展过程，剔除其封建性的糟粕，吸收其民主性的精华，是发展民族新文化提高民族自信心的必要条件”[256]。

（一）中国传统政治思想发展概述

在中华文明 5000 多年辉煌历史发展过程中，中国传统政治思想从夏商周三代发源，历经秦、汉、唐、宋、元、明、清等历代王朝的沿袭发展，最终形成了以儒家思想为主体的传统政治思想体系。在几千年的发展历程中，中国传统政治思想也存在着阶段性的发展特征。考察这些发展阶段对于全面了解中国传统政治思想的本质特征有着极其重要的意义。

在学术界，对于中国传统政治思想，从梁启超 1922 年撰写《先秦政治思想史》开始，众多学者都进行了各个层面的论述，综

合众多学者的论述，其主要采取的记述方式有三种：①编年体，以年代为区别；②列传体，以每个思想家为论述主题；③学说体，以每种学说为论题。[257]其中具有代表性的有：杨幼炯在《中国政治思想史》一书中，将中国政治思想的发展阶段分为古代政治思想、中古政治思想、近代政治思想和现代政治思想等四个阶段，分别以先秦诸子百家、秦汉到唐朝末期的政治思想、宋明清初的政治思想和清末民主主义革命思想为内容；萧公权编著的《中国政治思想史》，按政治思想的历史背景，概括为封建天下之政治思想、专制天下之政治思想与近代国家之政治思想三大部分，按政治思想的演变趋势又分析为创造、因袭、转变及成熟四个时期，全书上起先秦，下至民国孙文时期，共 5 编 25 章。刘泽华主编的《中国古代政治思想史》则是通过对代表不同阶级利益的思想派别进行系统论述来研究政治思想史的发展历程。

本研究希望实现中国传统政治思想研究中政治思想家、政治思想流派、思想发展阶段三者在历史发展进程中的统一。[258]因此在对中国传统政治思想考察时，主要采取了曹德本先生的“六期发展说”，即将中国传统政治思想主要分为思想形成期、思想发展期、思想完善期、思想反思期、思想转型期、思想变革期等六个时期。

1. 中国传统政治思想形成于先秦时期，经过了原始社会和商周时代的积累，在春秋战国连续 500 多年的纷争战乱的社会背景下，春秋五国争霸、战国七雄争锋都促进了政治思想领域的百家争鸣，出现了以孔子、孟子、荀子为代表的儒家学派，以老子、庄子为代表的道家学派。以墨子为代表的墨家学派和以商鞅、韩非为代表的法家学派。这些学派的思想家们面对动乱不宁的社会，都在积极地探寻社会稳定和发展的出路，诸子百家所论述的诸如义利之辨、民本、法治、德治、任贤选能、修身、治国、平天下等流传后世的政治思想都形成并逐步确立起来。《尚书》、《周礼》、《论语》、《孟子》、《老子》、《庄子》、《墨子》、《韩非子》等一批具有重要思想价值的著作标志着传统政治思想开始形成。

2. 进入秦汉隋唐时期，中国传统政治思想也随着封建制度的完善而逐步巩固发展起来。秦始皇统一中国后，法家思想开始兴盛，中央集权、君主专制、重刑主义等法治思想以及以法为教、以吏为师的文化专制思想对后代颇有影响。进入汉初，统治者采纳黄老学说，“无为而治”、“道法自然”思想兴起，文武并用、德行相济得到广泛推行。到汉武帝时期，随着社会政治经济的繁荣和政治统治的需要，思想文化的一统提上日程，于是在“罢黜百家，独尊儒术”的推动下，经董仲舒改造后的儒家思想确立了在中国古代社会的统治地位。而这一时期的儒家政治思想，已经是整合了先秦诸子之后的政治理论，而不是先秦儒家所主张和倡导的政治理论原貌，如董仲舒的君权神授论是法家思想与儒家思想的整合，天人合一论是整合先秦天帝观的结果，“三纲”、“五常”是先秦以来各家伦理学说的总合。[259]总之，经过秦汉之际，作为中国封建社会政治指导思想的儒家学说的存在形式发展成了“外儒内法，杂以百家”。自此以后，儒家思想内容就开始在不断地吸纳、整合法家、道家等其他各流派的思想中发展起来，到唐武德年间，京都立国子监，以儒家经典作为入仕必读经书，贞观初，令颜师古考订《五经》，命孔颖达编《五经正义》，唐太宗尤重儒学，他说“朕今之所好，惟在尧、舜之道，周、孔之教”（《贞观政要·卷六》）为儒家政治思想在唐代的进一步发展起到了推动作用。[260]

3. 到了宋明时期，中国传统政治思想在中国封建统治进入稳定期后，也开始逐步进入完善时期。其主要标志：①与宋明时期的社会政治相适应，出现了以张载、“二程”、朱熹、王阳明为代表的宋明理学政治思想。宋明理学是宋明时期新儒学融合儒释道而建立的更为精深的官僚哲学，它把儒家所主张的修身、治国、平天下的政治思想理论化，系统化，提出了更为完备的治国方略，从而使政治思想完善化。②与宋代商品经济相适应，出现了以王安石、陈亮、叶適为代表的完备的宋代功利政治思想，这种思想开始谈性命义理，并针对社会积弊提出一系列注重功利的治国主张。这是中国封建社会中后期政治思想完善化的重要标志。[261]

4. 明末清初这一阶段，中国传统政治思想进入了自我反思时期。由于这一时期，封建君主专制主义集权制度进入了极端的发展时期，宰相制的废除、八股取士、文字狱的兴起都表明了统治阶级对于人民思想的严控，同时，带有资本主义萌芽的手工业兴起也说明了封建政治思想进入了衰落期。在这一时期，进步思想家对封建政治思想的批判、对封建专制主义的批判，形成了一股强劲的政治思潮。以黄宗羲、顾炎武、王夫之、唐甄为代表的一批思想家，开始针对封建制度的种种弊端进行否定和批判。如黄宗羲指出，“天下之大害者，君而已矣”。他反对君为臣纲的说教，认为做官应为天下人尽忠，“为天下，非为君也；为万民，非为一姓也”（《明夷特访录·原君》）。唐甄认为，在传统政治生活中，历代帝王中贤君甚少，其余“非暴即暗，非暗即辟，非辟即懦”（《潜书·鲜君篇》，《潜书·室论篇》），即使是贤能的君主，也是窃天下而为一家一姓的。总体上看，这一阶段，中国传统政治思想处于面临新时代的反省阶段，为后期思想的发展变革起到了重要的积累作用，产生了重要的影响。

5. 伴随着明清时期西方政治思想在中国的渗透传播，西方科学技术和资本主义制度开始促使中国传统政治思想进行转型。在清朝末期，古老的封建专制统治在与西方资本主义文明的激烈对抗中，几次惨重的失败让现代知识分子开始了深刻的反思。这一时期出现了以李鸿章、张之洞为代表的洋务运动，提出了“师夷长技以制夷”、“中学为体，西学为用”的政治思想；出现了以康有为、梁启超、谭嗣同为代表的资产阶级维新思潮，提出进行涉及政治、经济、文化、军事等诸多方面的资本主义改良运动，旨在救亡图存的思想。与此同时，这一时期也存在着利用西方宗教文化反对封建专制统治，追求“无处不均匀，无处不饱暖”理想社会的太平天国政治思想。总的来看，这一时期如何弘扬优秀传统文化、如何借鉴西方进步文化、如何面对中西方文化的冲突，成为中国传统政治思想面临着的重要问题。[262]

6. 在1901年《辛丑条约》签订后，中国完全沦为半殖民地半封建社会，中国传统政治思想也开始逐渐由转型进入到变革时期。以孙中山为代表的资产阶级革命派开始了反对封建专制统治的民主主义革命。尽管具有标志性意义的辛亥革命未能彻底地变革中国社会，但是中国传统政治思想得到了根本性变革。[263]无论是章太炎爱国的民族主义思想还是孙中山的三民主义，都代表了民族资产阶级的民主革命思潮，正是这一革命思潮更鲜明地推动了“民权”政治运动的产生[264]，进一步唤醒了广大知识分子开始了对于中国未来社会发展的探索和思考。

（二）中国传统政治思想的价值根源对当代大学生政治价值观影响的具体表现

中国几千年的文明在历史演化进程中，许多传统政治思想不光被保留下来，而且在文化的传播当中形成了大家的一种文化心态，甚至构成了部分人无形的信仰。这种传统的政治思想至今仍具有顽强的生命力，能够对我国当代大学生的政治价值观产生深远且巨大的影响。

1. “内圣外王”之道

长期以来，儒家思想作为中国封建社会的主流意识形态，影响着中国人的价值取向，而“内圣外王”之道作为儒家入世思想核心，在几千年的发展中成为中国传统中知识分子所尊崇的政治信条，成为在青年知识分子中具有广泛影响的政治追求。因此，探求这一儒家核心政治价值观对当代大学生的政治价值观的多重影响，对我们更加清晰地认知当代大学生政治价值观的形成与发展具有重要意义。

(1) “内圣外王”思想概述

对于“内圣外王”这一思想的内容，近代同学者进行了系统的研究。梁启超在《庄子天下篇释义》中将“内圣外王”理解为“内足以资修养而外足以经世”。他还分别给“内圣”和“外王”定义说：“做修己的功夫，做到极处，就是内圣；安人的功夫，做到极处，就是外王；人格锻炼到精纯，便是内圣人格扩大到普遍，便是外王。”冯友兰认为，“圣人”是具有廓然大公的心、包举众流的量，极高明而道中庸的圣人；“王”是指社会的最高首领。所谓“内圣外王”，是指“圣人专凭其是圣人，最宜于做王”（《新原道·新统》）。熊十力认为，“圣者，智仁勇诸德皆备之称。王者往义，物皆向往太平，其愿望无已止也”（《原儒·原学统》）。“内圣”之学是深究宇宙人生根本问题的，涉及“天人”、“心物”、“动静”、“知行”、“理欲”、“德慧知识”、“本体现象”、“成己成物”等方面。“笃实践履，健以成己”而成“内圣学”。“外王”之学是解决社会政治经济问题的，涉及“格物之学”和“仁义礼乐”等方面。“以天下为公，立开物成务之本；以天下一家，谋人类生活之安”而成“外王学”。总之，“内圣则以天地万物一体为宗，以成己成物为用；外王则以天下为公为宗，以人代天工为用”（《原儒序》）。牟宗三认为，“内圣”是指内在于每一个人都要通过道德实践做圣贤的工夫，以建立自己的道德人格，挺立自己的道德人品。“外王”是指在政治上行王道之事，它包括民主、科学和事功精神。正如他在《略论道统、学统、政统》中所说的，用“道统”来表达儒家的内圣精神，用“学统”和“政统”来表达儒家的外王要求。“儒家把内心的道德修养与外在的政治实践融为一体，建构了一种独特的道德——政治哲学，即‘内圣外王’之学。”[265]

综合学者的论述，我们认为，“修身、齐家、治国、平天下”的政治追求是“内圣外王”思想的核心体现。“修身，齐家，治国，平天下”出自《大学》：“古之欲明明德于天下者，先治其国；欲治其国者，先齐其家；欲齐其家者，先修其身；欲修其身者，先正其心；……心正而后身修，身修而后家齐，家齐而后国治，国治而后天下平。”从本质上看，它体现出了儒家“内圣外王”的核心思想，即实现了内在人格理想和外在政治追求相统一。

在中国传统政治思想中，以“修身、齐家、治国、平天下”为代表的“内圣外王”的思想，其主要精华是希望通过自身的心性品德修养，追求圣贤的思想境界，进而“修己治人”，用人格力量影响天下，由修身达到家齐，由家齐达到国治，由国治达到天下平[266]，从而实现美好的社会理想。从历史发展上看，以“修身，齐家，治国，平天下”为代表的“内圣外王”儒家政治思想的发展也经历了先秦时期的开创，宋明理学的全面深化和现代新儒学的更新和转化，它在多种政治思想的相互结合补充下，几千年中影响经久不衰。

(2)“内圣外王”思想对我国当代大学生的积极影响

“内圣外王”思想是儒家的基本精神和理想追求，在我国的传统中曾经一度占据着文化的主导地位，在政治上、文化上和生活中都发挥着重要的作用，也不断地规范着人民的道德行为，指引着人民的道德选择。在现代的社会中，它的一些精华依旧存在于我们的精神和生活中，不管时代是怎样更替，时间是怎样飞逝，我们仍然需要不断地发掘这一思想的精华部分，注重发挥其对于我国当代大学生政治价值观的积极影响。

“内圣外王”作为儒家的人格理想，在去除其封建君主专制政治统治的目的和属性后，对于引导大学生正确的政治认知，形成正确的政治理想具有重要意义。首先，“内圣外王”的政治思想体现了自强不息的入世精神，其倡导的人格理想可以克服当代大学生消极厌世的悲观心理。其倡导的自强不息、乐观自信正可以激发当代大学生的政治热情，从而加强当代核心价值思想凝聚力。其次，“内圣外王”人格追求和社会理想追求突出了人的自我价值与社会价值的统一，且把人的社会价值看得尤为重要。这一价值取向可以矫正过于自私言利的心理以及抵制西方自由化的侵袭，提高人们的道德意识和社会责任感，从而引导当代大学生本着“仁者爱人”、“博施济众”的精神，将为他人、为社会作贡献当做自己所应该担当的历史责任。

作为儒家的社会政治理想，“内圣外王”的思想不乏值得继承的因素。首先，儒家强调“修己治人”，特别强调贤者治国的思想，这种德治为本的思想对于抑制大学生接受腐朽思想、端正自身品行具有积极作用。其次，儒家所构建的“修身”、“齐家”、“治国”、“平天下”的德治路线，将个人、家庭与国家、社会相联系，进一步引导当代大学生从自身做起，进而逐步由个人影响社会，从而实现美好社会的政治理想。

(3)“内圣外王”思想对我国当代大学生的消极影响

尽管“修身、齐家、治国、平天下”的“内圣外王”思想在今天具有一定的积极因素，但其实质是统治阶级统治的思想工具，其根本目的是在维护封建专制统治。虽然儒家的思想的部分精华内容成为了当前人们生活中所必需的一些道德规范，而且这些道德规范就作为儒家思想的精华一直流传到现在，但如果完全照搬也是不可取的。

第一，容易在当代大学生当中形成“学而优则仕”官本位的现实追求。在“修身、齐家、治国、平天下”的积极入世思想的影响下，两千余年以来传统读书人将“学而优则仕”作为以学致仕的信条而奉行不逾。而“学而优则仕”传统在历史演化中对中国社会产生过积极影响，例如：它确立了学问作为政府取吏的标准，为封建统治选贤用能和维护统治起到积极的作用。然而当前社会，学而优则仕的价值标准却给当代大学生政治价值观带来了一定的消极影响。而这种影响从根本上说，是源于以“仕”为“学”的这个既定前提。学而优则仕的价值标准中，以“学”而达至仕途，苦读十载，获取功名的传统意识使当代大学生容易忽视自身的政治责任和国家、社会的需要。政治荣誉感和政治参与意识下降，容易形成极端的功利主义思想。当前在大学生当中“两耳不闻窗外事，一心只读圣贤书”，“事不关己，高高挂起”等思想都带有这一封建功利思想的余毒。

第二，容易在当代大学生当中形成“人治”特权思维和权威意识。在“内圣外王”思想的影响下，尽管最初儒家思想倡导的是贤者治政。但是其树立的绝对政治权威和由此产生的“刑不上大夫”的特权思维限制了我国当代大学生平等意识和政治参与意识。由于传统“内圣外王”的政治思想缺乏制度化、法律化的制约，等级制度和权威主义在我国当代大学生形成了较为深刻的影响。在封建社会发展过程中，特权思维渐渐发展成为人们的一种政治追求。如“宁做鸡头，不做凤尾”就是这种心态的生动写照。为获得特权，有人滥用权力，有人买卖特权。在这种思想支配下，法制建设就成了形式，“人治”代替了“法治”，公民的民主、平等思想慢慢地受到严重削弱。[267]加之西方思想的扭曲和丑化，当代大学生会产生我国民主政治制度等同于传统的封建宗法政治的错误认知。

2. 大一统思想

大一统思想是中国传统政治思想价值形成的核心理念之一。这一思想的产生，首先与中国相对封闭的社会环境有关，也是古代多种思想文化相互融和的产物，其中既有商周礼乐制度的影响，也有老子道家“道法自然”的影响。“大一统”一词始见于《春秋·公羊传》。《春秋经》开篇首句就是：“（鲁隐公）元年，春，王正月。”对此，《公羊传》解释道：“元年者何，君之始年也。春者何，岁之始也。王者孰谓，谓文王也。易为先言王而后言正月、王正月也。何言乎王正月、大一统也。”这里所说的“大一统”问题，指的是春秋时期诸侯一律听命于周天子，即全国由地位至尊无比、权力至高无上的周天子进行统治。“大一统”思想是对孔子的学术思想及其毕生政治实践的高度概括，其目的是推崇、追求天下统一。

（1）“大一统”思想概述

我国传统的“大一统”思想是孔子在深入研习上古典籍和三代礼乐文化，在“尊王攘夷”、“克己复礼”、“正名”的基础上所开创的具有重要影响的政治思想。最初，其基本思想是以“礼”、“仁”为核心，试图以此消除纷乱，整顿秩序，重建西周文武之治，“仁政德治”，天下安乐的大同理想社会。[268]

纵观历史，我国“大一统”思想从先秦时期开始，在政治分裂的春秋战国时代孕育而生，到了汉武帝时期，董仲舒据此进一步阐发了《春秋》大一统之义，他说：“置‘王’于‘春’、‘正’之间，非曰‘上奉天施而下正人，然后可以为王也’云尔。”（《春秋繁露·竹林》）在董仲舒看来，宇宙万物统一于天，天是万物之源、百神之君，“人之曾祖父”（《春秋繁露·为人者天》），受命于天的君主需奉天道，统一于天，而天下万民则又统一于土，这就叫大一统，这就是“以人随君，以君随天”（《春秋繁露·玉杯》）的《春秋》之法。[269]在董仲舒大一统的思想影响下，最终汉武帝采纳他“罢黜百家，独尊儒术”的主张，确立了政治思想的大一统。此后，中国社会就沿着国家大一统的轨道行进，大一统思想成为中国历史演进的主旋律。

中国大一统观念主要表现是为以下几个方面：①地域统一。即实现“大一统”思想的国家形态，是实现天下一统的开始，也是制度、文化统一和意识形态统一的基础。它的具体内容是土地、人民、政权和制度皆统一于仁明的天子，也就是所谓的“普天之下，莫非王土；率土之滨，莫非王臣”。②制度统一，即建立起制度统一整套完备并行之有效的统治体制，建立起“君君、臣臣、父父、子子”（《论语·颜渊》）的封建等级秩序。③实现统一的文化思想，通过礼、仁的儒家思想教化天下，最终形成思想和意识的统一。最后是儒家思想宣扬“大一统”，希望复兴礼制，重建文武盛世，实现小康社会，最终达到世界大同的理想社会。（《礼记·礼运》）

（2）大一统思想对我国当代大学生政治价值观的积极影响

大一统思想对我国当代大学生具有广泛的凝聚力和向心力，对大学生形成积极的政治认同具有重要影响。历史上无论哪个民族建立的王朝，都以中华文明的正统传人自居，都以儒家“大一统思想”作为最基本的统治纲领。也正是这种文化思想的存在促使中华各族人民形成了对于中华文化的自我认同感。这种文化归属感超越了民族、种族、地域、国界，成为中国各族人民所共同具有的心理特质，而由此形成中华大一统的文化向心力也必将对当代大学生形成积极的政治影响，帮助其更为深刻地认识到中华民族和我们社会主义国家繁荣富强的重要意义，这也是为什么我们当前要以爱国主义作为大学生政治价值观教育主要载体的重要原因。

著名历史学家范文澜曾经指出："从历史记载来看，秦以前，华夏族称它的祖国为中国，中国是华夏各国的总称；秦以后，中国扩大为当时境内各族所共称的祖国。所以，中国这一名词的涵义就是祖国，朝代则是统治阶级在各个不同时期所建立的国家称号。中国为各族统治阶级和被统治阶级所共有，……朝代有兴有亡，一个代替一个，中国本身总是存在着并且发展着。"[270]这段话极其深刻地揭示了中华民族作为一个统一整体而不可分割的重要原因。

（3）大一统思想对我国当代大学生政治价值观的消极影响

首先，中国传统的"大一统"思想中"三纲五常"的伦理观念以及"家天下"的宗法思想对我国当代大学生仍产生一定影响，对社会主义倡导的集体主义政治思想具有负面影响。从政治文化形态考察，中国传统的"大一统"思想所提倡的是伦理型政治文化。"三纲五常"的伦理观是封建"大一统"政治的需要，也是中央专制集权制的反映，儒家思想将"三纲五常"的伦理规范纳入思想系统，从而融政治与伦理为一体，将家庭关系与政治关系合而为一，使家族政治化、国家家族化。这一思想尽管在当时维护国家统一和封建制度方面起过积极的作用，但随着封建宗法关系的消亡，它成了反对革命，麻痹和奴役劳动人民的精神枷锁。而今这一思想也被当代大学生追求民主、自由的价值取向所不容，并且很容易使当代大学生将当前社会主义存在的现实问题等同封建社会的政治影响，如官僚政治、社会腐败等现象，形成对当前社会的错误认识。

第二，"大一统"思想所倡导的绝对平均主义"大同社会"的政治理想，影响当代大学生的政治宽容度，容易误导大学生脱离社会实际，追求过分理想化的社会理想。在儒家思想所构建理想社会的框架中，其核心思想是采取平均主义思想，如孔子所言"盖均无贫，和无寡，安无倾。"（《论语·季氏》）在儒家思想中，其倡导的所有政治制度都是建立在“德治”的基础上，并且由于平均主义的影响，可以说，其构建的理想社会很难实现。而由于儒家思想对当今大学生的深刻影响，很容易造成当前我国大学生对于我国未来社会的曲解和迷惑。一方面，他们容易将我们共产主义社会的政治理想与儒家大同社会相等同，从而对实现共产主义理想产生怀疑和误解；另一方面，在我国社会主义市场经济体系、社会主义民主政治制度与传统封建政治统治和西方政治制度的比较中，陷入误区，难以发现我国社会主义政治制度的优越性，进而受到西方政治思想的西化和分化。

3. 中庸之道

中国传统思想中，中庸思想是其中最具有代表性的一个。中庸之道源远流长，影响到政治、经济、思想、文化等各个方面，并贯穿于孔子儒家思想的整个思想体系之中，内涵极为丰富，既是指导孔子认识社会的世界观，又是他处理社会问题的哲学思想。因此，考察中庸之道，对于我们了解中国传统政治思想具有重要价值。

(1)“中庸”思想概述

“中庸”一词在先秦典籍中始见于《论语》，即《论语·雍也》云：“子曰：‘中庸之为德也，其至矣乎！民鲜久矣。’”[271]对“中庸”一词的意思的具体意义，学界众说纷纭。至今关于“中庸”的解释较权威的说法有郑玄、程颐、朱熹三家。孔颖达《礼记正义》引郑玄《三礼目录》云：“名曰‘中庸’者，以其记中和之为用也。庸，用也。”[272]郑注《中庸》又说：“庸，常也。用中为常道也。”[273]朱熹《中庸章句》引程颐之言曰：“不偏之谓中，不易之谓庸。中者，天下之正道；庸者，天下之定理。”朱熹则说：“中者，不偏不倚，无过不及之名。庸，平常也。”[274]

从历史上看，孔子所理解的“中庸”，是一种作为“具有选择能力的品质”的德性。[275]“中庸”这一传统思想揭示了道德的知、情、意的合一，昭示了净化心灵，培育德性，提高自我修养的途径。“中庸”作为儒家的核心思想，其主要内容表现为：第一，“中庸”主张“知天命”而用之，要求合乎“天道”。其思想与其天命观有直接关系。《中庸》开篇即言：“天命之为性，率性之为道，修道之为教。”上天有好生之德，则人也有仁爱之心，这是世界的普遍规律，即“天道”；人敬慕天道，循天命之德性而行，则为“人道”。朱熹说：“性者，人所受之天理。天道者，天理自然之本体。其实一理也。”（《中庸章句》）人命之性，是形而上之体，其在人伦中化生为情，故王夫之说“惟性生情，情以显性”（《读四书大全说》）。由性而生之情，其发用之时，克制个别的私心杂欲，无有偏差，上升为普遍化的情感，就可以合乎天赋之德。第二，“中庸”是一种内在的道德法则，“喜怒哀乐之未发谓之中，发而皆中节谓之和”（《中庸》）。可见，“中庸”思想强调实现一种“中和”的境界。第三，“中庸”是一种君子的处世之道，即“合外内之道”。“质胜文则野，文胜质则史。文质彬彬，然后君子。”（《论语·雍也》）“君子之道：淡而不厌，简而文，温而理，知远之近，知风之自，知微之显，可与入德矣。”（《礼记·中庸》）第四，“中庸”是一种治世之道，其要求“适度”，无“过”与“不及”。中庸的最基本核心，就是主张“执两用中”，反对“过”与“不及”。如《论语·先进》中子贡问：“师与商也孰贤？”子曰：“师也过，商也不及。”曰：“然则师愈与？”子曰：“过犹不及。”

中庸思想在经过孔子、孟子的系统阐述后，其理论体系被后世的思想家引申和发挥，并赋予不同的解释和内容。特别是到了宋明时期，二程、朱熹等理学家们纷纷为《中庸》作注，发挥其中的义理。尤其是朱熹将中庸解释为中正不偏，永恒不变的道理对当时及后世学术界产生了深远的影响。《中庸》被列为四书之一成为科举教材之后，其中的思想则成为后期封建社会的理论支柱，并进而影响到整个中华民族的民族心理、思维模式和价值取向，在中国传统文化中产生了深远影响。

（2）“中庸”之道对于当代大学生政治价值观的积极影响

首先，“中庸”之道对维护社会和谐具有一定的作用，对于当代大学生政治价值观的形成具有正确的引导作用。中和是中庸之道的基本精神，中庸思想主张和而不同，维护矛盾的同一性，追求个人与整个社会的和谐稳定，这种指导思想可以引导当代大学生正确协调处理个人与群体，家庭与社会，人类与自然等各种关系，以实现人际关系的和谐与整个社会关系的稳定，当前在“家和万事兴”和“和为贵”的思想就对大学生政治价值观形成了重要影响，而这一思想对于维护社会的长期稳定、和谐也产生了积极的影响。

其次，“中庸”思想有利于大学生提高自身修养，形成对于政治的理性认知。中庸思想强调为实现“庸德之行，庸言之谨，有所不足，不敢不勉，言顾行，行顾言”（《中庸》）的修养目标，人人都应首先要“修身以敬”通过提高自身修养，实现个体身心和谐。中庸思想提出的“博学之，审问之，慎思之，明辨之，笃行之”的具体要求可以帮助大学生逐渐形成对于政治认知的理性思考和判断的习惯，进而从关注自身道德发展到关注国家社会，可以在提升自身修养的同时提升自身的政治素养。

（3）“中庸”之道对于当代大学生政治价值观的消极影响

“中庸”思想带有封建政治的遗留因素。“中庸”思想主张“执两用中”，要求人们在道德选择上守中而行，即坚持居中而定，又不失去自己的标准和原则。然而在具体的实践当中，这一要求由于缺乏明确的标准，具体的“中”根据个人的理解也就各有不同，因此在其发展过程中，“中庸”之道多被异化为各种封建落后的道德评价，这些被异化的“中庸”思想对当代大学生也产生了不可忽视的消极影响。首先，“中庸”思想当中过多地强调“存天理而灭人欲”的思想，限制了当代大学生的自由和个性的发展。其思想内涵曾被封建思想片面地解释为“明哲保身”、“安时处顺”、“逆来顺受，糊涂应事”等为人处事之学，使当代大学生形成谨慎、含蓄的性格追求，不张扬，不拔尖，在“木秀于林，风必摧之”等思想的影响下，当代大学生政治主体意识和政治参与热情受到了严重制约。

其次，魏初以来，王肃、刘晏、王弼、郭象等学者提出的“儒道兼宗”的思想观点，使中庸之道带有了道家“清净无为”的思想特点，这种无为的“中庸之道”成为了不少人的价值取向和人生理想，而甘求平常，淡泊名利，不问政治的思想也在当代大学生的思想深处逐渐形成发展，成为大家消极遁世思想的有效庇护。这些思想观点对当代大学生政治参与和政治关注意识的形成都有着明显的消极影响。再者，中庸思想带有明显的道德理想主义倾向，这一政治价值取向自然也深入影响当代大学生的政治心理，过分相信圣贤心性，会让当代大学生对当代的政治体制形成错误的政治认识；过分的道德理想主义也会促使当代大学生的政治宽容度发生变化，产生“物极必反”的消极影响。

第六章　大学生政治价值观的形成规律和接受机制

教育不仅要考虑到国家和社会的现实需求，同时更要考虑到教育对象的思想形成的规律及其对于教育内容的接受能力和过程机制，关注受教育者的主体作用的发挥。本章节将重点研究大学生政治价值观的形成规律和接收机制，为更好地开展政治价值观教育奠定理论基础。

一、大学生政治价值观的形成规律

规律问题是哲学中的深层问题，列宁指出："规律和本质是表示人对现象、对世界等的认识深化的同一类的（同一序列的）概念，或者说得更准确些，是同等程度的概念。"[276] "规律就是关系……，本质的关系或本质之间的关系。"[277]张耀灿、郑永廷认为"思想教育的基本规律有两条：一是思想形成和发展的规律，二是服从和服务于社会发展的规律。"[278]思想是客观存在反映在人的意识中经过思维活动而产生的结果或形成的观点，人的思想既是大脑的产物，又是社会关系的一种客观反映。因此，人的思想的形成是主客观共同作用的结果。

张世欣将人的思想形成的规律总结为如下几个规律[279]：①思想形成的三维律，即人的思想形成因素应该是三维结构，教育、环境、人自身都在起作用，其作用力是三维的；②思想形成的渐进性规律，即人的思想会有剧变现象、突变现象，但从整体上说，是从幼稚到成熟，从浅层到深层，从单纯到丰富的渐进过程；③思想形成的自冲撞性规律，即人的思想形成过程是一个由不知到知，知之不多到知之甚多，知之片面到知之全面的思想矛盾运动过程，其间有非平衡性、自矛盾性、自反复性、自碰撞性，但都是一种价值选择，这是人的思想形成与发展的动力机制；四是思想形成不同形态律，包括接受性形成规律、生成性形成规律和习染性形成规律等。

政治价值观是关于政治价值的系统化、理论化的观念体系，它是人们处理政治领域的价值问题，特别是在处理具有普遍性价值问题时所持的基本立场、观点、态度，具有普遍性和高度抽象概括性，是价值意识的核心。政治价值观教育属于思想教育的范畴，政治价值观教育首先要遵循思想形成的规律。但是与此同时，政治价值观的形成除了与思想形成过程有很多共性之外，还有很多特性之处，张庆林（1992）[280]的调查结果显示，影响大学生政治价值观的各种不同因素的重要程度的排序如下：(1) 重大政治事件或运动的影响；(2) 家庭熏陶，亲戚影响；(3) 政治运动的亲身经历；(4) 政治理论的系统学习和研究；(5) 个人对政治问题的思考；(6) 同龄伙伴或挚友的影响；(7) 同事或同学的影响；(8) 社会宣传（电视、报纸等）；(9) 领导每周组织的政治学习；(10) 学校教育的潜移默化。

研究还表明，政治价值观与政治参与有显著相关。政治价值观与传统参与倾向呈正相关，而与非传统参与倾向呈负相关。非传统参与行为与政治信任感呈负相关。另外，政治效能感起着一定的作用。有无参政机会的主观感受与非传统参与呈负相关，主要受正规教育因素的影响；个人参政能力的评价与传统参与倾向呈正相关。总之，政治价值观念、政治影响因素、参与行为三者之间存在着微妙而复杂的相关关系。[281]

综上所述，综合思想形成规律的相关研究和政治价值观形成的影响因素的相关研究，我们归纳总结政治价值观的形成规律如下：

（一）政治价值观形成的三维规律

20 世纪 30 年代中期，德国社会学家勒温在关于心理动力场理论（即拓扑心理学）的研究中，曾经提出了一个著名的人类行为公式：B＝f（P·E）。[282]这个公式中的 B（behavior）即行为，P（person）即个体本身的变量，指人的遗传、能力、个性、道德品质、文化素质、健康状况等，E（environment）即环境，指生活、学习、工作环境。这一公式的含义是：人的行为是人及其所处环境的函数。个体政治价值观的形成也受到内、外因素——个体自身成长成熟因素和外在环境因素的双重作用。更值得关注的是，基于政治价值观的阶级性、主导性等特点，教育在个体政治价值观的形成过程中越来越发挥重要的作用。

1. 教育对政治价值观形成的作用规律

教育是通过教育者的主导作用，把政治价值观念传授给受教育者并转化成他们个体知识的过程。教育作为一种外部输入的手段，对于塑造受教育者的价值观念，培养他们的行为习惯具有重要作用，只有通过教育才能把相应的教育内容内化为受教育者的个体意识，提高他们的认识，进而外化为行动，使施教目的得以实现。“教育在一定意义上说，也是人们造就的一种社会环境，但它不是一般的社会环境，而是社会环境中的特殊部分，它不同于一般的环境影响，而是较为自觉、强化、集中和系统的培养人的社会实践活动。”[283]

学校是教育的主要场所，是培养青年政治价值观的主要机构。“学校教育具有明确的目的性和方向性，是专门培养人的活动。它能根据一定社会政治经济和生产力发展的需要，按照一定的方向，选择适当的内容，采取有效的方法，利用集中的时间，对人进行系统的教育和训练，使人获得比较系统的文化科学知识和技能，形成一定的世界观和道德品质。”[284]学校作为社会的一部分，是学生成长的小环境。在一个人的成长过程中，青年期是政治价值观确立和形成的重要时期，学校通过对学生进行德智体美等诸方面的教育，力图培养学生正确的政治、思想道德科学、知识、人生、审美观等。学校教育是具有阶级性的，其教育目的首先是要将青少年培养成符合统治阶级利益需求的政治个体。因此，政治方向的教育是各个国家、社会教育的首要内容。学校教育以课堂教授为主体，学生通过接受专门的文化知识和系统的政治教育，形成对于政治生活的初步的规范和知识。同时，与教学相配合的各种活动是课堂政治价值观教育的延续和补充，有利于政治认知的深化，学生通过丰富多彩的党团活动、具有政治纪念意义的活动、社会调查、勤工俭学、参观访问、生产或科研实践锻炼等等，初步体验了社会政治生活，而这些活动本身，都渗透着政治价值观教育的内容，它们对青年大学生政治价值观的形成会产生重要的影响。

此外，家庭，作为个体的主要社会化机构，其教育功能在儿童的成长发展过程中也起着重要的影响作用。在人生道路的初始阶段，父母的言传身教会在各个方面对子女产生深远的影响，政治价值观的形成也同样如此。“美国社会心理学家的调研表明，子女的政治态度同父母对政治的关心程度成正比例关系。日本的相关社会调研部门也作出了类似的结论。大量事实证明，父母对政治十分关心，子女往往也有较高的政治热情；反之，父母对政治不闻不问，子女往往也对政治表现冷漠。”[285] 由此可见，家长的政治价值观念和政治行为表现是子女政治观点采择的重要依据和政治行为的模仿对象，对于子女的政治素质的形成有着直接而深远的影响。

2. 环境对政治价值观形成的作用规律

人是环境的产物，人的政治价值观的形成，除受正规教育这个控制因素影响之外，还受到自然、政治、经济、文化、道德等环境因素的影响。这些因素在一定程度上左右思想教育的作用，影响个体接受各种社会信息和教育信息的广度和深度。

环境对政治价值观形成的作用主要体现为以下几个方面：

第一，自然环境的作用。自然环境是自然界发展变化的全部表现，它的存在对个体政治价值观的形成、发展具有一定的影响作用，正如马克思、恩格斯指出的："任何人类历史的第一个前提无疑是有生命的个人的存在，因此第一个需要确定的具体事实就是这些个人的肉体组织，以及受肉体组织制约的他们与自然界的关系……任何历史记载都应当从这些自然基础以及他们在历史进程中由于人们的活动而发生变更出发。"[286]

第二，社会政治环境的作用。社会政治环境指社会政治制度和现实政治状况，社会政治制度是上层建筑的核心，是阶级利益的集中表现，本质上，就是哪个阶级或政党当家作主。而哪个阶级或政党当家作主，那么该阶级或政党的意识形态和价值体系就成为被推广并占主导的价值体系，马克思说"统治阶级的思想在每一个时代都是占统治地位的思想。这就是说，一个阶级是社会上占统治地位的物质力量，同时也是社会上占统治地位的精神力量。支配着物质生产资料的阶级，同时也支配着精神生产的资料；因此，那些没有精神生产的人的思想，一般地是受统治阶级支配的"[287]。统治阶级为了实现社会主流意识形态的功能，总是凭借其物质的政治的优势，积极倡导和推行代表统治阶级利益和意志的思想道德观念，统一人们的思想和行为，使个体的政治价值观符合一定社会的共同价值观。

第三，社会经济环境的作用。社会经济环境包括社会经济制度和经济生活条件。人类社会的进步，往往是通过社会经济制度的变革和社会结构的转换实现的，就其对政治价值观的形成的作用而言，个体思想观念的形成受制于一定的客观物质条件。马克思认为："物质生活的生产方式制约着整个社会生活、政治生活和精神生活的过程。"[288]人类的物质生产是思想产生的前提，其发展变化决定了政治价值的内容、目的、方式、评价等。

第四，社会文化环境的作用。社会文化环境是一定社会文化的各方面因素和各种特征，以一定的形式形成的特定系统和特定的文化模式。而价值观在社会文化中居于核心地位，一个社会的主导价值观是该社会所特有的文化、文明的精神实质和显著标志，是它赖以维系的精神支柱。特定的文化模式和文化传统会通过社会舆论、传统习惯和内心信念等形式影响人们的物质生活和精神生活，潜移默化地影响和改变人们的价值取向、思维特点等，个体的政治价值观要受一定的思想文化传统的影响，打上传统文化的烙印。如西方社会的“个人本位”思想就深受西方传统文化影响。而中国人的“家族本位”思想就是受儒家思想的影响。中国古代儒家学说、道家学说、易经等对当代中国乃至整个东方世界的价值观形成都具有重要影响。

当然，人们并不是机械被动地接受环境的影响，而是始终体现了人的主体选择性。在社会环境面前，每个人几乎都有自己的主观反应，他们对来自环境的种种影响并不是全盘接受，而是以自己的方式对环境因素进行主体的鉴别、选择、加工和调适，然后予以接受。

3. 个体自身对政治价值观形成的作用规律

马克思指出：“对象如何对他说来成为他的对象，这取决于对象的性质以及与之相适应的本质力量的性质。”[289]也就是说，个体政治价值观的形成，就主体条件而言，要求受教育者具备与政治价值观要求相适应的“本质力量”——个体的物质基础。

个体政治价值观形成的首要条件是要具备健全的生物基础，否则就失去了物质载体。这主要包括人的肌体组织、神经系统和感知器官，它们共同组成了感知思维系统。研究成果表明，感知——思维系统主要由三类基本器官组成，即感觉器官、效应器官和思维器官。感觉器官主要包括眼、耳等，主要功能是获取信息。效应器官主要是手、足和口，主要功能是参与和外界的联系。思维器官是脑，主要功能是加工整理获取的信息，并作出选择、整合等高层次的思维活动，也是人之成为人的高级生理机能，是人能够成为接受主体的重要和关键物质基础。感觉思维系统的成熟是价值观形成的基础，如果不能正确地、客观地、全面地、深刻地认识和理解事物的价值属性以及各种事物和属性的相互关系，一个人就不可能形成正确而稳定的价值观念体系。

个体政治价值观形成的第二个物质基础就是自我意识。人所以能成为主体，不只是因为人拥有大脑、感官和神经系统等作为认识主体的生理基础，更重要的还在于人具有自我意识。“人类作为‘我’而存在，具有对自己的感觉和知觉、欲望和目的、情感和意志、思想和观念的‘自我意识’，即‘觉其所觉’、‘知其所知’、‘想其所想’的意识。”[290] 自我意识是和对他人或物体的知觉的区别，自我意识是对自身反省的能力，是“主体的我”（I-self）对“客体的我”（Me-self）的观察和认知（James，1890，1892）。诸如“我是什么”的地位思考，“我在做什么”的行为思考，“我能做什么”的能力思考，“我该做什么”的使命思考等。从严格意义上讲，人只有正确掌握了客观对象，并通过自我意识掌握自身的主体存在，把主客体区分开来，经过对客体的无数次评价，才能沉淀为某种价值观念。自我意识是价值观念形成的主观条件，只有当个体不仅正确地掌握了客观对象，而且通过自我意识掌握自身的主体存在，把主客体区分开来才能形成需要意识，并以此为尺度评价客体，经过无数次的反复从而沉淀为某种价值观念。刘永芳认为自我意识对于价值观形成的影响主要体现在以下三个方面：“一是对自身需要的意识。这是价值观形成的最直接的、最基本的前提。如果一个人不知道自己需要什么，不需要什么，他就不可能依据自己的需要主动、积极地形成自己的价值观；二是对自己能力和个性特点的认识。一个人能否把自己的能力和个性特征与别人区别开来，能否正确地认识和评价自己的能力和个性特点，是自我意识是否达到高度分化的重要标志，也是形成自己价值观的重要的心理条件；三是对自己与社会之间关系的认识，或者说，对自己社会地位的认识。这不仅是一个人自我意识高度发展的重要标志，而且也是一个人社会意识形成或一个人高度社会化的重要指标，它对一个人价值观的最后形成和稳定具有关键性作用。”[291] 进入青春期以后，由于生理上的迅速发展，青年人的自我意识有很大提高，他们明显感觉到了自己的存在，力图寻找自我的位置，并考虑自我的前途和未来，因此青年期是个体政治价值观形成的关键期。

此外，政治实践对政治价值观的形成也具有至关重要的影响作用。

价值观不是凭空、抽象地产生的，而是人在活动中形成和实现的，人在积极的活动中接触环境、认识环境、改变环境，使主体在能动地适应环境变化的同时自身的心理与品质趋于成熟和完善。这种“环境的改变和人的活动的一致，只能被看做并合理地解释为革命的实践”[292]。马克思主义的认识论认为，实践作为一种能为人们的感官直接或间接感知的物质活动，不仅仅是直接引起客观对象改变的过程，而且也是为实现这种改变不可缺少的认识探索的过程。

个体的政治价值观较价值观体系中的其他诸如人生价值观等的产生有其一定的特殊性，即政治实践在个体政治价值观形成过程中的重要作用。政治实践是政治价值观产生的现实基础，青年经过一系列的政治参与活动，必然会产生相应的政治体验。所谓政治体验，就是人们在参与政治的过程中自发形成的关于政治事务、政治现象的直观的、不系统的感性认识，通俗地说就是人们对政治生活的感受。政治体验是政治情感形成的前提和基础，青年只有亲身参加政治实践，才能在认识客观世界并积极为改造客观世界准备条件的同时，也认识和改造着自己的主观世界，即认识、改造、完善自己的才能和思想观念体系，产生真实的政治体验，不断升华政治情感，坚定政治信念，形成正确的政治价值观。正如黑格尔所说：“人通过实践活动来认识自己，因为人有一种冲动，要在直接呈现于他面前的外部事物之中实现自己，而且就在这一实践过程中认识他自己，人通过改变外在事物来达到这个目的，在这些外在事物上面刻下他自己内心生活的烙印，而且发现他自己的性格在这些外在事物中复现了。”[293]而政治体验只能来源于政治参与，政治参与的实现形式主要有：①参加政治斗争；②加入政治团体；③行使政治权利。这些途径就决定了个体从青年期开始才具备参与政治生活的资格和能力，而只有当个体真正参与到政治生活中，个体在早期形成的政治知识和政治评价标准才能真正成为政治价值观念，进而影响个体日后的政治行为。

（二）政治价值观形成的渐进性规律

政治价值观是个体价值观的重要组成部分，它的形成基本遵循个体价值观系统的形成过程。我国理论界关于价值观形成的渐进性规律的研究比较多，代表观点主要有以下几种：

按照刘永芳的观点，个体的价值观的形成分为四个阶段，即价值观形成的潜意识模仿阶段，指在人发展的整个儿童、少年阶段，即从出生到十三四岁这段时间里，其思维发展水平和自我意识分化的程度还很不完善，他还不能够对外界事物和自身形成比较明确而深刻的认识，这个阶段的感性经验和体验可能对他日后形成的价值观留下一些痕迹，但是没有建立在对人生和社会深刻理解的基础之上，所以还谈不到是什么价值观；价值观的萌芽阶段，大约在一个人进入青年初期的时候，即十五六岁时，他的价值观开始萌芽，尽管这个时期的人开始意识到价值观问题，对人的价值和生活的意义有了一些疑问和思考，价值观开始在意识中萌芽，但是，还不能说他已经产生了价值观；价值观的产生与发展，当一个人进入青年初期后半期时，即十七八岁或稍后时，由于他所参与的社会生活范围的扩大，加之生活自理和独立能力的增强和所要承担的社会任务的增多，又由于他的辩证思维能力的发展和自我意识的进一步分化，他就开始更加经常主动地对人生和社会问题进行思考，这就使前一时期刚刚萌芽的一些观念和态度得以巩固和很快发展，开始产生一些较本质的、较稳定的社会观念和生活态度；价值观的确立与稳定，经过上一阶段急剧的矛盾和冲突及迅速的变化与发展，到了青年中期，即二十岁左右，一个人的价值观就开始逐渐确立和稳定起来。[294]

仓道来等人认为青年价值观的形成包括四个阶段、准备阶段，从降生到十三四岁，这个阶段的价值评价是自发的、零散的、朦朦胧胧的；观察阶段，14—17岁，处于中学时代，处于观察人生、人生价值的时期，但由于生理上、心理上、精神上、知识上均不成熟，因而，他们的价值观没有真正形成；探索阶段，18—20岁，进入大学阶段的青年由于社会经验的缺乏和刚进入新的学习阶段，经过短暂的理想、价值观的间歇期，转入思考人生、人生价值，开始了自我的设计和选择，进入价值观的探索时期；建构阶段，21—28岁，这一时期的青年价值观趋于成熟，他们不断发展自我、完善自我，实现自己的人生价值。[295]

杨德广将大学生的价值观形成发展过程从时间角度分为青年前期（14—17，18岁）、中期（17，18—22，23岁）、后期（22，23岁—28岁）三个时期，具体分为培养期、体现期、扩展期、完善期和释放期。培养期是指中学时代通过模仿、再现和有限的实践验证，逐步确立形成的价值观；体现期是大学低年级，指大学生身心条件的特殊性和校园文化的独特氛围下形成的复杂多样的价值观；扩展期是指到了青年中后期（大学高年级以后），创造能力骤增，实践能力趋于成熟，形成价值观内容和表现形式的扩展；完善期是指大学生通过实践、认识，在实践的过程中使其价值观得以完善；释放期是指价值观一旦形成，就会显著地作用于社会，释放“价值观能量”。[296]

张进辅认为价值观是社会化的结果。幼儿期对成人提供的观念完全信赖。儿童期虽已开始对人类、自然和社会现象产生兴趣和疑问，但尚未形成价值观。到了青年早期，价值观开始萌芽，这时既要学习传统社会价值观又要扩充个人价值观，会有冲突现象。进入青年中期，要克服观念与行为实践的矛盾，价值观逐渐形成和稳定。青年中期是价值观形成的关键时期，这时不论是进入高等学府的大学生，还是步入社会就业的青年，他们学习的专业或担任的工作，其社会任务的性质均已比较确定，它在社会生活中具有何种作用和意义，也越来越明确。这对青年形成稳定的价值体系起着重要作用。此外，任务的定向与专业化，也促使承担该任务者对有关的知识进一步丰富起来，因而更加容易理解所从事的工作或所学习的专业的社会意义和作用，这又从另一方面促进其已形成的价值观趋于稳定。[297]

综合上述几种观点，我们可以看出，关于价值观的形成主要集中在青年期。政治价值观的形成既符合个人整体价值观形成的时间规律，同时也具有一定的独特性，即我们认为，由于政治生活参与对于年龄和认知水平的限制性，个体的政治价值观的形成和稳定要稍稍滞后于其他价值观体系的形成，其渐进性规律为：

1. 准备期（从降生到11，12岁），这个阶段可以分为前后两个阶段，婴幼儿期和少年期

在婴幼儿期，个体的各种价值观点都来自于周围的人，科尔伯格指出，这个阶段的儿童认为凡是权威人物选择的就是好的，遭到他们批评的就是坏的。他们道德判断的理由是根据是否受到惩罚或服从权力。他们凭自己的水平作出避免惩罚和无条件服从权威的决定，而不考虑惩罚或权威背后的道德准则。

到了少年期，个体由家庭进入学校等社会的组织群体，同伴群体的影响力加大，团队性游戏普遍，班级荣誉心亦增强，英雄崇拜和权威崇拜非常普遍。在这期间，青少年开始接受有目的、有计划、有组织，甚至带强制性的教育和灌输，接受系统的知识教育。因此，在这一时期，青少年开始了解到简单的政治道理和政治规范，并能初步形成自己特定的政治行为模式，如参加少先队组织活动。在国家意识方面，青少年开始由国家象征期向抽象国家观念期发展。按照美国政治学者海斯和托尼（Hess & Torney，1967）对12000名美国小学生的调查，小学低年级学生视国旗、国歌或国家领袖为国家。因为国旗、国歌或国家领袖是具体而且易于了解的国家象征。儿童对于国家的依恋或热爱，表现在尊敬国家的言行之中。这一时期称为儿童国家意识发展的象征期。小学高年级学生以

有关国家社群的抽象观念作为爱国的根据，这一时期称为儿童国家意识发展的抽象观念期。这一研究证明小学生的政治意识已经萌发。[298]

在上述两个阶段，父母亲属以及与儿童生活有密切关系的其他人对生活的看法及为人处事的言行、发生在儿童周围的形形色色的事件，对他的观念和态度有很重要的影响，使他对生活和社会事件获得一些零星的感性经验和体验，对他日后形成的价值观留下一些痕迹，但是这些感受和体验还非常不具体，再加上思维发展水平的限制，对于复杂的政治概念或者政治问题还不能够有比较正确的理解，所以还谈不到是什么政治价值观。

2. 萌芽期（从 11，12 岁—17，18 岁）

这一阶段是中学阶段，柯尔伯格认为[299]，这一时期个体的道德认识发展进入习俗阶段的后期（后习俗阶段），即尊重权威、维持社会秩序并履行个人义务。他们人格社会化的程度日益增强，同伴群众对行为准则的影响增强。根据海斯和托尼的调查[300]，青年期的爱国意识与自己国家对世界各国的政治、经济、文化关系和道德责任不可分割。但是，由于他们尚未踏入社会，社会知识和生活阅历毕竟有限，从而其政治价值观念显得比较零散、简单和肤浅，往往感性成分居多，主观色彩较浓。因此，这一时期的个体虽然已经掌握了一些基本的政治知识，对政治社会有了独立的见解，但是，由于缺乏政治实践经验，其政治价值观尚未完全成熟，政治能力有待提高。同时，这一时期青年的思维处于高度活跃、思想很不稳定并且经常矛盾困惑的状态，所以青年期的政治价值观受到社会政治环境的影响较大。

通过进入中学阶段的学习，个体已经逐步积累了比较广泛的书本知识，抽象思维有了显著的发展，特别是到了高中阶段，“个体已能在头脑中进行完全属于抽象符号的推导，能以理论作为指导去分析、解决各种问题”[301]，从这时开始，青少年开始接受学校正规的思想政治教育，对于政治知识、政治观点有了初步的感性上的了解。他们对一件事情，不仅仅限于自身的利益的角度来认识，而且能够把它同他人、集体、国家、民族联系起来，尤其喜欢对身边现实的社会政治问题追根问底。由于自我意识的发展，进而产生了自我认识、自我体验、自我评价的强烈愿望，迫切想了解人生和社会的真谛，因而在学习和生活中比较注意对政治事件、政治信息、政治刺激的认识和感受。在这一阶段青少年政治价值观的特点主要表现为：政治认知能力提高，对政治的认识已由儿童时期的形象性、感性特征发展到运用理性思维能力，透视政治现象，探寻政治现象的本质，他们的独立思考能力增强；形成政治自我，政治自我的形成增强了青少年的自我意识和主体意识，增强了青少年对社会政治信息的选择能力；形成的政治价值观具有理想色彩，容易与政治现实发生矛盾冲突。

3. 探索形成期（从 18 岁—21，22 岁）

青年的政治价值观正处于由不成熟迈向成熟的阶段，尚未形成一个完整、封闭的价值观体系。在这一时期，由未成年人进入成年人，逐步走向生活独立，生活圈逐渐扩大，通过大学阶段的学习和实践，对社会的接触和了解也较以往深入。而且从这一阶段开始，青年学生开始通过加入政治组织、实行民主选举权利等途径真正参与到政治生活中来，他们在这一阶段的权力感较强，而义务感、责任感相对较弱，再加上青年好奇心较强，很多事都想亲力亲为。这样，在广阔深入的社会生活实践中，他们的政治价值观进入了一个不断思考、不断比较、不断选择的时期。再加上社会和个人的政治生活总是在持续地不断变化着，从而社会环境特别是不断变化的现实政治生活对个体的政治人格提出新的要求，促使个体继续进行政治社会化，所以这一阶段是政治价值观形成的关键阶段，也是进行政治价值观教育的最佳阶段。

这一阶段青年通过政治社会生活阅历，积累了一定的政治知识，具有既定的政治情感、政治价值取向和政治理想、信念，经过社会政治生活实践的直接体验和间接认识，他们对政治问题的探索，对政治现象的认识，对政治事件的判断都逐渐深刻，逐步地从低级到高级，由对政治现象的粗浅认识上升到比较系统的理性认识。但是，由于这阶段青年学生的政治阅历较少，所面对的世界又是纷繁复杂，使得他们对政治的评价与判断会有一个反复认识、不断深化的过程。这就导致了青年在其政治价值观的发展上不可能是直线式的一蹴而就，而是会经历一个多次反复、曲折发展的过程。而他们的政治价值观也就是在这种磨砺中逐步得以充实与完善，并且渐趋成熟的。

4. 成熟稳定期（22，23 岁—28，29 岁）

这一时期的青年开始逐渐步入社会，随着社会阅历的逐渐丰富，他们对于政治问题和政治价值的认识不再仅仅停留在书本或者校园内狭小的政治空间，他们开始有更高层次的政治追求，政治参与水平达到了一个新的高度。同时，随着个体辩证思维能力的逐渐加强，看待问题的全面程度加强，个体对于政治价值的判断逐步理性化、现实化，他们的政治价值观也趋于成熟。

总之，青年政治价值观的形成大体上遵循这样的发展规律，但是，也不排除在特定的历史背景中，特定的任务的政治价值观念形成会比较早，比如，科学共产主义理论的创立者马克思在 24 岁时便写了《评普鲁士的书报检查令》一文，走上了从事反对封建专制和争取民主的道路。科学共产主义理论的另一创立者恩格斯则于 19 岁之时写下了《乌培河谷的来信》，向封建专制制度宣战。在我国，毛泽东、周恩来、朱德等老一辈革命家，都较早地确立了自己的政治价值观，并在这种价值观念的影响下，较早地投入到解放事业当中。当代青年接触到的世界比以往任何时候都要更加丰富多彩，他们对各种事物与现象的认识也愈加深刻，见解也更加独特，他们不甘心安于现状，不愿意坐等未来，而是更加主动地参与政治，从事政治活动。因此，特定的历史事件或政治事件也有可能影响个体的政治价值观的形成。

二、大学生政治价值观的接受机制

接受性形成是思想形成的一个重要规律，也是近年来思想政治教育领域的一个研究热点话题，是制约思想政治教育实效性问题的一个核心问题。马克思曾说："事实上，世界体系的每一个思想映象，总是在客观上被历史状况所限制，在主观上被得出该思想映象的人的肉体状况和精神状况所限制。"[302]这也就是说，认识是在同化和调节中不断建构的产物。一个客体在影响主体时，能否产生效果，产生什么样的效果，不仅在于客体因素本身，更在于接受者本身的意识、知识、能力、素质等主体因素，在于主体因素和客体因素之间的平衡和协调。客观地讲，受教育者接受任何一种教育并不是无条件的，更不是教育者的一厢情愿。教育接受活动的发生，必须以教育的可接受性为前提，政治价值观教育也要符合可接受的原则，使政治价值观教育的各种内容和信息的性质及属性与受教育者的接受特性相适应、相接近、相契合。

（一）政治价值观的接受理论

1. 接受理论

接受是人类社会生活中最常见、最普通的现象之一，标志着人作为主体对客体的认同、承认和接纳的态度。"接受"一词，在汉语字典中通常被解释为接纳、承受。英文中接受一词是 reception，表示认可、吸纳、验收的意思。从字面上来看，接受含有主动积极、自觉自愿的意味。国外学术界对"接受"问题的关注可追溯到古希腊的"解释学"和由此发展起来的接受美学。早期的解释学一直是局部的、技术性的，其目的是想找出一套正确解释的规则和方法，以达到对语言材料和经典文献一致而准确无误的理解和接受。

19 世纪末，德国哲学家狄尔泰在继承前人把狭义解释学发展成为哲学认识论和方法论的基础上，利用历史学和心理学方法，把古典解释学的发展推到了顶峰。海德格尔和伽达默尔则实现了解释学根本性的转折，并使古典解释学跨入现代解释学阶段。海德格尔认为，人们对任何本文的理解总是受到解释者即接受者的“前有”、“前识”和“前设”组成的“前结构”所制约和引导。而伽达默尔则强调理解的历史性，他认为任何作品本文和事件要找到读者，都依赖于阐释，接受过程也就是作品本文与读者“视野融合”的过程。

20 世纪 70 年代初，作为解释学在文艺领域的直接延伸，以研究文艺作品的接受问题为中心的“接受美学”（Recreational Aesthetic）在原联邦德国首先发展起来。其代表人物 H. R. 姚斯对接受美学的基本理论作了系统的阐述。他一反以往文学史只注意作品和作家的传统，强调读者对作品的重要意义，认为作品本身如果不经过阅读和理解就没有任何意义，成为没有生命的、死的语言材料。正是读者的阅读赋予了作品以意义和价值。“在作者、作品与读者的三角关系中，读者绝不仅仅是被动的部分，或者仅仅作出一种反应，相反，它自身就是历史的一个能动的构成。一部文学作品的历史生命，如果没有接受者积极的参与是不可思议的。因为只有通过读者的传递过程，作品才能进入一种连续性变化的经验视野之中。”[303] 在他看来，接受过程不是消极的，而是积极的参与过程。他将理解视为最重要的接受活动，认为接受活动本质上是理解活动，这种接受观可称为“理解接受观”。此外，大众传播学的受众理论对我们也有一定的启示。传播学形成于 20 世纪初，是随着报刊、广播、电视等大众传媒获得广泛发展的条件下产生的。20 世纪 40 年代在美国发展起来的受众理论，率先对大众传播学中的接受活动展开研究，大致经历了“靶子论”——“影响有限论”——“社会类型论”三个阶段。

接受美学和大众传播学都不约而同地把研究重点放在接受者身

上，比较而言，传播学的受众理论侧重在更加具体的层面上研究“接受”问题，不像解释学和接受美学那样过于抽象，而且它还同自然科学建立了有机的联系，把定量分析与心理学方法引入了接受理论研究，使其结论更具操作性。

2. 思想政治教育接受理论

随着接受理论的异军突起，人们对接受者能动性的研究与日俱增。在教育心理学界，以奥苏伯尔（D. P. Ausubel）为代表的认知心理学家也曾把接受作为一个重要的范畴引入其理论体系，把学习分为接受式学习和发现式学习两大类，从学习材料的逻辑意义、组合形式和学习者的学习意向等方面探讨有意义学习的接受条件。但由于在此处接受仅仅被当作界定学习方式的概念未被展开，故后来关于接受现象的专题研究并无多大进展。近几年来，学科的融合使思想政治教育者也开始关注接受理论，并将这一概念引入思想政治教育学研究中。1991 年，山东青年管理干部学院的刘先义教授率先从个体认识论的角度发表《论德育接受机制》一文，对德育活动过程的接受机制进行了拓荒性地研究和探讨，他认为：“德育的接受活动反映的是认识主体与信息客体之间的相互关系，是一个由接受主体对外来教育信息进行反映、选择、整合、内化多环节构成的、连续、完整的认识过程。德育接受过程具有阶段性与整体性统一、稳定性与变动性统一、多级反馈、连续运行、螺旋上升的运行特征。”[304]他指出“接受理论是当前教育科学研究中一个亟待探索的重要的世界性课题”[305]。此后，关于这方面的研究逐步丰富和发展，深入和细化。主要涵盖思想政治教育接受的涵义、过程、机制和规律四个方面。

关于涵义，邱柏生等人认为：“所谓接受是指主体（即受教育者）在外界环境影响下尤其是在教育的控制下，选择和摄取思想教育信息的一种能动活动。”[306]张耀灿、郑永廷等认为“思想政治接受是指发生在思想政治教育领域内的接受活动，它反映了思想政治教育接受主客体之间的相互关系，是接受主体处于自身需要，在环境作用影响下通过某些中介对接受客体进行反映、选择、整合、内化、外化等多环节构成的、连接的、完整的活动过程。通过有效的接受，社会和社会群体的一定的思想观念、政治观念、道德规范就可以被内化为接受主体的品德思想，并外化为品德行为"[307]。

关于过程，陈秉公认为，思想政治教育工作接受过程是指在思想政治教育工作接受过程各构成要素的参与下，接受主体对思想政治教育工作传导者所传导的接受客体进行选择、加工、内化、外化的连续反应，从而形成社会、阶级或社会集团所期望的思想政治品德的过程。其内容大体包括：教育传导者认同思想政治教育客体的过程、接受主体选择、加工、内化思想政治教育接受客体的过程、接受主体将内化的接受客体外化为行为实践的过程。[308]王海平认为，思想政治教育接受包括接受的动机阶段、接受的内化阶段、接受的外化阶段和接受的反馈阶段四个阶段。四阶段之间具有同时性、渐进性和侧重点具有多样性的特点。以接受主体为基点，思想政治教育接受规律包括：利益认同律、情感认同律、理性认同律、价值认同律。[309]而潘玉腾认为，思想道德接受包括认知接受过程和情感接受过程两个方面。其中，认知接受过程是核心，情感接受过程是认知活动的能动调节，情感过程是伴随着认知活动而产生的。[310]

关于机制，王敏认为思想政治教育接受机制包括思想政治教育接受生理——心理机制和思想政治教育接受的社会机制。他重点关注了思想政治教育接受的心理机制，主要论述了认识过程、情感过程、意志等心理过程在接受中的作用以及个性心理特征与个性心理倾向对接受的影响。谈到思想政治教育接受的社会机制时，具体分析了价值观念、所属群体、他人与社会评价以及社会角色意识对接受的影响。[311]路杨认为，思想政治教育的接受机制包括思想政治教育的社会接受机制和个体接受机制。在分析思想政治教育的社会机制时，具体探讨了社会生态环境、社会政治环境、社会经济环境、社会文化环境、社会心理、道德评价等对思想政治教育接受活动的影响；在分析思想政治教育的个体接受机制时，具体探讨了思想政治教育主体的接受机制、思想政治教育客体的接受机制以及主体和客体的相互作用对思想政治教育接受的影响。[312]黄世虎认为受教育者头脑中的接受因式包含四个功能性的系统。动力系统：接受主体的自我需要；目标系统：以世界观为核心的观念体系；加工系统：接受主体的认识框架结构；调节系统：非理性的心态要素。[313]

关于规律，目前学术界的研究还比较少。陈秉公认为，思想政治教育接受过程具有非线性规律、主体个性整体介入规律、主体自我意识分化与同一规律这三种规律。[314]王敏认为思想政治教育接受的规律是一个多侧面、多层次的规律体系，它由基本规律和具体规律组成。基本规律是能动受动律，是指思想政治教育接受活动既是个人的能动的活动，又是受动的产物，是能动和受动的辩证统一。这一基本规律对其他具体规律起主导、支配作用。具体规律作为基本规律的展开包括需要驱动律、多向互动律和内化外化律。[315]

综上，近年来关于思想政治教育接受的相关研究逐渐增多，特别是对于接受主体（受教育者）的关注更为集中，这为我们政治价值观教育的接受机制研究奠定了坚实的基础。

2. 从接受理论的视角审视政治价值观教育

（1）政治价值观接受的内涵

政治价值观教育中的接受是指主体在外界环境的影响下，尤其是在教育的控制下，能动地对政治价值观教育信息进行反应、选择、整合、内化和外化多环节构成的连续的、完整的活动过程。它的最终目的是形成内化与外化、精神形态与行为形态相统一的政治价值观念。

政治价值观教育是思想政治教育的一项重要内容，但是它又不同于普通的思想理论知识的接受或道德的接受。

一方面，政治价值观的接受不同于思想理论知识的接受。从接受学的角度看，接受客体，一般可以分为两种：一种是科学认识的成果，诸如科学知识，科学命题等；另一种是价值认识成果，如善恶、美丑等价值观念，价值准则等。政治价值观的接受客体无疑是第二种，即价值观念方面的接受，接受的目的是使受教育者树立正确的政治价值目标，坚定正确的政治立场、政治态度、政治方向，从而形成社会主导性政治价值评价标准，与思想理论知识的接受有着较大的区别。理论知识具有一定的客观性，人们接受知识的日的是为了更好的丰富自己的知识体系，促进个人的发展。政治价值观教育则带有很强的主观色彩，政治价值观的接受则是指向社会，所关注的是个体如何更好的融入和参与社会生活的问题。从接受过程来看，理论知识接受多是通过课程、讲座等显性教育手段，更多的是个体理性思维的过程；而政治价值观的接受过程可以通过工作、生活、交往、学习等多种途径进行，教育过程中更多地有个体的情感参与。此外，普通的理论知识的接受大都只是一个循序渐进的深化过程，而政治价值观的形成过程往往带有价值辨析所引起的心理冲突，个体通过新旧价值体系的不断碰撞和斗争，不断内化、融合新的价值观念，扬弃旧的价值观念，最终形成新的价值体系。

另一方面，政治价值观的接受不同于道德的接受。道德的接受和政治价值观的接受都根源于经济关系的反映，都出于人的社会化的需要，三者之间既有联系又有区别，政治价值观教育有道德依赖性，政治需要道德光环，道德教育也需要政治的支撑。从性质上来说，政治价值观带有很强的政治色彩，它是国家主导意识形态在普通人民群众中的一种具化反映，更多地着意于国家政治生活的层面，具有深刻的理论性、鲜明的阶级性和政治倾向；而“虽然道德教育服从政治教育，但是道德接受不一定服从政治接受”[316]，道德的接受更多地着意于人际关系和日常生活的层面，关注的是个体与他人之间关系，虽然也带有一定的政治倾向性，但是却不像政治价值观的接受那样明显，往往带有一定的隐蔽性。

(2) 政治价值观接受的层次

政治价值观的接受活动是由多重结构要素构成的复杂的开放系统，它由接受客体、接受主体、接受媒介、接受环境这四个基本要素构成，接受活动的核心是接受者如何反映、选择、整合、内化和外化思想政治信息。

接受活动的第一个环节是反映。教育信息接受者在其社会化过程中以其在先天遗传因素基础上经后天锻炼形成的感官系统和反射整合机制将教育信息中所包含的语义、概念、观念移入自己的头脑中，在其意识中进行复制和再现，形成与之相关的形象和概念，这就是信息接受者的反映活动[317]，它是后继系列活动发生和运行的前提条件。接受主体的反映强弱归因于两个因素：一是所传递思想信息的刺激强度、频率、覆盖度直接影响接受主体的反映状态。接受主体对刺激强度高的思想信息容易产生接受注意，对刺激强度低的、偶然性的思想信息往往忽视，有时需经反复刺激才能引起接受主体注意和反映。二是接受客体对接受主体内在需要的契合度。接受主体的接受注意和反映有一定的指向性，对契合自己需要的外来信息能产生反映的集中；对不契合自己需要的外来信息则反映冷淡，甚至产生反感而拒绝反映。

接受活动的第二个环节是选择。选择是基于判断基础上主体所作出的自觉抉择，“接受活动中的选择是指接受主体运用一定的思维方式和方法，依据一定的价值准则，对进入认识领域的思想政治教育信息进行事实判断和价值判断，从而确定对其的取舍态度”[318]。一般来说，选择包括三个层次，第一个层次是对评价标准的选择，主体根据输入的信息客体对应关联的原则从内储观念、知识、经验中提取相关的材料，并从外部环境中获取有关事实作为判断，筛选信息客体的参考资料和标准；第二个层次是判断、对比、筛选方式的选择，主体根据其价值目标的要求及其对客体的感性反映，寻找最佳的思维加工方法；第三个层次是对信息客体的选择，“当教育的内容与其已有的价值观念相对或相反时，他们往往回避之或抵制之；当受教育者认为这种教育同自己的已有价值观念相同或相近时，他们就会表现出一定的兴趣，产生共鸣，思想逐渐地向教育内容靠拢”[319]。经过筛选，部分信息被接受者直接排出主体意识之外，部分被接受者以语言、表情或行为的方式作出反馈；还有一些肯定性信息和一些暂时无法评判的信息则被送入信息库，等待进一步的分化、整合。

接受过程的第三个环节是整合。所谓整合，是指受教育者对已掌握的政治价值观教育内容进行运演加工，使之与原有的知识品德结构发生对接的建构过程。当外来信息与原有政治价值观结构具有相容性时，两者发生契合，受教育者便吸纳信息、并引起原有价值结构的变化和容量的扩充。它是受教育者对经过反映和选择进入认识场的思想信息进行加工，使之与原有的政治价值结构对接，进而将其纳入到原有的认知结构中去。当外来信息与原有政治价值结构中的观念体系相一致时，两者发生对接，主体把信息客体纳入原有的认知结构中去，引起原有政治价值结构量的积累。当信息客体与主体意识指向不同，其强度又足以改变主体的认知结构时，便迫使主体打破原有观念体系的框架，改变或重组政治价值的结构，从而与信息客体达到一致。

接受活动的第四个环节是内化。“内化”实际上是一个心理学的概念，长久以来被思想政治教育学所借用。《心理学大词典》在解释“内化”时，着重介绍了苏联心理学家维果茨基的理论。他认为：“人的一切高级心理机能最初都是作为外部的人际交往的社会形式而表现出来的，只是到后来，由于内化的结果才变成为某个人的心理过程。”[320]《简明心理学辞典》对内化的定义是：“个体将某种关系、观念、标准、态度等转化为自己内部的心理活动或心理因素的过程。”[321]在这里，内化是指接受主体通过反复多次实践活动，对建构过程中形成的价值观念进行检验，使之最终形成能指导主体的社会行为并相对稳定的主体意识的积淀过程。在内化的开始阶段形成的新的价值观念并不牢固，其正确与否也不以接受主体的主观判断为标准，而是以是否符合事物的客观规律和社会规范为标准。因此，主体获得的一切价值观念必须投放到社会实践中去进行检验，才能使之深化，最终内化为受教育者自身的一种素质。

接受活动的第五个环节是外化。所谓外化主要指信息接受者将自身由内化而形成的思想观念和信念自主地转化为自己的行为，并养成相应的行为习惯。从某种意义上说，“内化与外化是统一的，内化的最终成果必须由能动的主体意识转化为自觉的社会行为，也即外化。如果接受主体对外来教育信息仅仅停留在理解认知的水平上，而不能外化为实际行为，那么这种接受是不成功的，不能说是完整意义上的接受。此外，内化和外化还是相互渗透、相互转化的。内化之中有外化，接受主体内化整合转变客体形成的思想政治品德是接受主体在思想政治品德行为实践中形成的；外化之中有内化，接受主体思想政治品德行为实践的过程；也是思想政治教育品德内化的巩固、强化过程”[322]。

政治价值观接受是阶段性与整体性，稳定性与变动性相统一的，从反映到选择到整合再到内化和外化，每一个独立的接受环节都是一次有意义的思想斗争。一般的思想信息的接受遵循由反映到选择到整合再到内化和外化的运行模式，也有些要在两个相邻或相同的认识环节反复多次才能继续运行。如此循环往复，在螺旋上升的过程中，使政治价值观接受者的价值观结构不断趋于完善，政治素质不断得以提高，从而达到政治价值观教育的最终目标。

（二）大学生政治价值观接受的个体机制

“机制”一词，来源于希腊文，本意是指机器运转过程中各构件由于某种机理而形成的因果关系和运转方式。后来，“机制”一词被广泛应用到自然科学和社会科学领域，泛指研究对象某一系统由其内外关联性而形成的因果联系和运行状况。我们把这个概念借用到政治价值观接受领域，是指政治价值观接受诸要素之间的相互关系及其运行过程和运行原理，它包括社会机制和个体机制。所谓社会机制是指各种社会环境对于接受活动的影响方式，个体机制是指受教育者自身的生理、心理因素对于接受活动的影响方式。政治价值观教育作为思想政治教育的一项重要内容，我们也要充分考虑其接受机制，特别是政治价值观接受的个体机制，通过深入分析研究受教育者自身的内在因素对于政治价值观教育的影响，突出受教育者在教育接受过程中的主体地位。

1. 主体需要——政治价值观接受的动力机制

"人的每一种本质活动和特性，每一种生活本能都会成为一种需要。"[323]需要是人的一切活动的源泉与动力，人的一切活动都是为了满足自己的某种需要。人的价值追求活动，正是在一定需要的内在驱动之下，以主体需要作为其内在尺度和根据，"价值观是个体以自己的需要为基础而形成的，对客体的重要性作出判断是所持的内在尺度"[324]。人在一般情况下，凡是能满足需要的事物都会被认为是有价值的、值得追求的，而且视其能满足需要的程度而对价值大小的认识也不同，反之亦然。在这里人对自身需要状况的认识起着十分重要的作用。人的政治价值观也是以个体在政治领域的需求为基础，能够满足个体的政治认识或政治参与等政治生活需求的被认为是有价值的，反之就是没有价值的。

美国心理学家马斯洛（A. H. Maslow）认为，人除了一般的生理需要以外，还有高级的心理需要，包括社会性需要和创造性需要。我国学者苗慧兰认为，我国青少年的需要结构由低级到高级分别为：生理需要、安全需要、社会需要、心理需要、自我实现的需要。[325]周冠生把人的需要分为四个层次，由低向高主要包括生存需要（衣食住行及其他），家庭的需要（夫妻之间、父母子女之间关系等方面的需要），活动的需要（探究、生产、创造、审美、交往等），集团与阶级的需要（理想、信仰、归属、权利等）。[326]黄希庭等用自己编制的调查问卷，通过广泛的取样调查，把我国大学生的需要结果分为六大类：生理需要、安全需要、交往需要、尊重需要和贡献需要。[327]李淑梅认为人的需要结构包括物质需要、社会交往秩序需要和对人生意义的需要等。[328]由此可见，一个现实、具体的人，要立足于社会并求得发展，不仅要从社会中获得一定的物质资料，而且还有较高层次的社会需要，即通过了解或参与社会活动，满足自身承担社会角色、发挥社会功能的需要，而在现实生活中，这种需要更多地表现为参与政治生活的愿望，要接受一定的社会思想意识、政治观点和基本的道德规范，这为人们的政治价值观的形成奠定了基础。

个体的需要是个体政治价值观接受的内在动力。在这一过程中，接受主体总是自我对象化，主体的我（I）将客体的我（me）置于现实的社会关系与客观环境中进行多角度的自我观察与评价，从而获得不同的心理体验，产生不同的需要。这些不同层次、不同指向、不同强度的需要，无论是物质的，还是精神的；不论生理的，还是社会的，都将作为一种驱动力调节主体自身的状态，形成对信息客体接受的欲求倾向——即接受动机，并激活思维边界，引起接受活动的发生。作为目的和动力要素，需要意识既决定着接受的目标和方向，又直接影响接受过程的效率，例如，“如果成才需要是主导需要，那他就会主动选择并接受与自己成才愿望相符合的教育内容，而对其他方面的教育内容的关心程度、注意热情就会降低”[329]。在反应环节，主体依据不同的需要确定自己对信息客体是全面地、客观地反映，还是局部地、歪曲地反映；在选择与整合环节，主体依据需要去选择思维方式、方法和评价标准，运筹和裁剪思维材料，以此规定着取舍对象和加工整合信息的水平。例如，如果接受主体的成才需要是最主要的，他就会主动关心这方面的情况，收集这方面的材料，自觉或不自觉地选择与自己成才愿望相符的接受内容：在内化环节，主体则根据需要确定其实践的范围和深度，并通过动机中介确立态度，推动或者阻碍接受活动的继续。需要意识越强烈，动机越端正，主体的接受活动则越积极，越认真，越持久；反之，如果接受活动并非出自于主体的内在需要，或者其动机不端正，则势必出现消极应付，表面接受甚至反面接受。与此同时，“已经得到满足的第一个需要本身，满足需要的活动和已经得到满足需要的工具又引起新的需要”[330]。“需要—活动—满足—新的需要”，这是一个不断反复、永无止境的发展过程。因此，个体的价值系统也是一个不断接受、更新的变化动态过程。而政治价值观教育越贴近受教育者的内在需要，则越能产生教、受双方的心理共振，越能为受教育者接受道德教育活动奠定良好的心理基础。反之，如果受教育者的内在需要被忽视被冷漠，会造成教与受双方的心理距离，从而产生受教育者接受道德教育的内在心理障碍。

综上所述，有无接受政治价值观教育的需要就成为制约教育效果的核心动力因素。对于大学生群体而言，处于成长关键阶段的他们不仅有着物质利益的需要，更有着解疑释惑的需要，精神满足的需要，自我完善的需要，政治参与的需要。首先，物质利益的需要。毛泽东曾说："一切群众的实际生活问题，都是我们应当注意的问题。假如我们对这些问题注意到了，解决了，满足了群众的需要，我们就成了群众生活的组织者，群众就会真正围绕在我们周围，热烈拥护我们。"[331]随着社会物质和社会经济的不断丰富发展，大学生群体的物质利益需要也在逐渐增多，如果想让大学生群体认同国家的政治价值观点，就必须使大学生认识到教育主体传授的理论、意识能够帮助他们正确地认识自己的物质利益；第二，解疑释惑的需要。大学生群体往往对外部世界及人本身存在着种种疑惑，如对当前政治思想、政治制度的疑问，对社会发展与道德规范关系的探寻等；第三，精神满足的需要。大学生群体有很强烈精神生活的需要，如对情感交流的需要，对文化修养的需要，对理想信仰的需要，等等，特别是对于青年大学生而言，理想信仰的需要比其他任何年龄阶段都显得迫切；第四，自我完善的需要。是指不断提高自己各方面的素质和能力，达到更高境界，获得人生价值和意义的需要。个人的价值只有在社会中才能得到肯定，接受政治价值观教育也是为了实现个人的社会价值，个体的言行在社会范围被人们所重视和尊重，首先取决于个体对社会价值标准的认同和遵循。大学生群体有着很强的自我完善愿望，其动力不是表现为诸如"我要使个体需要与社会需要相适应"之类的抽象概念，而是源于对自身现有身心发展水平的不满，进而产生一种对自我的提升期待与要求，而产生政治素质要求；第五，政治参与的需要。大学生群体都有参与政治活动，获得政治权利，实现政治理想的需要，而要想有效地参与社会政治生活，就要积极接受主流社会的政治思想、价值观念、是非标准，具备必要的政治价值判断能力。

上述五种需要不能完全概括大学生群体的所有需要，但反映了大学生群体对于政治价值观教育的现实需求。与此同时，随着国际国内形势的发展，国家对个体综合素质特别是政治素质提出了越来越高的要求，大学生也越来越愿意并积极地去接受政治价值观教育，对政治参与的需要也随着信息交流的渠道增多和民主法制观念的深入人心而不断增强。教育要符合大学生的期望价值目标，如果不能满足大学生的内在需要，就无法激发大学生的需要情感，政治价值观接受活动就会缺乏应有的内驱力。

2. 认知结构——政治价值观接受的加工机制

主体的接受与主体头脑中既已形成的社会政治观念和价值结构有很大关系。根据皮亚杰（Jean Piaget 1896—1980）发展理论，这种结构被称为图式（schema)。皮亚杰认为，图式是动作的结构或组织，这些动作在相同的或类似的环境中由于不断的重复而得到迁移或概括。图式最初来自于遗传，以后在适应环境的过程中不断的得到改变，不断的丰富起来，也就是说，低级的动作图式经过内化、顺应、平衡而逐步构建出新的图式。结构的同化（assimilation）只是量上的变化，因它只不过是以原有的图式为基础，吸收新的经验。顺应（accommodation）则是质的变化，它是个体为适应环境的需要，主动修改图式的过程。平衡（equilibration）则是这两个机能的平衡，它是动态的，相对的。[332]虽然皮亚杰的论述更多的是关于智力的思维结构和发展，但是政治价值观的接受也是建立在思维的发展的基础上，也可以借鉴“图式”这个概念。王敏认为，图式是一种知识结构，它是由过去反应和体验形成的、指导以后的知觉和评价、表征不同的抽象水平的知识体。它是人们从事认识和表述知识的方式，是认识中所投入的主体先存结构，是人们已有的经验、知识以及传统观念最集中的体现。接受图式就是接受主体进行接受时必需的现实的内部准备状态。[333]

综上，政治价值观的接受这种准备状态包括两个方面的内容：一是一种思维水平，尤其是对自我、自我与他人、自我与社会的关系的认知水平；二是自己原有的经验和观念内容。此外，对于政治价值观的接受而言，个体的政治认知水平和已有的价值观水平是认知结构中的核心重要的内容。

(1) 政治认知水平

任何人在对任何外界事物产生价值认识时，都必须经过以下三个阶段：深刻认识和掌握事物的属性，明确和了解自身和社会的需要，弄清两者的关系。人的政治价值观所涉及的对象和范围非常众多和广阔，它涉及人们的精神生活领域和政治生活领域，它不仅要求一个人对自己所接触的和生活在其中的自然现象、政治现象和精神现象作出表面的、肤浅的理解和判断，而且要求他对这些现象作出本质的、深刻的解释和评价，并把这种解释、评价概括为自己所信奉和坚守的观念和态度。相对来说，一个人对社会现象的认识和评价能力，发展得要晚些，对人的思维发展水平要求也更高些。只有当一个人的思维能力发展到能概括社会生活意义和精神生活意义的水平时，他才有可能作出正确的价值选择，形成自己的价值观。一个人思维发展的水平特别是认知水平，限定了他对外部事物价值属性认识的广度和深度，从而也决定了他价值观念的内容和性质。

政治认知是政治主体对政治事件、政治人物、政治活动及其规律等的认识、判断和评价，即对各种政治现象的认识和理解。[334]政治认识水平是人们对于一定社会的占统治地位的统治者的政治主张、政治要求的认识程度。具体地说，是对现实政治社会的思想、观点、学说、主张、要求的理解状况，并由此而形成的观念及能力的高低。大学生的政治认知本身是一个系统，包括对政治现象的注意、学习、辨别、理解、思考等内容，它既包含了一种静态性的内容结构（知识），也包含了一种动态性的加工过程（认识）。大学生的政治认知水平直接影响着他的政治价值观的接受程度，一方面，它直接规定着主体认识问题、分析问题的角度和具体方法，控制着信息客体的加工过程，使主体有针对性地从思维库中提取相关知识和经验与客体信息进行比较，并按照固有的价值标准和真理标准对新旧材料评判筛选；同时它为主体完成新旧政治知识结构的整合、改造提供具体方式，并以此影响和决定着新建思想品德结构的质量和水平。另一方面，从接受主体政治素质发展的规律而言，对相关知识的掌握，既是接受主体的动力源之一，也是接受主体思想政治素质形成和发展的基础。实践证明，接受主体理论思维能力的提升有赖于知识的积累。正如江泽民所指出的："对干部、群众和学生必须认真进行中国历史、地理、文学知识和政治知识的教育，没有这些知识的武装，人们的爱国主义、集体主义、社会主义思想是难以确立起来的。"[335]对大学生而言，作为一名政治体系的成员，为了参与共同的政治生活、从事政治活动，必须首先学习和领会关于政党、国家、法律、公民的权利和义务等方面的知识，遵守一定的政治行为规范。"如果一个人对其所处社会的制度都不甚了解，甚至一无所知，那么，要他成为'恰当评价'并'积极参与'社会的合格公民，显然是无从谈起的。"[336]当然，大学生中不知其所处社会制度的可能很少，但能完全了解其所处社会制度的肯定不多。这段引文主要是说明一名合格的大学生必须具备全面、准确、自主的政治知识，对社会政治生活基本方面的规范、知识有完备的把握、准确的理解，这是大学生形成良好政治素质的基本条件。有的学者将这种对所有政治现象、政治关系的反映，称为事实认知。

《政治学基础》一书中指出："大量的实证研究表明，受过良好教育的公民因为有健全认知技巧，学历高的公民政治关心程度也高……在社会文化水平较高的地域和群体中，政治社会化的广度、深度和速度，都要大于社会文化水平较低的地域和群体。"[337]这就告诉我们，接受主体随着知识的积累，必然伴生着对真理的追求。大学生是具有较高知识文化的群体，他们的思维能力、独立性和批判能力发展较快，对事物的敏感度高。他们不会满足于政治现象的事实认知，总会产生对所有政治现象和政治关系的评价性认识，即价值性认知。价值性认知是大学生政治认知系统中的最重要方面，它直接影响大学生的政治判断能力，是大学生政治素质的差异性因素。接受同样政治教育的大学生，有的政治素质高，有的政治素质低，其中一个关键原因就是他们的政治判断能力。大学生的政治判断能力是大学生运用政治知识进行评价的认知活动，是其在更高层次上把握政治本质，并以此去理解政治原则和规则，分析社会政治现象的认知活动。如果说政治知识是大学生政治认知系统内隐的能力，政治判断力则是大学生政治认知系统外显的能力。

大学生的政治认知系统处于动态发展中，大学生获得政治知识和分析问题的能力随主客观条件变化而发生变化。一般政治知识系统的进化都要经过“有序——混沌——新的有序”的演变过程，当新的外界信息输入大学生政治认知系统时，会引发原有相对有序的政治认知系统的“混乱”，大学生通过各种方式的调试，吸收新政治知识，锻炼新的判断能力，建构新的认知系统，从而大学生政治素质也有所增强。本文后面将具体阐述如何通过教育来改善大学生的政治认知系统，达到提高大学生政治素质的目的。

(2) 已有政治价值观体系

价值观是个人依据自身和社会的需要对外部事物的价值属性形成的深刻的认识、评价和态度，个体的价值观一旦形成便会在较长时间内发挥作用，制约着新的观念的产生和形成。

一方面，已有的政治价值观通过导向作用机制为个体设置接受标准，并以其鲜明的阶级性和政治倾向性规定着主体接受活动的态度和立场。接受活动过程的首要环节是确立接受标准，接受标准的确立往往是从社会或个体已有的价值观念体系中去选取一个标准或几个标准。换句话说，接受者在从前的思想政治教育和社会熏陶中已获得了这些标准，这时他只是从已经纳入自己头脑的价值体系选取某个或某些标准进行反映、选择、整合、接受。因此，个体的政治价值观通过设置接受标准而引导主体的追求与信念，进而，在具体问题上产生不同的立场和观点。这种既成的立场和观点作为一种内在的客观力量，必然驾驭着主体有目的、有选择地认识和改造主客观世界。另一方面，已有的政治价值观通过信息感知模式影响着接受内容的择取。接受是有其内在价值指向的活动，面对各种各样的刺激信息，接受主体总是选择与其已有政治价值观念相符合的客体信息，而舍弃与其不符合的客体信息，从而使接受的内容带有价值规定、价值倾向和价值色彩，成为对人“有用”的接受。正如美国社会心理学家费斯汀格研究发现的那样：接受者总是回避同自己原有认知要素（态度、意见）对立的信息，而积极地接触与之协调的信息。一旦接触到不协调的信息，要么弱化认知要素和信息的不协调关系（如重新寻找协调信息），要么故意歪曲不协调的信息。鲁克·A. H. 认为：“在大量的外部刺激中，人们通常接近的只是那些属于已有知识和观念的‘坐标网’范畴内的东西，而无疑地抛弃了其余的信息。”当主体置身于复杂的政治生活中时，接受主体就依据已有的政治价值要求进行取舍。

此外，已有的政治价值观通过影响主体的思维定势的形成而影响思想政治教育接受的整合环节。思维定势是指主体认识和行为的心理准备状态，它的形成与人的价值观有着密切关联。主体在认识活动中依据自己的价值观念，对周围的认识对象进行主动的选择、判断，筛选性地接受，形成一定的思想观念，这些思想观念的多次重复就形成了主体的思维定势，即“决定同类后继心理活动趋势”。在接受的整合环节，价值观念正是通过思维定势，推动或抑制认识的发展并吸纳和改造信息，为自身的巩固增添新材料。如果这种同化性活动失败，则意味着现有观念体系中溶入了异己因素。当这种异己成分增加到足够程度时，便引起现有观念的改变和思维定势的转向，使整个接受活动朝着另一方向发展。

3. 非理性因素——政治价值观接受的调节机制

“‘非理性’是相对于‘理性’而言的。理性这个范畴的内涵有狭义和广义之分。狭义的理性仅指概念、判断、推理等抽象的逻辑思维形式，与感性相对；广义的理性既包括狭义的理性，即理性反映形式，又包括感性反映形式，它与非理性相对。非理性形式主要是指主体的情感、意志以及潜意识、习惯等意识形态。这些因素所以被称为非理性因素，是因为它们相对于理性因素来说具有不同的作用方式和活动特点。”[338]在现实中人们常常发现，某些思维能力和知识水平大致相同的人，在价值观上却不尽相同，有的甚至大相径庭；同时人们还会发现，有些价值观如果放在意志薄弱、信念游移、情绪消沉者身上，很难付诸实践；反之，如果放在意志顽强、信念坚定、激情昂扬者身上，便会在实践中显示出积极的作用。这就表明在个体价值观选择构建的时候，非理性因素同样起到了非常重要的作用。政治价值观接受与智育接受相比，非理性因素在思想政治教育接受活动中的作用更为突出。在这里我们重点阐述一下情感和意志在政治价值观接受上的调节作用。

(1) 情感对政治价值观接受的调节作用

在心理学上，一般认为情感过程是由情绪和情感两部分组成的。情绪通常是指有机体在生理需要是否得到满足的情况下产生的体验，如快乐、愤怒、恐惧、悲哀等，具有较大的情景性和短暂性，一般有明显的外部表现。而情感是指在人类社会历史发展进程中产生的，与社会性需要是否满足相联系的体验。具有较大的稳定性和持久性，比较内隐和深沉。情绪与情感虽有区别，但两者密不可分。情感的产生伴随着情绪反应，情绪的变化又常常受情感的支配。[339]

人们的任何认知活动，都是在一定的情感推动下完成的。在思想政治教育活动中尤其如此。苏霍姆林斯基说过，情感是道德信念、原则性以及精神力量的核心和血肉，没有情感道德就会变成枯燥无味的空话，只能培养伪君子。[340]接受者的情感体验是接受教育活动中正负效应的关键，“情感和情绪是由接受客体是否符合人的需要而产生的态度体验，它们是对客观现实的一种特殊的反映形式，反映了接受客体与人们需要之间的关系”[341]。由于情感因素的参与，受体会产生共鸣效应、冷漠效应或逆反效应等，直接影响接受效果，当人们对某一事物怀着强烈的爱或恨时，就会产生巨大的精神力量，驱使他们对这一事物采取赞成或反对、适应或改造的态度，进而成为一种坚定的行为。

情感接受作为政治价值观教育过程中不可缺少的心理因素，它对于主体的接受有着巨大的调节作用。首先，情感自身就有内在地制约人的认知指向和行为强度的力量。积极的情感对认识过程和实践活动的发生和发展起推动作用。在认识活动中，当情感是以兴趣、好奇心的形式表现出来时，情感将推动理性的形成，成为认识的动力。当情感以愿望、动机或决心的形式将人的精神导向行动和实践时，情感便转化为意志，成为行动的动力。第二，接受主体的心境或主导心境，如封闭的、开放的、固执的、随和的、敏锐的、迟钝的都会直接影响其接受活动。亚里士多德说：“人们在忧愁或愉快、友爱与憎恨的情况下作出的判断是不相同的。”[342]接受者会通过感觉、知觉等对客体产生一定的情感倾向，这种倾向的产生有时来源于对接受客体的第一印象等，有时是从教育者那里获得的情感传递。有的学者称之为“情感信号”，情绪信号的重要特点就是直接感染性。个体接受这种信号后，会激起相应的情绪波动，产生共鸣或移情。这一过程使接受者有可能在情绪上体验或评价这种信号，鉴别它们的意义，对那些有意义的信息作出反映的准备，并在一定程度上决定认知过程的选择和定向。[343]第三，接受者的临场情感体验会直接影响其接受力。从某种意义上讲，认知的接受，并未达到真正意义上的接受，情感上的共鸣才是接受教育的更高境界。我们常常有这种体会，对于一个事件，虽然已经知道了，但并不能认识到它的意义，而只有当自己被事件所感动时，这个事件的真正意义才会在自己的头脑中清晰起来。这是因为此时的思维受情感的触发，活跃起来了，在大脑皮层中形成优势兴奋中心，原先被忽略或被淡化的意义被激活了、强化了。因此，真正的接受过程往往会伴随着情感的体验，这种情感的体验反作用于思维，从而对理解产生影响。虽然情感并不是直接作用于所要接受的内容，但它们通过影响受教育者的接受意向、选择标准和接受各个环节中信息流通的令行禁止而对客体发挥作用。

大学生的心理处于向成熟过渡的阶段，其情绪情感具有鲜明、激烈、丰富的特点，其情绪情感、兴奋性与细腻性并存，以兴奋性为主；波动性与稳定性并存，以波动性为主；外显性与内隐性并存，以外显性为主。他们比较容易受到情感的触动，同时也容易受到外界各种负面效应的影响而产生不满、抵触、厌烦、对立等比较激烈的情绪体验，对于政治价值观接受有着强大的负面影响。因此，政治价值观教育要充分考虑到学生情感在教育过程中的调解作用，重视创设良好的政治价值观教育情境，注重以情育情，以景育情，并通过社会实践让大学生获得政治价值观的经验和富有感情色彩的体验，从而形成和增强对国家政治价值的肯定性情感和态度，充分理解和感悟政治知识的价值与意义，积极地将意志转化为接受动力，努力地接受所学的内容，提高接受活动的效率，并将之内化为自己的行为准则。

(2) 意志对政治价值观接受的调节作用

意志是自觉地确定目的，并根据目的调节并支配自身的行动，克服困难，实现预定目的的心理过程。意志在人主动地改变现实的行动中表现出来，对行为（包括外部动作和内部心理状态）有发动、坚持和制止、改变等方面的控制调节作用。因此，意志是人类特有的心理现象，它是人类意识能动性的集中体现。心理学上称之为意志品质，即自觉性、果断性、自制性和坚韧性。[344]意志品质在个体政治价值观接受的过程中具有积极的调解作用。

首先，意志的自觉性对政治价值接受具有能动作用。个体在接受政治价值观教育的过程中需要很强的主观能动性，即自觉地接受教育，主动地迎接困难，克服困难。而这正需要意志的自觉性作为保障。意志的自觉性是指个体有明确的行为动机和目的，对自己行为所产生的个体利益和社会利益有清醒的认识，从而积极发挥主观能动性的一种意志品质。在个体接受教育或进行自我教育的过程中，自觉性是独立地、主动地权衡各种动机的轻重缓急，比较各种动机的利害得失，评价它们各自社会价值的天平，也是执行自我检查和校正的反馈器，从而使得个体进行有效的自主调控。

其次，意志的坚韧性是政治价值接受的重要保障。接受主体的接受活动总是处在一定的社会环境之中，除受到接受客体的刺激之外，也会受到其他因素的干扰，造成接受主体注意力分散及冲突。心理学研究表明，人的思维具有单向加工的特点。接受主体依靠意志调控接受主体的注意力，排除干扰，以保证从事接受活动的心理矢量指向接受目的。教育的过程是一个追求奋斗的过程，追求就要锲而不舍，奋斗就要努力拼搏。如果个体没有良好的意志坚韧性，自身内驱力往往会在重重阻力面前渐渐消耗而消失，理想自我就可能成为可望而不可即的海市蜃楼。因此，坚韧的意志帮助接受主体保持信心，而意志品质较差则容易造成接受活动停滞不前。

最后，意志的自制性对政治价值接受具有控制作用。接受教育不仅需要克服外部障碍，更重要的是克服个体的内心阻力。内心阻力可以来自两个方面：①由强烈的外部因素引起的内心冲突；②个体已经形成的心理定势，心理定势实际上可以看做一种“心理惰性”，个体原有的价值观念一旦形成便往往固化到人格系统之中，成为一种习惯的思维模式和比较固定的观念，不仅不会轻易改变，反而会对后来的事件和信息产生抗拒或强行“消化”作用。因此，个体更需要有很强的自制力，当内心产生阻力时，来调控本身的内驱力。虽然从表面上看，困难是客观存在的，但从根本上说，困难的程度往往由个体自身认定，具有主观性。自制力就是帮助个体自己战胜自己，战胜各种妨碍自己目标实现的思想、习惯和个性特点以及外界带来的压力。而一旦失去了自我克制，就等于放弃了原有的目标，放弃了对理想自我的追求，最终导致教育接受活动的解体。

大学生群体由于社会实践经历的短缺，他们的自我评价能力以及自我控制能力和自我调节能力与其自信心相比，尚未获得同步的发展。于是对自我价值的高标准追求，同意志能力的相对匮乏之间所产生的矛盾，常常会造成大学生的理想和实践的脱节。

在接受活动中，坚韧的意志，饱满的热情，往往能激起卓绝的精神力量，而轻松的情绪，欢愉的心境，又常使灵思泉涌，这些都无疑地有利于加速政治价值观教育接受的进程。此外，潜意识、信念（信仰）、习惯等非理性因素也具有很强的调解作用。例如，潜意识本身就包含着意识中被压抑的本能、欲望、意念等成分，它能够把那些与人的社会性需要不相符合的对象控制在意识阈限以下，使其暂时或永久地排除在人的自觉接受活动范围之外。

第七章　大学生政治价值观教育内容体系构建

大学生政治价值观教育内容体系解决的是大学生政治价值观教育"教什么"的问题，是实现教育目标、引导大学生确立科学的政治价值观的关键。本章以意识形态安全为根本出发点和落脚点，以社会主义核心价值体系为指导思想，在人的认知层面、情感层面、意志层面和行为层面四个维度基础上，构建了以"七项教育"为主体的大学生政治价值观教育内容体系。

一、以意识形态安全为根本出发点和落脚点构建大学生政治价值观教育内容体系

（一）大学生政治价值观教育内容体系的内涵

准确把握大学生政治价值观教育内容体系的内涵，首先要弄清楚"大学生政治价值观教育"、"内容体系"的含义。本书第三章已经对大学生政治价值观教育进行明确定义，即大学生政治价值观教育是指为了影响大学生对政治价值根本性问题的稳定看法而开展的活动。

"内容体系"这一概念由"内容"与"体系"两部分组成。上海辞书出版社1999年出版的《辞海》中将"内容"定义为"相对

于形式而言，构成事物的内在诸要素的总和”。同时，该书也对“体系”作了如下定义：“若干有关事物互相联系互相制约而构成的一个整体。”因此，内容体系指事物内部各个要素互相联系互相制约而形成的一个整体。

关于“大学生政治价值观教育内容体系”的概念，目前国内学者对此尚无明确的定义。笔者认为，大学生政治价值观教育内容体系是指，大学生政治价值观教育中承载不同教育功能、互相联系、互相区别、互相支撑的内容各要素共同构成的一个教育内容的整体。

（二）以意识形态安全为根本出发点和落脚点构建大学生政治价值观教育内容体系

根据本论文研究的主题，本章所探讨构建的并非一般意义上的大学生政治价值观教育内容体系，而是以意识形态安全为根本出发点和落脚点的教育内容体系。具体地说，这个体系要以意识形态安全为根本目标去设计，以意识形态安全为衡量尺度去创建，以意识形态安全为评价标准去检验。

首先，以意识形态安全为根本目标设计大学生政治价值观教育内容体系。

一切教育的内容都是为目标服务的。教育的内容解决的是“教什么”的问题，它是教育目标的具体体现。教育的目标解决的是“培养什么人”的根本问题，它是一切教育工作的根本出发点和归宿，对教育内容、教育方法、教育载体等其他子要素起着统领的作用。而教育目标本身又服从于一定的教育方针和教育目的，从根本上受社会的政治经济发展的制约。要构建科学、系统的大学生政治价值观教育内容体系，同样不能违背这一目标统领内容的规律。因此，体系中的教育内容的设定并不是随心所欲的，必然要受大学生政治价值观教育目标的规定与约束，以教育目标为体系构建的根本出发点和落脚点。

一般地说，大学生政治价值观教育有三个层面的目标：①确保大学与社会当前的政治稳定；②提升教育对象即大学生的政治素养；③为统治阶级培养合格的接班人，确保意识形态安全。其中，后两个目标是大学生政治价值观教育的根本目标，分别体现了政治价值观教育的个人发展功能与社会服务功能。

本文的主题是“意识形态安全与大学生政治价值观教育研究”，其根本目的在于从意识形态安全与大学生政治价值观的相互影响研究入手，在调研与实证的基础上，探索构建新时期大学生政治价值观教育的内容、方法、载体等体系，加强和改进大学生政治价值观教育，为培养政治上合格的大学生即社会主义事业建设者和接班人服务。因此，本章中所探讨构建的应该是以意识形态安全为根本目标和第一视角的大学生政治价值观教育内容体系。意识形态安全是设计、构建这一内容体系的根本出发点。

其次，以意识形态安全为衡量尺度创建大学生政治价值观教育内容体系。

大学生政治价值观教育内容体系中的核心是内容诸要素。这些内容要素有三个主要来源：①可以从服务于其他教育目标的教育内容中选取；②可以在现有的各种教育内容上提炼；③可以根据大学生政治价值观教育的需求去创造。那么，什么要素可以被选取、提炼或创造而成为大学生政治价值观教育内容体系中的一部分，什么要素应被排除在体系之外呢？选取、提炼或创造内容诸要素，有针对性地创建本章中的大学生政治价值观教育内容体系的尺度又是什么呢？这个衡量尺度就是要看这个内容要素是否与意识形态安全有内在的联系，是否能够直接影响到大学生的政治价值观与意识形态安全。

最后，以意识形态安全为评价标准检验大学生政治价值观教育内容体系。

对教育内容诸要素进行检验、评估、反馈与修正，这是大学生政治价值观教育内容体系构建过程中必不可少的一个重要环节。是否有利于意识形态安全是检验这个大学生政治价值观教育内容体系是否有效的根本评价标准。如果有利于意识形态安全，这个体系就是有效的；如果对意识形态安全没有影响或不利于意识形态安全，这个体系就是无效的。

二、大学生政治价值观教育内容体系构建的指导思想和基本原则

（一）社会主义核心价值体系是构建大学生政治价值观教育内容体系的指导思想

党的十六届六中全会通过的《中共中央关于构建社会主义和谐社会若干重大问题的决定》第一次提出了建设社会主义核心价值体系的历史任务。《决定》把社会主义核心价值体系的内涵提炼为密切相关的四个方面：马克思主义指导思想、中国特色社会主义共同理想、以爱国主义为核心的民族精神和以改革创新为核心的时代精神、社会主义荣辱观。《决定》明确指出，要坚持把社会主义核心价值体系融入国民教育和精神文明建设全过程，坚持以社会主义核心价值体系引领社会思潮。

在世界多极化、经济全球化等因素的作用下，国际思想空前活跃，各种思想文化互相激荡。各种思想的传入，可以活跃我们的思想文化，但是，我们也应该清醒地看到，各种思潮尤其是西方的政治思潮对我国意识形态领域的侵蚀和渗透。我们既要抵制和批判西方的腐朽思想文化的影响，又要吸收和借鉴西方文化中有价值的因素，进而扩大社会主义思想文化和中华民族优秀文化的影响，这就是新形势下需要我们高度重视并不断解决好的重大课题。意识形态越是纷繁复杂，就越需要主心骨；社会越是多样化，就越需要引导

社会协调发展的理想信念和奋斗目标。以社会主义核心价值体系为指导，才能形成全民族奋发向上的精神力量和团结和睦的精神纽带，筑起一道抵御各种腐朽思想文化侵袭的铜墙铁壁，确保和维护意识形态安全。

社会主义核心价值体系是构建大学生政治价值观教育内容体系的指导思想。社会主义核心价值体系是社会主义制度的内在精神和生命之魂，在所有社会主义价值目标中处于统摄和支配地位。用社会主义核心价值体系指导构建大学生政治价值观教育内容体系，把社会主义核心价值体系融入大学生政治价值观教育的各个方面，这是培养大学生全面成长成才、成为中国特色社会主义事业合格建设者和接班人的客观需要。

1. 社会主义核心价值体系规定了大学生政治价值观教育内容体系的教育方向

在我们大学生政治价值观教育的具体内容中，应该学习什么，批判什么，提倡什么，反对什么，这些是教育方向的问题，不是由教育者随意设定的，而是被社会主义核心价值体系明确规定了的。社会主义核心价值体系要求人们要学习掌握运用马克思主义指导思想，确立建设有中国特色社会主义的共同理想，继承发扬以爱国主义为核心的民族精神和以改革创新为核心的时代精神，努力践行“八荣八耻”社会主义荣辱观。社会主义核心价值体系在所有社会主义价值目标中统摄和支配的地位决定了这不仅是其自身的教育方向，也同样是大学生政治价值观教育内容体系的教育方向。

2. 社会主义核心价值体系规定了大学生政治价值观教育内容体系的结构特征

社会主义核心价值体系包括四个部分五方面内容，其内容结构具有层次性、发展性、实践性等主要特征。这也为构建大学生政治价值观教育内容体系，把握其结构特征提供了理论指导。

第一，社会主义核心价值体系内容结构的层次性规定了大学生政治价值观教育内容体系的层次性。社会主义核心价值体系的内容结构中，“马克思主义价值理论教育是基础理论性内容，中国特色社会主义共同理想教育是实质性内容，以爱国主义为核心的民族价值观教育是民族性内容，以改革创新为核心的时代价值观教育是时代性内容，社会主义荣辱观教育是行为规范性内容和操作性切入点”[345]。内容结构具有鲜明的层次性。大学生政治价值观教育内容体系也要具有一定的层次性。以一般政治理论知识教育和国家安全意识教育等为基础理论认知内容，以政治认同教育和政治宽容教育为政治情感培养内容，以马克思主义教育和理想信念教育为意志层面内容，以政治关注教育和政治参与教育为行为层面的教育内容。

第二，社会主义核心价值体系内容结构的发展性规定了大学生政治价值观教育内容体系的发展性。社会主义核心价值体系的四个主要内容不是绝对固定、一成不变的，都是随着时代的发展而不断发展变化的。如马克思主义指导思想，不仅包括马克思主义的基本原理，也包括马克思主义中国化的最新理论成果，其内容是动态的、发展的。大学生政治价值观教育内容体系也应是一个动态发展的体系。一方面要结合形势加入传统教育中没有的内容，如政治心理教育；另一方面要赋予传统教育内容以新的时代内涵，如爱国主义教育。

第三，社会主义核心价值体系内容结构的实践性规定了大学生政治价值观教育内容体系的实践性。社会主义核心价值体系中，从马克思主义指导思想到社会主义荣辱观，都刻有鲜明的实践烙印，都是从中国共产党人的革命与建设实践、人民群众的生产生活实践中发展出来的思想、精神和价值追求。大学生政治价值观教育内容体系也要具有突出的实践性特征。以从实践中发展而来的科学政治理论为指导武装学生的头脑，以形势政策教育、政治生活实践体验等为主要内容和载体，最终达到教育引导学生确立科学的政治价值观，积极投身社会政治实践，为建设中国特色社会主义贡献智慧和力量的教育目的。

3. 社会主义核心价值体系规定了大学生政治价值观教育内容体系的核心要素

社会主义核心价值体系不仅在宏观上指导大学生政治价值观教育内容体系的构建与实施，而且其本身就具有明确丰富的教育内容。它包括四个主要内容：马克思主义指导思想、中国特色社会主义共同理想、以爱国主义为核心的民族精神和以改革创新为核心的时代精神、社会主义荣辱观。这四部分内容从认知到行动层面共同构成了大学生政治价值观教育内容体系的核心要素，统领和引导其他教育内容。

（二）大学生政治价值观教育内容体系构建的基本原则

以意识形态安全为根本出发点和落脚点，构建大学生政治价值观教育内容体系，这是一个根据教育目标选择、确立、设计教育内容并把它们有机组合起来，从而形成一个系统化、科学化的教育内容体系。在这个构建过程中，我们必须要遵循一定的原则，即尊重学生成长的规律，尊重思想政治教育的规律，尊重时代发展的规律。

1. 尊重学生成长的规律

青年大学生群体处在已经成年但又未在真正意义上走上社会的人生关键阶段，其身心发展特征、规律与中小学生和社会成年人都截然不同，因此在设计政治价值观教育的内容时应该尊重这一成长规律。一方面，要在对青年大学生政治价值观形成和发展规律研究的基础上，从人的认知、情感、意志和行为四个层面入手，分别选择设计教育内容，以达到科学地、循序渐进地培育政治价值观的教育目的。另一方面，在设计教育内容时要注重符合当代青年大学生社会化程度较高、个性张扬、思想求异等身心特点和思想、心理、行为等方面的成长规律。

2. 尊重思想政治教育的规律

大学生政治价值观教育是大学生思想政治教育中的重要组成部分，其能否有效实施必须建立在尊重思想政治教育规律的基础上。一方面，这要求我们既要在教育内容中旗帜鲜明地宣传教育马克思主义主流意识形态，引导更多的学生确立科学的政治价值观念，又要在教育中尊重差异、包容多样，现实地开展政治价值观教育。另一方面，要看到政治价值观教育的内容不只停留在价值层面，要确立知识与技能、过程与方法、情感态度与价值观三位一体的教育内容体系，同时将心理层面和行为层面等对价值观形成有重要影响的教育内容融合进来。

3. 尊重时代发展的规律

我们处在这样一个时代：与不远的过去相比，大学生的思想、心理和行为以及他们所处的学校、家庭与社会环境都已经发生了并且正在发生着巨变。大学生政治价值观教育的内容能否做到尊重时代发展的规律不断改革创新、与时俱进，这直接决定着教育的效果。构建新时期大学生政治价值观教育内容体系要尊重时代发展的规律，这包括两层涵义：一是要结合时代发展的需要创新教育内容，如加入政治心理调适教育、公民意识教育、政治生活体验教育等；二是要赋予爱国主义教育、集体主义教育、社会主义教育等传统内容以新的时代内涵。

三、大学生政治价值观教育内容体系的基本结构

本文构建的大学生政治价值观教育内容体系是以意识形态安全为根本出发点和落脚点，以社会主义核心价值体系为指导思想，在人的认知层面、情感层面、意志层面和行为层面四个维度基础上，

以政治理论基础知识教育、国家安全意识教育、政治认同教育、政治宽容教育、政治立场教育、政治关注教育、政治参与教育等“七项教育”为主要内容的系统。

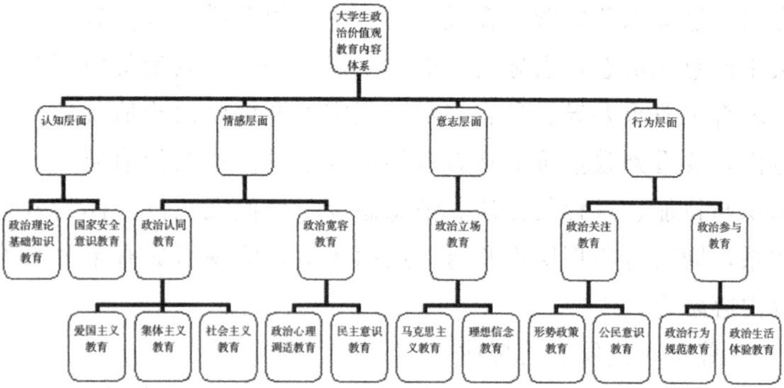

（一）政治理论基础知识教育

在政治学理论研究中，一般认为政治理论知识教育是针对政治理论当中的知识、原理、方法所进行的教育实践活动。从广义上可以理解为政治学概念、思想和方法的有机统一。而在本论文研究中所定义的政治理论基础知识教育，是相对狭义的政治理论知识教育。其基本内涵是指，以意识形态安全需要为根本目标，针对政治理论的基础知识和基本理论所进行的认知活动。

长期以来，对于政治学理论教育，人们往往存在着一定的误读与曲解。在大学生当中，对于政治理论基础知识的教育往往被习惯地等同于阶级斗争和权力阴谋，或被看成脱离生活的空洞教条。实际上，在政治价值观教育内容体系中，政治理论知识教育是政治价值观教育最基本的内容，是其他政治价值观教育内容形成的重要前提和基础。因此根据实现意识形态安全这一教育目标的根本要求，我们认为在构建大学生政治价值观教育的科学性评价过程中，必须首先着力加强对大学生政治理论基础知识教育，通过解读政治学基本概念，把握国际政治关系的基本知识，正确分析当代中国政治思潮的若干基本问题这“三个基本”方面的主要内容，在大学生政治价值观体系内构建起基础学习、理解的平台，进而对政治价值观的整体内容进行有效的认知与思考。

1. 着重解读政治学的基本概念与内涵。着重理解掌握政治学领域的基本概念与内涵是大学生认知政治领域内各种思想和观点的前提基础，也是分析政治问题的根本方法思路。我们主要从以下两个方面进行解读：

（1）在针对各种政治观的比较鉴别的基础上，运用马克思主义政治观进一步明确政治是一种“具有公共性的社会关系，是经济的集中表现，是有规律的社会现象”[346]，从而深刻领会马克思主义对于政治的社会关系本质的基本定义，明确政治“围绕一切特定利益、通过社会公共权利而形成的”[347]基本特征，和“政治的本质内容是政治关系”这一政治学的基本范畴。

（2）“在基本概念、基本原理中，重点向大学生阐明政治与经济、国家与政府、主权与治权、公民与人民、权利与权力等对应但又易于混淆的概念之间的联系与区别。”[348]对阶级、国家和政党等内容进行重点掌握，明确“阶级是政治的基础，国家问题是关系‘全部政治问题的基本问题、根本问题。’国家政权是政治的核心，政党是现代政治的支柱”等核心概念内涵。[349]大学生只有全面准确地把握了阶级、国家和政党的本质内涵与内在逻辑才能从根本上树立起对于政治理论知识的科学认知。

2. 着重把握当前国际关系的基本知识。一般认为国际关系是指“国际行为主体间各种相互关系的总和，包括政治关系、经济关系、军事关系、文化关系、民族关系、宗教关系、政党关系等等”。[350]如丘吉尔所讲：“国家与国家之间，没有永远的朋友或敌人，只有永远的利益。”由定义可知，“在国际关系中充当行为主体的，必须是一个实体或集合体。它具有独立参加国际政治活动的能力，可以按照自己的意志与其他行为主体进行交往，达成协议或签订条约。在当代国际社会中，能够充当行为主体的主要是主权国家、国际组织、政党、民族解放组织等，其中以主权国家最为重要”。[351]

在国际关系理论中，政治关系是国际关系中最重要、最活跃的关系。作为主权国家在国际关系的舞台上，在谋求自身国家利益的各种对外行为中，每时每刻都扮演着极为不同的角色。作为国家未来建设者的青年大学生，在学习国际关系的基本知识过程中，深刻领悟影响国际关系的基本动因，准确把握当前世界基本格局以及我国当前的国际政治环境，揭示一般国际关系现象的内在规律和运行机制，既是我国意识形态安全的需要，同时是培养我国未来的合格建设者的题中之意。

(1) 要充分了解影响国际关系的基本动因，掌握并分析国际关系现象与问题的理论基础。当前意识形态安全需要与大学生认知水平的差异，要求大学生深刻领悟国际关系的基本动因。当前在国际关系形成发展中，除了经济基础的决定作用，国际关系还受到地缘环境和文化环境等因素的重要影响。其中“地缘政治学说”以及“文化类型理论”[352]都曾对国际关系的形成起到了重要的影响，如二战后的美国、英国、苏联的势力划分以及美国在日本的政治统治方式都说明了地缘环境和文化环境对于国际关系的重要意义和作用。因此，熟悉了解国际关系形成的主要动因，为当代大学生分析认识涉及意识形态安全的现象问题提供了重要的理论参考。

(2) 要认清世界格局的整体环境，全面了解当前世界格局的发展脉络和发展变化。当今世界国际环境趋于缓和，和平与发展成为时代的主题，然而这并不意味着冷战时代的结束。目前从整体上看，世界进入到“后冷战时代”，即“两极格局解体后的世界，并没有形成一种可以支配和控制整个国际格局的制度体系和行为规范。一方面冷战时代形成的国际制度体系依然在发挥作用，另一方面随着时代的发展，新的形势又赋予旧的秩序以新的内涵来调节新时期的国际关系。后冷战时代作为两个国际秩序形态的过渡时期，不可避免地延续着冷战时代的某些特征，而新秩序的形成过程也是一个消解旧特征、积累新色彩的过程。因而，后冷战时代的总体特点表现为不确定性和风险性”[353]。由此可见，认清当前世界政治格局对于大学生认清当前世界格局的主要特点，充分把握政治经济形势和未来发展规律具有重要意义。在这样的认知和了解中，才能明确意识形态安全的整体环境状况和国家发展背景，进一步树立自身的政治价值观。

(3) 清醒认识我国的国际政治环境，积极应对我国面临的历史机遇及意识形态安全的巨大挑战。进入新世纪以来，国际关系的调整和世界格局的走向朝多极化发展，从现实状况上看，“世界‘多极化’新格局的基础已经奠定，雏形已经显现，中国、美国、俄罗斯、日本、德国五个大国对于世界多极化新格局的关键作用越来越突出”[354]。在当前和平与发展这两大主题的指引下，我国一贯奉行的和平发展战略为国家的发展带来了历史性机遇与广阔的平台，中国的国际地位、国际影响取得了长足的进步。

在看到成绩的同时，我们也应清醒地认识到，虽然我国当前的国际政治环境整体上比较稳定，但国际政治环境仍然十分复杂，我国的意识形态安全仍然面临着许多潜在的威胁和挑战。如西方敌对势力不断鼓吹“‘西方政治文明优越论’、‘文明冲突论’、‘人权高于主权’以及‘政治多元化、经济私有化、军队非党化、领土分治化、生活西方化’”的“文化殖民”策略[355]，国际恐怖主义活动和国际民族分离主义的现实威胁都迫切需要我们能够客观清醒地认清当前我国的国际政治环境，切实从制度机制上保障意识形态安全，进一步应对各种威胁对于国家安全的破坏与颠覆。

3. 深刻领会当代中国政治思潮的若干基本问题。

对于政治思潮，一般将其定义为在特定历史条件下形成的、具有共同政治倾向和较为广泛影响的重大政治思想潮流。一种政治思潮既能够对某一时期的政治观念、政治理论起到导向性作用，又能从根本上影响人们的政治行为。“凡是能够成为某个历史时期具有主导性的思潮，总是有相当广泛的群众基础，影响某种政治运动，并且在一定程度上影响政治学说的发展”[356]，说明了政治思潮所代表的主导性倾向能够对国家政治、群众思想产生重要影响。因此，进行意识形态安全价值观教育必须充分重视当前政治思潮的重要影响。

“当代中国政治思潮的兴起是与中国改革开放联结在一起的，而开放和国际化程度的提高也导致了一系列政治文化反应的出现”[357]，在中国改革开放的进程中，政治思潮随着经济政治发展而跌宕起伏。与此同时，在中国改革开放的进程中成长起来的新一代大学生面对着前所未有的强大信息资源和日新月异的生存环境，其自身独立性、开放性的特点更促使他们面临着多种思想潮流相互冲击，急需在价值冲突中寻找到未来的方向，从而树立正确的世界观、人生观、价值观。因此，对于当代中国政治思潮若干基本问题的把握就显得尤为重要了。

从当代中国思潮的整体上看，其基本主题主要表现在“西方化与本土化”，“个人化与国家化”，“精英化与平民化”，“全球化与本土化”[358]的价值冲突。其核心表现为对西方与中国政治体制的优越比较，个体本位的自由主义与国家本位的整体主义的论战交锋，平民政治与精英政治的价值追求和国家本土价值在全球化范围内的时代命运等几个方面。其核心是在探索中国现代化经济与民主化政治的方向路径。如果没有对于这些在大学生思想深处产生重要影响的问题的准确把握，没有充分运用马克思主义去坚守、贯彻我们党长期以来所坚持的正确价值取向，就很容易陷入西方敌对势力的“西化、分化”陷阱中，从而失去了对于当前国家的正确认知和理性判断，进而颠覆、消解我们马克思主义的信仰力量，对我们国家的意识形态安全造成严重威胁与侵害。

（二）国家安全意识教育

一般认为，国家安全意识的定义是人们关于国家安全的立场、态度、知识和观点、思想的总称。在本文研究中，我们认为国家安全意识教育就是通过国家安全意识和观念的教育教学，从而培养学生在国家安全方面正确的公民世界观、道德观、政治观的实践活动。

自从我国社会主义制度确立以来，国家安全意识一直就是我国国家政治观教育中的重要组成部分，在发展过程中积累了许多宝贵经验，也取得了许多历史性的成就。然而在现今科技革命和全球化信息时代，国际国内环境发生了深刻变化。我国传统的国家安全教育在某些方面也出现了一定的局限性。如过分集中于国防教育，内容、观念难以适应新时期国家政治文化安全和国家主权安全的客观需要；长期与爱国主义、德育相混淆，缺乏具有针对性、系统性的内容体系；以及对当前的国家安全局势认识不足，缺少国家安全的危机防范意识等都充分说明了在新的时代要求下，实现我国国家安全客观上必须引入新的思维方式，从国家主权安全意识、国家文化安全意识和国家安全危机应对意识等方面加强国家安全意识教育。

1. 着重加强国家主权安全意识教育

在当代经济全球化的发展中，国际社会国家间政治、经济、文化等相互依存态势不断加深，以及由此带来的超国家因素的不断呈现，国家主权理论在自身发展中受到了一定的削弱。对于国家主权的绝对权威也在发展中遭受了不同程度的质疑和猜测。加上西方国家一直以来对于全球一体化、人权理论的宣传渗透影响，造成了当代大学生对于“作为思想政治教育重要内容的国家主权不可侵犯和国家利益至高无上的正统观念与国际化、全球共同利益的时代需要之间出现的矛盾或不一致”，产生了思想上的迷惑和困扰。为了避免这些迷惑进一步扩大，我们必须有针对性地帮助大学生充分认清国家主权安全所面临的挑战与其背后的思想实质以及在全球化背景下国家主权观的发展与变化。

(1) 认清全球化背景下国家主权面临的新挑战。

进入经济全球化的世纪，发展中国家在积极参与经济全球化，促进本国经济的长足发展过程中，其所处的国际环境中形成了一种新的国际关系。即“具有开放性、渗透性的‘共变关系’，而这种经济全球化带来的‘共变关系’与国家主权原有的排他性、专属性发生了根本性的冲突”[359]，这也就导致了发展中国家受到了经济全球化的多方面的挑战与影响。对于大学生而言，正确认知这些挑战的基本现状及特点，对帮助大学生树立维护国家主权安全的意识和掌握必要的方式方法具有重要意义。

当前经济全球化对于国家主权安全的挑战应主要认识以下四个方面：①经济生产与全球市场当中国家间的经济实力对比与跨国公司全球范围内的运营投资对我国的民族经济主权构成了巨大威胁；②国际化经济原则和国际金融体系对我国的整体经济安全构成危害，其中国际金融危机的影响尤为值得关注；③信息全球化为西方的文化渗透提供了更为便捷的条件，直接对我国国家主权安全构成危害；④国际组织角色在全球国际问题如石油泄漏、疾病防控等方面功能的发挥，极大地威胁到国家主权的地位。因为“主权国家加入国际组织后，其主权必然要受到一定的制约”[360]。

在对国家主权的现实挑战基础上，国家主权同样也受到了西方学界的理论挑战。在各国出现了主权演变论、主权可分论、主权弱化论、国家主权多元论、世界政府论、新帝国主义论、人权高于主权论、全球治理等具有代表性的新国家主权观。一些学者甚至对于国家主权原则存在的合理性产生了怀疑。而运用马克思主义从理性辩证的角度分析，可以看出“经济全球化所挑战的是传统主权范畴的某些成分和国家维护主权的意志和能力，而不是主权存在的合理性本身。对于国家主权原则而言，它仍然具有存在的合理性和不可超越性”[361]。这一认识对于大学生正确认识国家主权原则，正确辨别各种西方思潮具有重要意义。

(2) 认清西方人权干涉实质，明确我国主权观与人权观的相互联系。

在经济全球化进程中，政治、经济、文化、信息等方面严重影响着国家主权意识的安全，而由国家主权衍生的主权与人权的关系问题也从另一方面构成了当前我国国家主权意识安全的重要组成部分。

从历史上看，主权与人权的起源与传统适用范围有着根本的区别。“前者属于国际法范畴，主要用于协调国与国之间的关系；后者属于国内法范畴，用于协调个人与个人、个人与社会之间的关系。”[362]但随着全球化发展，两者在价值层面的冲突却日益加深。特别是进入90年代以来，西方大国不断提出“人道主义干涉”口号，认为“人权高于主权，为避免人道主义灾难，可以直接对他国主权进行干涉，包括动用武力”。从其实质上看，新干涉主义所标榜的人道主义实际上是“人权工具化”，其自身的根本目的实际上是霸权主义和强权政治的本质体现，是“由于无法通过直接的专制统治来主宰世界，西方现在用公正的、世界化的人权语言来掩盖自己的权利欲望”。

另一方面，在主权与人权问题上，我国的基本立场是始终坚持马克思主义的立场进行分析阐述。正如邓小平所讲：“什么是人权？首先一条，是多少人的人权？是少数人的人权，还是多数人的人权，全国人民的人权？西方世界的所谓‘人权’和我们讲的人权，本质上是两回事，观点不同。”[363]在我国的人权与主权的关系中，“人权具有普遍性和特殊性，集体的‘生存权和发展权’是首要的人权，主权是最大的集体人权”。[364]从这些基本思想出发，我国在长期的国际关系中，积极进行对话与合作，探索促进维护国际人权，维护国家主权的有效做法。

因此，只有让大学生真正明确中西方在主权与人权观念上的本质区别，才能在主权与人权的中西方现实冲突中，清醒地认识到当前西方霸权主义和强权政治的重要本质，也可以进一步充分了解我国的主权观与人权观的科学性、合理性。

2. 着重加强国家文化安全意识教育

近年来，随着国际社会信息化、全球化的速度不断加快，国家文化安全开始凸现出其重要的战略意义。在经济全球化、一体化背景下的综合国力竞争当中，国家文化力越发占有重要的战略地位。代表文化凝聚力、辐射力和亲和力的软实力，如国家核心价值观、国家民族凝聚力、认同感已经成为构成综合国力构成中不可缺少的重要因素。正如美国学者克莱因所说“经济与军事的实力发挥作用的程度决定与战略目的和实现这一目的的意志，动员人民的能力等精神性的战略素质”[365]。与此同时，我国在社会经济改革开放的不断深化发展，特别是加入WTO后各方面对外交流与合作水平与程度不断提高的过程中，国家文化安全面临种种挑战与威胁，国家文化安全问题也日益显现。因此，新时期在意识形态安全意识教育中，必须着重加强国家文化安全意识的教育传授，让大学生能够清醒认清当前我国文化安全所面临的种种挑战。

在全球化进程中，与经济和政治的全球化带给国家主权的挑战相比，文化全球化对于处于“弱势文化”的国家来说，其影响更为直接而迅速。如戴维·赫尔德所指出的，“在全球化的诸多体现形式中，几乎没有什么像国际品牌、大众文化偶像和工业品以及卫星向各大洲成千上万的人现场直播重大事件那样如此直观，覆盖面广且渗透力强。无论这些现象有着怎样的因果重要性和实际意义，也很少会有人怀疑，最直接感受到和经历的全球化形式是文化全球化”[366]。正因为文化全球化的这一特点，尤其以美国为首的西方发达国家在冷战后，着重将西方资本主义意识形态扩张作为其称霸全球战略部署的重要组成部分。当前西方发达资本主义国家在与发展中国家的经济政治交往中，更专注于文化渗透和文化扩张的新“文化殖民”主义策略。

作为掌握文化输出主动权的西方国家，他们不再单纯凭借军事占领、宗教战争等手段进行殖民侵略，而是采取更为隐蔽的方式，将文化殖民的策略更深层次的隐含在频繁的文化产品生产和经济贸易、网络信息服务、文化交流传播当中，通过看似科学的“民主、自由、人权”思想来实现其瓦解人们意识与价值观的战略图谋。20世纪80年代末，苏东剧变的形成在很大程度上被认为是以美国为首的西方国家从文化上长期对苏联及东欧共产主义国家实行渗透、宣传和颠覆的“硕果”。

当前就中国而言，美国为首的西方国家的文化殖民策略也从未停止。系统地进行“妖魔化中国”、在中美知识谈判中要求中国全面开放文化市场等现象都是美国“文化殖民”策略的具体体现。美国这一套系统的文化殖民策略在其《美中央情报局对华十条诫令》（以下简称“十条诫令”）中展示的一览无余，即美国要“尽量用物质来引诱和败坏他们的青年，鼓励他们藐视、鄙视、进一步公开反对他们原来接受的思想教育，特别是共产主义教条。替他们制造对色情奔放的情趣和机会，进而鼓励他们进行性的滥交，让他们不以肤浅、虚荣为羞耻。一定要毁掉他们强调过的吃苦耐劳的精神”。“一定要尽一切可能，做好传播工作，包括电影、书籍、电视、无线电波和新式宗教传播。只要他们向往我们的衣、食、住、行娱乐和教育方式，就是成功的一半。”“一定要把他们青年的注意力，从以政府为中心的传统引开来。让他们的头脑集中于体育表演、色情书籍、享乐、游戏、犯罪性的电影，以及宗教迷信。”“要利用所有的资源，甚至举手投足，一言一笑，来破坏他们的传统价值。我们要利用一切来毁灭他们的道德人心。摧毁他们的自尊自信的钥匙，就是尽量打击他们吃苦耐劳的精神。”[367] 从这些《十条诫令》的部分内容我们可以清醒的看到，美国的文化渗透的实质是控制我们当代青年的思想、意志，控制青年的核心价值观，从而摧毁我们长期坚持的优秀价值体系。让当代大学生清醒地认识到这一问题的实质，就能够促使其从内心深处自觉抵制西方发达国家的文化侵蚀，承担起维护国家文化安全的重要历史责任。

3. 着重加强国家安全危机应对意识

马克思主义认为，历史的发展总是在矛盾中不断发展前进。全球化的发展趋势为世界各国带来了众多新的变化。尽管当前国际政治经济形势总体是稳定的，和平与发展是当今世界的两大基本主题。然而在这一整体背景下，正面发展中也会伴随着不同程度的

“负面效应”，甚至会在某一阶段会产生影响国家根本安全的政治危机。正如我们党和国家对于社会主义初级阶段的科学判断，“阶级斗争还将在一定范围内长期存在，在某种条件下还有可能激化”。这说明虽然国家政治安全危机一般是一种局部和偶发的现象，但是如果没有科学合理的政治危机应对意识、机制，原本可以避免或控制的一些突发事件很可能会衍变成危害成社会危机甚至是国家危机。近年来我国国内相继发生的“邪教法轮功事件”、“藏独”分子“打砸抢烧事件”以及国际周边“朝鲜半岛危机”等涉及国家安全危机应对的事件都再一次提醒我们对于大学生进行危机应对意识教育已成为我们目前不可回避的重要内容。要通过认清国家安全危机的基本现状及政治实质，树立正确的危机应对意识，积极进行维护国家安全行为教育。

根据发生的原因，我们一般可以将意识形态安全危机分为三类：一是由于人为故意因素造成的社会动乱，如党派纷争、民族冲突、宗教对抗；二是由于国家或国家集团之间的武装冲突或战争造成的危机；三是由恐怖活动造成的危机，如美国的“911 事件”。就目前而言，我国的国家安全危机主要以“台独势力”、“疆独势力”和“藏独势力”，带有黑社会性质的犯罪团伙和非法宗教组织的恐怖活动所引发。据《中国国际形势问题报告》称，造成当今中国国家安全危机的恐怖活动主要有以下几种：“一是带有意识形态色彩的民族分裂分子和宗教极端势力进行的恐怖活动；二是以极端暴力手段进行社会攻击性恐怖活动；三是以个人利益为主要目的的恶性恐怖犯罪活动；四是帮派及黑社会势力所进行的恐怖活动。”[368]

在对大学生国家安全意识教育中，注重进行安全危机应对意识教育可以帮助大学生认识国家安全工作、国防工作的重要性和必要性。在充分了解当前国际安全现实因素前提下，了解国家安全危机引发背后的主要原因。如认识当今世界霸权主义、强权政治对我国的政治渗透，国际敌对势力对我国国家安全的侵略、颠覆、破坏以及分裂祖国的图谋的现实表现。从大学生的历史责任出发，明确“生于忧患，死于安乐”的哲理内涵，充分了解在和平环境下，个人作为国家的公民、社会主义现代化事业的建设者和接班人的历史重任。将自我主动纳入到国家安全大系统的环境中去思考，承担起应尽的责任与义务。

与此同时，在国家安全危机应对意识教育中，强调维护国家安全的行为教育，教育大学生在日常的学习生活中，时刻警惕敌对势力的乘虚而入，时刻明确“勇于同破坏祖国统一、民族团结、危害我国经济建设和国家安全的行为作斗争”的基本原则，能够在大学生国家安全意识中树立其积极配合国家安全机关工作的基本思想，促使大学生能够用自身实际行动，切实维护国家安全。

(三) 政治认同教育

政治认同，是指对主导的政治宣传与教育的接受、认可与内化以及对上层建筑的信任程度。它是人们对政治现象、政治事件、政治问题评价的情感基础，是政治价值观的感情基调。一个国家的人民对国家政府主要的施政纲领和执政措施是赞成还是反对，是接受还是抗拒，这直接关系到国家政权是否牢固、政治制度是否稳定，关系到意识形态安全。大学生正处于青春期，敏感细腻、情绪起伏大，易受外界环境的影响。如何使他们在资本主义和社会主义在政治、经济、文化等领域的复杂斗争中，能够坚定对祖国和人民的热爱、坚定对社会主义的信心，这是我们在大学生政治价值观教育中进行政治认同教育亟待解决的问题。

我们将引导学生理解、认可政府主要的政策和措施定义为政治主旋律教育。它主要包含爱国主义教育、集体主义教育、社会主义教育三部分。其中，爱国主义教育是基础，集体主义教育是核心，社会主义教育是目标。

1. 爱国主义教育

爱国主义教育历来是我国大学生政治价值观教育的重要内容。

当前，国内高校开展的爱国主义教育主要包括以下几方面内容：基本国情教育、社会主义现代化建设伟大成就和宏伟目标教育、中华民族历史教育、民族团结教育、祖国统一教育等。这些教育内容对于确保当代大学生主流积极、健康、向上，热爱党、热爱祖国、热爱社会主义起到了巨大作用。但是，随着时代的发展，传统的爱国主义教育内容也暴露出了一定的局限性。如对象与时代的针对性不强、爱国标准日益模糊、未能对出现的误区加以澄清等。

针对这些问题，我们要不断拓展、创新爱国主义教育内容，增强其针对性与实效性。

首先，准确把握当代大学生爱国主义的特殊时代内涵。一方面，爱国主义是一个历史范畴，在不同的历史阶段有着不同的时代内涵。“在封建社会中，往往与忠君思想联系在一起。”“五四运动使中国革命进入新民主主义时期，爱国主义主要表现为推翻帝国主义、封建主义、官僚资本主义的革命斗争，表现为使中华民族挣脱战乱、饥饿、贫困的阴影，走向新生。”[369]另一方面，爱国主义对于不同对象群体而言也有着不同的内涵。这是由该群体在社会中所扮演的角色与承载的责任决定的。当代大学生是国家的栋梁，肩负着建设有中国特色社会主义、实现中华民族伟大复兴的重大历史使命。因此，对当代大学生而言，爱国主义的特殊时代内涵就是热爱社会主义祖国，为建设有中国特色的社会主义、实现中华民族的伟大复兴而贡献自己的智慧和力量。

其次，明晰当代大学生爱国行为的判断标准。随着经济全球化与改革开放的不断深入，各种社会思潮对高校的影响越来越直接，社会各种变化在高校的反映越来越迅速。社会现象的复杂多变决定了大学生思想与行为的复杂多变。这导致了关于爱国行为判断标准的模糊。大学生毕业后到外企工作，大学生海外留学甚至移民、加入外国国籍等，诸如此类的现象在大学生中屡见不鲜。对这些行为应该如何用爱国主义的标准去评判？究竟哪些是爱国行为？哪些不是爱国行为？其判断标准是什么？这是一个亟待解决的问题。在对大学生开展的爱国主义教育中，我们要对这个问题给予明确的回答：一切有利于中国特色社会主义建设的行为，都是爱国主义行为；一切有利于国家安全的行为，都是爱国主义行为。“两个有利于”是判断当代大学生爱国行为的根本标准。

最后，澄清当前大学生在爱国主义上存在的误区。当前，大学生群体中对爱国主义存在一些误区，尤其容易将爱国主义等同于狭隘的民族主义。如当中日贸易发生摩擦时，少数大学生不仅故意损毁日本品牌产品如汽车、计算机等，更在网络中大肆谩骂日本民众，以此来表达他们的“爱国主义”情感。事实上，这样的做法并非爱国主义。中日政府的纠纷与日本普通民众无关，也与从日本进口或者中国本土生产的日系品牌商品无关。盲目抵制日货、谩骂日本民众，不仅会损害我国的国际形象，还会给我国正常的经济秩序造成混乱。正如江泽民指出：“我们坚持的爱国主义和狭隘的民族主义是有本质区别的，要使人们懂得，坚持对外开放，认真学习世界各民族的长处，积极引进先进的科学技术和经营管理经验，增强我们自力更生的能力，加快祖国的发展，这本身就是爱国主义的重要内容。”[370]

2. 集体主义教育

在我国，集体主义教育一向是高校学生思想政治教育工作的主旋律之一。集体主义教育与社会主义教育、爱国主义教育既有本质联系又互相区别。随着时间的推移，传统集体主义教育内容逐渐难以适应时代发展的需要。新时期，在意识形态安全的视角下，大学生集体主义教育要重点把握以下三个方面内容：

(1) 要教育大学生把握社会主义集体主义的本质。集体主义教育并非社会主义国家独有的，资本主义国家也有类似的教育。那么我国提倡的集体主义与英美等资本主义国家的集体主义有无区别？各自的本质是什么？这是当前对大学生开展集体主义教育的理论前提和重要内容。我们要通过集体主义教育使学生明白，社会主义集体主义与资本主义集体主义是有本质区别的。社会主义集体主义是建立在社会主义公有制基础上的，由于生产资料属于全体人民或劳动者集体所有，劳动成果归劳动者占有或使用，因此，我们要求当个人利益与集体利益发生矛盾时要以集体利益为先，使集体利益最大化，集体主义的最终目的是实现全体人民的共同富裕。而资本主义集体主义是建立在资本主义私有制基础上的，其目的是通过维护小集体利益，最终使占有资本的个人利益最大化。大学生懂得了这一本质，才能深入理解我国提倡的集体主义的深刻内涵，将社会主义集体主义身体力行。

(2) 要教育大学生把握集体主义的时代内涵。传统的大学生集体主义教育“特别强调个人与集体不一致的方面，强化集体主义价值导向维护集体利益的一面，要求发挥集体主义调节个人与集体关系的功能，并在工具意义上理解集体主义，忽视了集体主义的核心内容，即每个人全面而自由的发展”[371]。这已经不再适应时代发展的需要。但随着近年来高校集体主义教育的逐渐淡化，部分大学生已经开始走向另一个极端——过于张扬个性，一切以个人为中心，思想与行为过于自我、功利化。

现实要求我们必须从时代特点出发把握集体主义的内涵。从一定意义上讲，当代社会积极倡导的“团队精神”(Team spirit)，是知识经济时代赋予集体主义的新内涵。它是个人创造性与集体协作精神的高度统一。“团队精神的核心是协同合作、共同奉献，与集体主义是相通的；团队精神的基础是挥洒个性与团队精神的最高境界——全体成员的向心力和凝聚力正是新时期集体主义教育所追求的。”[372]在集体主义原则下进行团队精神教育，使他们将个人的努力奋斗、聪明智慧与事业、国家融合在一起。教会大学生提高沟通能力，进行科学正确的团队决策，有效进行团队合作等是新时期开展大学生集体主义教育的时代内涵与重要内容。

(3) 要教育大学生正确处理个人利益与集体利益的关系。作为一名当代大学生，在什么情况下要个人利益服从集体利益？在什么情况下可以通过正当的方式满足个人利益？对于这些问题，我们应当在集体主义教育中明确提出，引发学生的深入思考并最终给予明确回答。我们要教育学生认识到，当代大学生协调个人利益和集体利益的基本判断标准应该看是否有利于学生成长成才，是否有利于高校的稳定和发展，是否有利于为社会主义建设培养合格建设者和可靠接班人。我们要以此问题为切入点，教育学生正确认识、处理好以下四种关系：国家利益、集体利益和个人利益的关系；眼前利益和长远利益的关系；局部利益和全局利益的关系；集体主义和个性发展的关系。这将对当代大学生树立科学的集体观、全局观和未来观产生重要影响。

3. 社会主义教育

社会主义教育是大学生政治认同教育的三个主要内容之一，是培养大学生成为社会主义现代化建设可靠接班人的重要途径。新时期复杂多变的国际国内形势为大学生社会主义教育提出了三个新挑战：①资本主义发达国家在其率先推动的全球化中显示出强大实力，形成对“两个必然”认识的新挑战；②当前我国在社会主义初级阶段和社会转型过程中出现各种矛盾和困难，形成了对社会主义制度优越性认识的新挑战；③苏联解体、东欧剧变，国际共产主义运动和世界社会主义事业受到严重挫折，形成对社会主义前途命运的新挑战。

能否明确回应“三个新挑战”是对当代大学生开展社会主义教育的重点内容。

(1) 要引导大学生认识社会主义发展的前进性和曲折性地统一。有针对性地进行社会主义理论教育，做好“三个结合”，校正过去片面的理论教育。一是“两个必然”① 与“两个绝不会”② 相

① “两个必然”是指资本主义必然灭亡，社会主义必然代替资本主义。

② “两个绝不会”是指无论哪一个社会形态，在它所能容纳的全部生产力发挥出来以前，是绝不会灭亡的；而新的更高的生产关系，在它的物质存在条件在旧社会的胎胞里成熟以前，是绝不会出现的。

结合；二是资本主义的垂死性和腐朽性与资本主义快速发展的可能性相结合；三是社会主义对资本主义的替代关系和继承关系相结合。以此，站在我国较为落后的经济文化基础上理解社会主义建设的特殊困难，要代替资本主义，需要经历一个长期的探索和发展过程。

（2）要引导大学生在比较中把握社会主义制度的优越性。当前，我国社会处在转型时期，出现了很多问题。如国企改革艰难，贫富差距拉大，各种消极腐败现象屡禁不止等。对于这些问题，我们既不能回避，也不能夸大，丧失对社会主义现代化建设和改革开放的信心。用科学的方法对社会主义和资本主义进行比较，可以帮助正确认识这些问题。没有比较就没有鉴别。全面思考影响国家发展状态的影响因素，进行多方面的要素综合比较，才能得到科学的结果。进行中西方发展比较分析时，应当考虑以下因素：地理位置、自然条件、人口状况、历史的物质、文化积淀、社会制度等等。例如，就人口一项进行中美比较，中国人口13亿多，美国只有2亿多，假如中国的人口同美国一样，就是新中国不到60年的发展水平，我们的人均GDP和国民收入以及人均住房面积，可以扩大6倍。这样的比较，社会主义制度的优越性得以充分体现。

（3）要引导大学生深入全面分析苏联解体、东欧剧变的复杂原因。从外部环境看，资本主义国家长期在思想文化方面进行渗透，政治方面的颠覆，经济方面的诱迫，外交方面的干涉，对其实行和平演变。同时也有其内部原因。错过了改革的大好时机，致使存在于政治、经济、社会等方面的矛盾越积越多。在迫不得已的情况下，虽然对体制的某些方面也作过一些调整，但结果或是浅尝辄止或是半途而废，总体上都不成功，导致积弊愈重、危机日深，为剧变埋下了隐患。而最后改革脱离了正确的方向，不仅没能完善社会主义，相反葬送了社会主义。根本原因，在于没搞清楚社会主义的内涵和怎样建设社会主义、建设什么党和怎样建设党等关键问题。他们的失败，非但不是科学社会主义的失败，而正好是理论和实践背离了科学社会主义原则而造成的。

(4) 要引导大学生看到有中国特色的社会主义在实践中前进。要让大学生比较分析得到建国以来，尤其是改革开放以来，在中国共产党的领导下，我国在经济、科技、文化等各方面取得的飞跃变化，我国生产力获得巨大发展，综合国力大大增强，人民生活水平不断提高，国际地位大幅提升。到本世纪中叶，新中国建立100周年的时候，尽可能达到世界中等发达国家水平，基本实现社会主义现代化，这就是向世界人民表明，社会主义是人类的发展趋向，最终必将代替资本主义。

(四) 政治宽容教育

政治宽容是指个体对各种不同的政治观点的态度是宽容还是排斥，即是指政治观念的多元化。通过开展大学生政治宽容教育，可以在旗帜鲜明地开展主流意识形态教育的同时，引导学生尊重他人的政治观点，形成理性成熟的政治价值观念，有效化解一定范围的政治价值矛盾与冲突。

一定程度的政治宽容是科学处理人民内部政治矛盾、促进意识形态安全的重要保障。一方面，政治宽容有利于营造宽松和谐的政治氛围，促进民主政治的形成，确保国家的意识形态安全稳定。另一方面，政治宽容易使国家政策的理解和接纳程度加强。

针对大学生开展政治宽容教育，主要包括政治心理调适教育和民主意识教育两方面内容。

1. 政治心理调适教育

从理论上看，政治心理是指人们对政治现象和政治过程所持的态度、兴趣、情绪、愿望、要求，并支配或调节人们的政治行为的一定心理倾向。[373]在社会政治生活中，作为社会未来建设者的青年大学生，他们政治心理的健康与否关系到我们国家和民族的生机与活力。“健全而健康的个体政治心理是社会稳定的基本因素，也是青年学生群体本身健康成长的重要因素，健康的政治心理将推动青年大学生正确的人生观、价值观形成，也是推动他们健全个性发展的重要环节。”[374]

在本文当中，政治心理调适教育是指通过有目的，有针对性的对当代大学生出现的政治心理问题进行调适，通过科学的政治心理认知方式、正确的政治心理情感疏导和特殊情况下心理干预方式等内容的教育实践，引导大学生形成正确的价值判断，从而提升大学生对于我国社会主义政治的宽容理解，强化其对于社会主义的政治信仰。在大学生政治心理调适教育中着重加强以下几个方面：

首先，着重加强大学生对政治现象正确认知教育。在政治心理教育中，政治现象的认知是大学生政治心理形成的基础与前提。因此我们必须选择科学的内容，从青年的客观心理需要出发，通过社会舆论的潜在影响加强对于正面思想和意识的引导，通过对于政治现象客观的分析帮助青年认识政治现象背后的本质，通过政治现象的多维认知，满足青年学生群体对于政治现象知情权的客观要求，实现全面深入的了解和掌握，形成正确的政治认知。

其次，积极对大学生政治情感偏执进行疏导。对于大学生政治情感的调整既是政治价值观的教育过程，同时更是一个微妙的心理过程。针对青年大学生思维比较理想化、情绪化的特点，在教育中，更应侧重帮助大学生对于社会政治生活的期望值的引导与合理定位。在强调学生个人需要和个人发展的前提下，更注重对于大学生社会满足感与公平感的具体感知，通过其个人理想的合理定位及引导，防止大学生陷入社会满足感与公平感缺失的情绪状态。

最后，加强对大学生政治心理问题的干预。由于当前我国社会政治生活正处于社会转型期内，政治经济的发展变化日新月异。在社会生活中长期存在的多种问题以及一定的社会不良现象很容易在大学生政治心理上产生严重的心理影响。此外，面对社会偶发事件或政治危机，大学生群体极容易受到社会思潮的影响，进而出现不同程度的政治心理问题。针对这种情况，我们在政治心理调适教育中应注重对于政治心理问题干预方式的教育传授，帮助大学生明确科学的政治心理分析、政治心理归因等方式途径，从而深入政治心理层面培养青年学生独立的政治人格，提升青年大学生的政治素质。

2. 民主意识教育

民主意识是人们在一定政治经济制度下，对国家民主政治、民主权利以及法律制度在观念上的反映。民主意识是成熟公民必须具备的基本素质。在我国现阶段，社会主义民主意识包括平等意识、主人翁意识、参与意识和竞争意识以及民主政治的自觉要求等内容。大学生民主意识教育就是要把这些内容用科学的方式传递给学生，教育引导大学生理解支持我国现行的政治制度和政治生活，使大学生能够理性成熟地对待我国社会主义现代化进程中的各种问题，从而坚定对社会主义现代化建设事业的信心，树立科学正确的政治价值观。

本文认为，社会主义民主意识教育应当包含以下几个方面的内容：

第一，深刻认识社会主义民主与资本主义民主的本质区别。要通过教育使大学生认识到两种民主的本质区别，只有社会主义民主才是真正意义上的人民大众的民主。使其认识到资本主义民主是资本控制的民主，它的理论和时间、内容与形式都是矛盾的。比如，美国是以民主、自由、人权为标榜的国家，但其所谓的民主在实质上不过是资产阶级的民主，尤其是对于广大人民群众来说，更是虚伪的民主。在美国三百多年历史上，还没有哪届政府能够真正代表“最广大人民群众的根本利益”。社会主义民主是无产阶级和广大人民享有的民主，是绝大多数人的民主。在社会主义制度下，人民是国家的主人，国家的一切权利属于人民，社会主义民主是人类历史上新的最广泛和最高类型的民主，对全体人民负责是社会主义民主与资本主义民主的本质区别。

第二，中国的民主化是一个历史的、渐进的过程。一定国家形态的民主政治建设不取决于当时的人们的主观愿望，而主要取决于当时的社会经济条件，同时还受到精神文明状况的制约，包括思想文化素质、社会公德等方面。必须使大学生看到，我国还处于社会主义初级阶段，政治、经济、文化发展水平还有待于进一步提高，在社会主义事业建设过程中难免存在这样那样的问题，但这都是发展中的问题，随着我国经济发展水平的不断提高，人民思想认识水平的不断提高，这些问题都是可以得到解决的。要引导大学生认识到要建设社会主义民主，必须从自身做起，努力学习科学文化知识，提升自身的思想政治素质。

第三，中国的民主化过程其实质就是法制化的过程。必须使学生看到，法制是社会政治思想和现代化民主观念的物化形式，只有在全体人民包括大学生的不断努力奋斗下，才能实现。但是，这种参与必须是有序的参与，必须在中国共产党的统一领导下才能使民主得到真正的实现。在社会主义条件下，社会主义民主的实现必然是以民主与法制的统一为前提和保障。大学生要想成为具有现代民主意识的成熟公民就必须按成熟公民的标准要求自己，如不走极端、服从称职的领导，有强烈的参与欲望、具有合作的习惯、具有宽容的精神、具有独立的见解等。

（五）政治立场教育

政治立场是指维护一定阶级的根本利益和统治地位所持的鲜明的态度，是个体政治价值观中最为根本的政治价值选择倾向。因此，针对大学生开展政治立场教育，使其充分认知、理解并科学运用马克思主义的科学体系，坚定马克思主义的立场，确立在中国共产党领导下走中国特色社会主义道路、实现中华民族伟大复兴的共同理想和坚定信念，这是大学生政治价值观教育的核心内容和根本目的。据此，大学生政治立场教育的主要内容应包括马克思主义教育和理想信念教育两个部分。

1．马克思主义教育

马克思主义是科学的世界观和方法论，是我们立党立国的理论根基，是捍卫意识形态安全的最终理论防线和强大思想武器。在建设中国特色社会主义、实现中华民族伟大复兴的时代进程中，大学生承载着捍卫我国意识形态安全这一重大历史使命，青年大学生能否对马克思主义“真学、真懂、真信、真用”，确立马克思主义的坚定信念，直接影响到当前乃至未来我国的意识形态安全。

国内高校中，马克思主义理论课程是对大学生开展马克思主义教育的主渠道。从教育内容上看，主要包括两个方面，一是马克思主义的基本原理，二是中国化的马克思主义，如毛泽东思想、邓小平理论和“三个代表”重要思想等。高校现有的马克思主义教育在帮助大学生掌握科学、系统的马克思主义理论知识方面起到了关键性的作用，但从意识形态安全的视角看，教育内容仍存在一定的局限性，主要表现在：缺少对非马克思主义意识形态的理论批判、内容相对枯燥、难以激发大学生的学习兴趣等等。笔者认为，大学生马克思主义教育的内容应当突出批判性、时代性、鲜活性和实践性。

第一，教育内容要突出批判性

批判性是马克思主义的本质属性。马克思的许多著作就是以“某某批判”而命名的，如《〈政治经济学批判〉导言》。也正如，他在自己的著作《资本论》中所说的：“辩证法不崇拜任何东西，按其本质来说，它是批判的和革命的。”[375]恩格斯在《费尔巴哈论》中也表明了这样的观点：辩证法的革命性质是绝对的，“在它的面前，不存在任何最终的、绝对的、神圣的东西”。

当前，国内高校日益成为各种思想文化的汇聚之地，这些思想文化直接影响着大学生政治价值观的形成。因此，要确保意识形态安全，我们在开展马克思主义教育时一定要注重它的批判性。这种批判的主要对象应该是目前对大学生具有一定蛊惑力的非马克思主义的意识形态和政治思潮，如民主社会主义、资产阶级自由化倾向等等。马克思主义教育要对科学的马克思主义与这些思潮间的本质区别给予明确直接的理论回答。要让学生在批判中学习马克思主义，在批判中应用马克思主义，在批判中认同乃至信仰马克思主义。

第二，教育内容要突出时代性

马克思主义是发展的科学，具有与时俱进的理论品质。正如毛泽东所说："马克思活着的时候，不能将后来出现的所有的问题都看到，也就不能在那时把所有的这些问题都加以解决。"[376]在我国，随着社会主义建设的不断深入，中国共产党人结合中国革命和建设的实际，通过理论创新产生了毛泽东思想、邓小平理论、"三个代表"重要思想和科学发展观等一批马克思中国化的理论成果，这些理论成果是在不同历史时期中国共产党人集体智慧的结晶，具有鲜明的创新精神和时代精神。

把握时代性就是要坚持不断地用马克思主义中国化的最新理论成果丰富马克思主义教育内容，武装大学生的头脑，使大学生认识到马克思主义绝不是空谈的主义，绝不是一百多年前出现的遥不可及的理论，而是我们身边的科学，是能够指导我们回答并解决身边实际问题的科学。在这一认识基础上，大学生才能够真正将其作为实现人生价值的思想武器，认真去学习应用。

第三，教育内容要突出鲜活性

兴趣是一个人学习钻研的动力根源。对于青年大学生而言，往往生动鲜活的思想或理论才能激发他们的学习兴趣。尽管事实上马克思主义，尤其是中国化的马克思主义是贴近实践的形象生动的科学（毛泽东的《反对本本主义》、邓小平的南方谈话等著作就是典型的例证），但要改变大学生认为马克思主义是艰深晦涩的理论的惯性思维并非易事。这要求我们在开展马克思主义教育的过程中，要注重加入某一理论产生的历史背景、相关事实案例、相关人物介绍等较形象鲜活的教育内容，激发学生的学习兴趣，使其对马克思主义科学产生亲切感，为其接受认同马克思主义奠定基础。

第四，教育内容要突出实践性

实践性是马克思主义的固有属性。实践的观点是马克思主义哲学首要的基本的观点。马克思在《费尔巴哈的提纲》中指出："哲学家们只是用不同的方式解释世界，问题在于改变世界。"马克思主义的实践性特征决定了马克思主义教育内容的实践性本质。马克思主义教育的根本目的不仅在于把马克思主义的基本理论灌输到大学生头脑当中，也在于学生能够活学活用，把所学的马克思主义基本原理用于生活、学习的实践当中。这有两个方面，一是要教育学生用马克思主义的基本立场、观点和方法来认识和对待学生在实际生活中遇到的各种问题，来思考和应对各种政治现象、政治问题，从而使广大学生能够形成正确的政治价值观念和价值判断。二是要改变过去以书本知识为本位，却忽视实际、生活和学生实践能力培养的传统教学模式。要坚持理论联系实际的原则，尽量安排学生参加实际的社会主义教育运动，提倡在实践中学习马克思主义。

2. 理想信念教育

"理想信念是人生的精神支柱和精神动力，是世界观、人生观和价值观的集中体现。"[377]大学生正处于世界观、人生观、价值观形成的关键时期，帮助他们确立崇高的理想信念，对于他们的一生走什么样的道路，做什么样的人，都有着不可低估的影响。大学生如果缺乏科学、远大的人生理想和坚定不移的社会主义信念，就会认不清前进的方向，走不好人生的道路，看不清社会主义事业的美好未来，更承担不起社会主义事业接班人的历史责任。在当前，绝大多数大学生的理想信念是好的，他们关心国家大事，有着强烈的民族责任感，赞同党的基本路线方针政策。但同时，由于西方敌对势力的持续渗透，社会主义市场经济的负面影响，经济全球化的冲击等因素，使得部分大学生出现了理想信念模糊，对社会主义事业建设过程中的困难和问题认识不足，甚至对社会主义的远大理想表示怀疑。这已经对意识形态安全造成了负面的影响。大学生是时代的佼佼者，是青年中的精英和文化引领者，对其他青年的政治观念有着相当程度的影响。因此，大学生是否有着坚定的理想信念，这不仅是关系到学生个人的发展，更是关系到意识形态安全，关系社会主义事业能否后继有人、兴旺发达。因此，在任何时候都不能放松对大学生坚持开展理想信念教育。

在现阶段，大学生理想信念教育应侧重以下三方面内容：

一是要教育引导大学生树立中国特色社会主义的共同理想。教育引导大学生树立中国特色社会主义的共同理想和远大的共产主义理想是大学生政治价值观教育的中心内容。“社会主义和共产主义事业的发展和完成，一方面必须具备相应的社会物质条件，另一方面必须具备精神条件，提高人们的思想道德觉悟。”[378]这需要一代又一代人的不懈努力和共同奋斗。大学生是青年中的佼佼者，是青年文化的引领者和创造者，他们的思想认识水平对青年群体的思想觉悟有着重要的影响。只有牢固树立起中国特色社会主义的共同理想，以社会主义核心价值体系凝聚青年，团结青年，引领青年，才能不断提高整个社会的思想觉悟和认识水平，才能形成社会主义事业的持久动力，使我们的社会主义和共产主义事业后继有人。

二是教育引导大学生要坚定对改革开放和社会主义现代化建设事业的信心。改革开放和社会主义现代化建设是中国特色社会主义走向成功的必由之路。中国改革开放三十年的历史一再证明，只有坚持改革开放，广泛吸收人类文明，包括资本主义文明的一切先进成果，改革创新，与时俱进，才能最大限度地解放和发展社会主义生产力，深入推进社会主义市场经济建设，才能不断推进中国特色社会主义事业，最终达到社会主义理想。

三是教育引导大学生要坚定对共产党领导的信任。中国共产党是我国社会主义事业的领导力量，是团结凝聚全国各族人民的领导核心。“中国共产党始终代表先进生产力的发展要求，代表中国先进文化的前进方向，代表最广大人民群众的根本利益。”这已被中国共产党八十多年的历史反复证明。尽管党的事业也经历过挫折和失败，目前在党内仍然存在着腐败等问题，但我们必须看到，这是发展中的问题，也是任何一个政党都必然面对的问题。现在我们的党已经领导全国人民走上了全面建设小康社会、和谐社会的光明道路。只有坚持党的领导，对党充满信任，全国人民才能团结在党的周围，共同创造美好的生活。

（六）政治关注教育

青年大学生群体作为祖国未来的栋梁，如果对政治形势、政治问题抱以冷漠的态度，不关注或不能科学地关注国家政治，这必定会给国家带来难以想象的后果。当代大学生没有了上个世纪八九十年代的政治狂热，但部分学生却显现出了对政治的冷漠态度，认为政治与自己无关，一切以自我利益为中心，走向了另一个极端。

大学生政治关注教育就是要通过形势政策讲解、公民意识普及等方式，教育引导学生能够以科学、理性的态度积极关注国家政治发展，把个人成长与国家的前途命运联系在一起，从而确立正确的政治价值观。据此，大学生政治关注教育主要包括形势政策教育和公民意识教育两方面内容：

1．形势政策教育

形势政策教育是大学生政治价值观教育的重要内容，其教育成效直接影响着国家、社会的安全与稳定。当代大学生是否准确把握、科学分析国际国内的政治形势与热点问题，能否了解认同党和政府的最新路线方针政策，这是形势政策教育要解决的根本问题。

国家一向重视对大学生的形势政策教育。《中共中央国务院关于进一步加强和改进大学生思想政治教育的意见》明确指出，形势政策教育是思想政治教育的重要内容和途径。要建立大学生形势政策报告会制度，定期编写形势政策教育宣讲提纲，建立形势政策教育资源库。国家机关和地方党政负责人要经常为大学生作形势报告。学校要紧密结合国际国内形势变化和学生关注的热点、难点问题，制定形势政策教育教学计划，认真组织实施。

新时期的大学生形势政策教育主要包括形势介绍、政策讲解、热点分析三个主要教育内容，在大学生中有一定的影响，取得了很大成效。但不可否认的是，大学生获取信息渠道日益繁杂，多数人对热点政治问题的把握只停留在表面，容易形成简单、片面的认识，缺少认识问题、分析问题的科学方法和选择有效信息渠道的甄别能力。

结合以上问题，从意识形态安全的视角看，新时期完善拓展大学生形势政策教育的内容，主要应把握以下三点：

一是教育引导大学生充分理解认同社会发展带来的问题，避免由学生思想不稳定而引发校园、社会的不稳定。青年大学生多是理想主义者和完美主义者，不了解政治与发展的复杂性与曲折性，易对社会现实产生不满，历史上也多次出现由大学校园的不稳定而引发社会动荡的情况。因此，要通过形势讲解和政策解读，教育引导学生认识到各种现实问题如官员腐败、通货膨胀等问题都是任何国家包括发达资本主义国家在发展中都不可避免的问题，会在进一步发展中得到有效解决，使其对这些问题能够保持一种相对成熟、理性的态度。如在 2008 年春天，随着社会物价上涨，高校食堂问题凸显，部分学生思想、情绪有波动，在国家实施拨款补贴特殊政策的同时，学校要对学生讲解社会物价浮动的必然性和国家为保证大学生顺利学习成长而提供的特殊财力支持，使学生对物价问题与国家相关政策有充分的理解，避免产生思想波动。东北师范大学在政策讲解后与学生的座谈中了解到，许多学生对物价问题表示能够理解和接受，对于每名学生 80 元的国家特殊补贴，学生反映说早上刚看到新闻，晚上钱就发到手，补贴“朝发夕至”让学生充满了惊讶与感动，他们普遍反映国家这种特殊举措让他们感到十分温暖，补助发放时还可以听到同学们自发响起的热烈掌声。

二是教育引导大学生学会分析问题，把握政治现象背后的本质。国际国内的政治事件纷繁复杂，表现不一。只有把握了其本质，才能对其有科学、理性的认识和观点。大学生形势政策教育不是简单的介绍政治新闻，而是要教育学生透过政治事件的表象挖掘其本质，掌握分析问题解决问题的基本方法。如 2008 年春天拉萨、甘南、阿坝等地区发生的打砸抢烧事件，要教育学生认识到，这些事件既不是偶然的，也不是孤立的，而是达赖集团精心策划、有组织的暴力破坏活动，其最终目的是实现“藏独”，分裂国家。再如2008年3月11日，美国国务院发表《2007年国别人权报告》，再次对包括中国在内的世界190多个国家和地区的人权状况进行指责。我们要教育学生全面看待这一问题，组织学生阅读国务院新闻办公室发布的《2007年美国的人权纪录》，让学生了解美国的真实人权状况，使学生认识到美国借“人权”的幌子到处干涉他国内政、不断扩张本国势力范围、攫取政治经济利益的真实企图。

三是要教育引导大学生掌握获取政治资讯的权威渠道。当代大学生获取政治信息的渠道多种多样，除传统媒体如电视、报刊等外，更通过互联网、手机等现代传媒方式获取资讯。不同性质媒体政治观点的矛盾冲突经常使学生感到困惑甚至轻信错误的观点，这对于大学生科学政治价值观的形成十分不利。在形势政策教育中，一方面我们要引导学生认知掌握政治资讯发布解读的权威媒体，如网站类的新华网等；另一方面，要引导学生以科学批判的态度审视其他媒体的不同观点，尤其西方媒体对我国政治事件的刻意误读。如引导学生看到，在报道拉萨打砸抢烧事件时，CNN、BBC、德国RTL电视台等部分西方主流媒体，通过剪裁照片等手段刻意歪曲事实，做出失实报道。

2. 公民意识教育

现代社会是一个以公民权利为本的社会。我国大学生绝大多数已经年满18周岁，成为社会公民的一员，开始享有独立行使民事权利，承担完全民事义务。可是，当前在大学生中普遍出现的一切以个人为中心、责任意识淡薄等问题却令人堪忧。如果任其发展，估计未来在大学生中就很难看到“为中华之崛起而读书”的周恩来和“国家兴亡，匹夫有责”的顾炎武了，这样的国家自然安全一事也无从谈起。大学生公民意识教育就是要培养学生作为国家公民的权利和义务意识，引导其将个人需要、个人价值、个人发展目标与国家、社会紧密联系起来，教育引导大学生确立以国家发展、民族复兴为使命的责任意识。

大学生公民意识教育主要包括公民权利意识教育与公民义务意识教育两部分，侧重教育大学生掌握以下内容：

第一，教育大学生充分认识到自己正在享有的公民权利来源于国家的安全稳定与发展。

教育大学生认知我国宪法中规定的公民基本权利：①法律面前一律平等；②政治权利和自由；③宗教信仰自由；④人身与人格权；⑤监督权；⑥社会经济权利；⑦社会文化权利和自由，包括受教育权利，进行科研、文艺创作和其他文化活动的自由；⑧妇女保护权；⑨婚姻、家庭、母亲和儿童受国家保护；⑩华侨、归侨和侨眷的正当权利和利益受国家保护。要让大学生清楚享受这些权利要以社会稳定、意识形态安全稳定为前提。以大学生经常享受的受教育权为例，我国宪法第四十六条规定：中华人民共和国公民有受教育的权利。从正面来看，只有意识形态安全了，国家才能有充足的精力和实力来支持教育事业，尤其是耗费较大的高等教育，才有大学生享有受教育权所需的教育设施、教育环境、师资力量等。从反面来看，国家动荡不安，就会出现“天下之大放不下一张平静的书桌”的现象。

第二，教育大学生充分认识到其承担的公民义务直接影响着国家的安全与稳定。

教育大学生认知我国宪法中规定的公民基本义务：①维护国家统一和全国各民族团结；②必须遵守宪法和法律，保守国家秘密，爱护公共财产，遵守劳动纪律，遵守公共秩序，尊重社会公德；③维护祖国安全、荣誉和利益的行为；④劳动的义务；⑤受教育的义务；⑥保卫祖国、抵抗侵略、依法服兵役和参加民兵组织；⑦依法纳税；⑧夫妻双方有义务实行计划生育，父母有义务抚养教育未成年子女，成年子女有义务赡养扶助父母。使学生认识到，每个公民都是国家一份子，只有每个国家公民认真承担公民的基本义务，才能为社会的发展和国家的振兴提供基本保障。

（七）政治参与教育

政治参与是现代民主政治的核心，广泛的政治参与是民主政治的本质要求，是现代政治系统良性运作的必要条件。大学生政治价值观教育中的政治参与教育是指，通过政治表达、政治接触等方式，引导教育大学生体验政治生活、直观地学习掌握政治知识与各种政治行为规范，在实践中形成较为成熟的政治观点和想法。

大学生政治参与教育主要包括政治行为规范教育和政治生活体验教育两个方面的内容。

1. 政治行为规范教育

所谓大学生政治行为就是指在一定的社会历史条件下，大学生为了谋求某种政治需要，实现一定的政治目的而进行的一系列政治活动。大学生是一个特殊的社会群体，他们具有较高的文化层次，较强的自我意识，但缺乏对社会实际的接触，对现实生活缺乏深入的了解和理解；大学生思想敏锐，求知欲强，思想独立，但比较容易为外来文化所影响，这些都使得大学生行为具有较强烈的理想主义色彩，具有反叛性、理想性、功利性、盲动性和从众性的特点。其中，大学生群体政治行为还具有突发性的特点。如果对这种突发性的群体政治行为引导不利将对意识形态安全造成难以估量的损失。例如，我国 1989 年发生的学潮和动乱，就对当时我国社会的安定团结造成了十分不利的影响。所以，我们必须加强对大学生政治行为的规范和引导，使他们向符合社会要求的方向发展，成为社会有用人才。本文将这种规范和引导称之为政治行为规范教育。

对大学生政治行为的规范和引导要从两方面入手，一是加强法制教育，二是政治文明行为教育。

第一，法制教育。对大学生加强法制教育，可以从四个方面着手。一是加强大学生法律知识普及。特别是与当前意识形态安全相关的法律知识，如《中华人民共和国国家安全法》、《中华人民共和国反国家分裂法》、《中华人民共和国集会游行示威法》等。二是加强法律意识培养。要注重发挥大学生主体能动性，提高其参与意识。通过案例、讨论、演讲、知识竞赛等活动，培养大学生的法律思维能力，提高大学生的法律意识。使大学生坚信法律的公平和正义，并从内心深处认可法律的崇高地位，引导学生树立知法、懂法、用法的法律意识。三是开展法律实践活动。要充分利用高校第二课堂的优势，对大学生进行生动、直观的法制教育。如播放法制教育影视作品；充分利用校园广播站、校园网络等媒体开展法律宣传；旁听有关刑事、民事、经济、行政案件的审判活动，开设法制讲座等等。使大学生能够明辨是非，养成依法、守法的思维方式和行为习惯，不断强化和提高法律素质。四是加强纪律教育。生活在法律的环境中，才能养成知法、守法的良好习惯。大学生绝大部分时间是在校园里渡过的，因此，加强校园校纪校规建设，把错误的政治行为消除在萌芽之中。

第二，文明政治行为教育。是指教育引导大学生的政治行为必须在现在政治制度的框架、社会道德规范和法律允许的范围内进行，主要包括政治行为的理性化、规范化，政治行为具有良好的心理环境以及政治价值和政治准则正确科学等。具体说来，就是要教育引导大学生通过正当、合法、文明的方式来表达自己的政治观点，行使自己的合法权利，同时积极履行自己应尽的义务。

胡锦涛在2006年“两会”期间提出了以“八荣八耻”为主要内容的社会主义荣辱观。其中以“热爱祖国为荣，以危害祖国为耻”，“以团结互助为荣，以损人利己为耻”，“以遵纪守法为荣，以违法乱纪为耻”等内容，充分反映了新时期我国经济社会发展对道德建设的客观要求，明确了当代中国最基本的价值取向，同时也给大学生政治行为文明提供了参考标准，明确告诉当代大学生在政治行为中，什么是文明的，什么是不文明的，以及应当坚持什么，反对什么，倡导什么，抵制什么。根据社会主义荣辱观的基本原则，结合大学生政治生活实际，本文认为，大学生政治文明行为教育的主要内容是，在大学生中努力倡导网络文明、选举文明、政治表达文明等。

现代社会，中国以其快速提升的经济实力，五千年悠久的传统文化，其大国地位已越来越得到世界范围的广泛认可。但就现代社会所应具备的品质与性格而言，中国还只是个青少年。不得不承认，我们的国家和社会在很多地方都不够成熟，比如，一些优秀的传统文化遭到不同程度的破坏，诚信危机、信仰危机社会问题都时刻困扰着我们。这其中，政治行为文明，尤其是被社会普遍称为"时代佼佼者"的大学生政治行为文明特别值得我们关注。在网络上，我们时常可以看到一些大学生的政治言论情绪不理智，语言不文明，甚至表达不清楚，这些都令教育者痛心疾首。在21世纪的征程中，在社会主义现代化建设的伟大实践中，不断加强和改进大学生的政治行为文明无疑是有远见的。

2. 政治生活体验教育

青年大学生的政治生活有别于其他群体，主要是指政治参与。从参与的方式上看，除了党团组织生活外，还可以涉及政治投票、政治选举、政治表达、政治接触等。关于具体的参与方式将在本文最后一章中的大学生政治价值观教育载体部分进行详细论述。

大学生政治生活体验教育是指，通过学生在各种政治生活中的体验，对具体的政治问题、政治理论得出切身的体会与感受，并对这种感性认识升华和提升，从而得到正确的政治价值观念的教育。政治生活体验教育与传统的教育相比，具有强调即时感受、讲究学习主体的体会与领悟，通过在具体的学习情境中进行体验来学习等特点。政治生活体验的过程就是一个由感性认识上升为理性认识的过程。

目前，我国大学生的政治生活的状况令人担忧，他们的政治生活与他们所具备的较高的文化素质是不相称的，与整个社会的政治、经济、文化的发展显得不协调，主要表现在：一是政治参与的意识淡薄；二是政治表达多样化；三是政治生活的内容比例失调。在所有的政治生活中，政治学习的比重最大。且单就政治学习而言，还存在方法手段传统单一，被动多于自愿，重形式、轻内容等问题。

据此，本文认为，大学生政治生活体验教育的主要内容应为：

（1）教育引导大学生直观了解我国政治生活。正如我国古代诗人陆游所说，“纸上得来终觉浅，绝知此事要躬行”。学生只有通过亲身经历，在政治生活中真实感受我国政治生活的基本内容，并从中直观了解我国的政治生活，才能切身体会到我国社会主义现代化建设的正确性，才能使学生认识到，在社会主义现代化进程中出现的诸如腐败、法律体系不健全等问题，都是发展中的问题，是任何一个国家在其快速发展中必须面临的问题，这些问题在不久的将来是可以随着社会的进一步发展而得到解决的。

（2）教育引导大学生直观了解基本政治知识。生活是最好的老师。我国著名教育家陶行知就曾提出“社会即学校”的教育思想。学生头脑中的政治知识基本上都是从书本中得来的，但是如果这些知识不能在实践中得到检验，就会使学生对其所学的知识不求甚解，流于表面，即所谓“熟知不等于真知”。学生走出课堂，在政治生活中亲身体验，引导学生对我国的基本政治制度，如选举制度、政党制度等产生更为直接、深刻的认知。因此，要教育引导大学生在实践中体验，在体验中感悟，在感悟中得到正确的价值观念和价值判断。

（3）教育引导大学生学会正确、冷静表达自己的政治观点。总的来说，目前大学生的政治表达趋于理性。但是，随着社会的发展，网络给大学生政治表达带来了极大便利的同时，也随之产生了一些问题。在网络上由于缺乏制度的约束，大学生可以随意表达自己的政治观点，而不需要担心承担责任甚至有人评价说：网络是世界上唯一一个绝对自由的领地。这必然给大学生的政治表达带来无序化、任意化。网络上某些学生发表的观点与其说是一种政治表达，倒不如说是一种宣泄。但问题是，这些宣泄或不正当的表达却实实在在地对当今大学生有着潜移默化的影响。随着网络生活在大学生群体中的不断深入，这种影响也在日渐加深。因此，如何教育引导大学生学会正确、冷静地表达自己的政治观点，已经成为教育者必须认真思考和对待的问题。

第八章　大学生政治价值观教育方法论

大学生政治价值观教育方法论主要解决的是“怎么教”的问题，对于开展大学生政治价值观教育具有重要的指导意义。本章从大学生政治价值观教育方法论的概念及其意义、理论依据以及大学生政治价值观教育工作中的具体方法三个方面展开，在马克思主义唯物辩证法的理论基础上，探索构建了针对我国当代大学生政治价值观教育的特色方法论体系。

一、大学生政治价值观教育方法论的概念及其意义

（一）大学生政治价值观教育方法论的内涵

要掌握大学生政治价值观教育方法论的内涵，首先要明确什么是方法与方法论。在中国古代，方法也叫方术、方略或办法。在英语中，“方法”一词为“method”，来源于希腊文的“metodos”，其本意是沿着一定的路径前进。列宁在黑格尔的《逻辑学》中摘录了这样一段话：“在探索的认识中，方法也就是工具，是在主体方面的某个手段，主体方面通过这个手段和客体相联系。”笔者认为，方法的实质是合规律性与合目的性的统一，“是人们在认识世界和改造世界的过程中，为达到预期目的所采用的手段或方式。用现代的语言讲，方法就是人的活动的步骤、程序、格式”[379]。

所谓方法论，简单说来就是关于方法的专门学说或理论。“方法论实际上是研究如何运用客观规律自觉地认识世界和改造世界的理论。方法论和世界观是统一的，方法论是世界观的运用，世界观是方法论的基础，用世界观去指导认识世界和改造世界，就是方法论。”[380]一般说来，方法论有三个层次：哲学方法论、一般科学方法论和具体科学方法论。哲学方法论是最一般的方法理论，是关于认识世界、改造世界、探索实现主观世界与客观世界相一致的方法理论；一般科学方法论是研究各门具体学科，带有一定普遍意义，适用于许多有关领域的方法理论；具体科学方法论是研究某一具体学科，涉及某一具体领域的方法理论。

大学生政治价值观教育方法，是指教育者在大学生政治价值观教育过程中所采用的思想方法和工作方法，是教育者为实现教育目标所采用的方式与手段，它具有一般方法的性质与特征。所谓大学生政治价值观教育方法论，简单地说，就是关于大学生政治价值观教育方法的理论体系，是在唯物辩证法指导下，为了认识和解决人们的思想、观点和立场问题，在大学生政治价值观教育过程中所采用的由各种方法构成的科学体系。大学生政治价值观教育方法论主要是以一般意义的哲学方法论为指导，重点研究大学生政治价值观教育过程中的具体方法。

（二）大学生政治价值观教育方法论的研究意义

开展大学生政治价值观教育方法论研究具有重要的理论意义和现实意义。

第一，从理论意义上看，大学生政治价值观教育方法论是完成政治价值观教育任务的工具。教育者要正确地认识和把握教育客体和教育环境，从而使主观与客观统一起来，就必须在大学生政治价值观教育的过程中，通过某种手段使主观和客观发生关系。方法恰恰是联系主观与客观、教育主体与客体的中介和桥梁。对此，毛泽东曾经有过精辟的论述，他说：“我们不但要提出任务，而且要解决完成任务的方法问题。我们的任务是过河，但是没有桥或没有船就不能过。不解决桥或船的问题，过河就是一句空话。不解决方法问题，任务也只是瞎说一顿。”[381]这段话从一般方法论的角度说明了方法的重要作用。

第二，从现实意义上看，研究大学生政治价值观教育方法论是有效开展大学生政治价值观教育，确保意识形态安全的现实需要。一方面，教育对象的思想、价值观念的迅速变化需要我们研究大学生政治价值观教育方法论。当今世界，社会有多复杂，大学生的价值观念就有多复杂。随着我国社会主义现代化建设和改革开放的不断深入，西方思潮不断涌入，包括政治价值观在内的大学生的各种价值观念日益多元化，产生了许多新特点。这既是我们开展政治价值观教育所面临的新课题，更是我国意识形态安全面临的新挑战。实践证明，单单依靠传统的政治价值观教育方法已经无法适应教育对象的需要。另一方面，大学生政治价值观教育工作的现状需要我们研究大学生政治价值观教育方法论。新形势下，政治价值观教育的环境和对象均已发生了深刻的变化。但是，我们的工作难以跟上时代的步伐。主要表现在：政治价值观教育的内容不够系统完善，政治价值观教育的方法、途径、载体过于陈旧单一，政治价值观教育的针对性和实效性、吸引力和感染力还有待加强等等。以上这些问题都要求我们在新的时期，要以改革创新的时代精神对大学生政治价值观教育方法进行系统的研究和改进，创建在马克思主义唯物辩证法指导下的，与时代相适应的政治价值观教育方法论体系。

二、大学生政治价值观教育方法论的哲学基础

辩证唯物主义和历史唯物主义，是大学生政治价值观教育方法论的哲学基础。其中，马克思主义唯物辩证法“科学地回答了世界是怎样的和处于什么状态的问题，集中地表现了马克思主义哲学是

科学的世界观和方法论”[382]，对大学生政治价值观教育具体方法的创建和运用具有重要的哲学指导意义。唯物辩证法所要求的一切从实际出发、具体问题具体分析等方法，是大学生政治价值观教育最基本的思想方法、工作方法和科学研究方法。其指导意义主要表现在以下几个方面：

关于物质世界普遍联系和永恒发展的观点。其基本内涵主要包括：第一，客观世界是一个相互联系的统一体。事物的联系既是普遍的和客观的，又是现实的和具体的，而不是任意虚构和抽象的；第二，客观世界是不断发展变化的。这种发展是普遍的和客观的，其根本原因在于事物内部的矛盾性。

唯物辩证法关于物质世界普遍联系和永恒发展的观点对大学生政治价值观教育方法论的指导意义主要体现在：

（1）有助于我们在开展大学生政治价值观教育时树立整体的观念和全局的意识。根据物质世界普遍联系的观点，各种事物、各项工作都是普遍联系的。通过本文的论述我们可以充分认识到，意识形态安全与大学生政治价值观教育有着密切的联系。这要求我们：首先，要站在意识形态安全的高度来看待，开展大学生政治价值观教育。我们应该看到，在社会主义市场经济条件下，大学生政治价值观教育是大学生思想政治教育的重要组成部分，是社会主义精神文明建设的重要内容。因此，大学生政治价值观教育必须满足社会主义现代化建设的总体需要。其教育目标、教育内容、教育方法等的设定和选择，都要以意识形态安全为重要的出发点和落脚点。其次，要站在“大教育观”的高度来看待，开展大学生政治价值观教育。大学生政治价值观教育工作也同样不能完全孤立地开展，要和知识教育、身体和心理素质教育、美育、道德品质教育等各项教育工作紧密结合，互相支持，在“大教育观”和全方位育人的视角下协同开展，这样才能保证大学生德、智、体、美全面发展，健康成长，顺利成才，成为社会主义合格的建设者和接班人。

（2）有助于我们在大学生政治价值观教育的实践中自觉地从事

物运动、变化和发展的角度去认识和分析问题。客观世界是不断发展变化的，尤其是在当代的中国。随着社会主义市场经济体制的确立和发展、改革开放的逐渐深入，大学生政治价值观教育的环境、对象等一系教育因素都发生了重大而深刻的变化。大学生政治价值观教育能否“与时俱进”，适应新的形势，已经成为了教育者必须认真思考、解决的问题。要解决好这一问题，我们就必须对当前政治价值观教育环境形势的发展变化有全面、科学、准确的认识与分析。

关于唯物辩证法的对立统一规律。矛盾着的双方既统一又斗争，由此推动事物运动发展的规律，就是对立统一规律。对立统一规律是唯物辩证法的基本规律，是唯物辩证法的实质与核心，“提供理解一切现存事物的‘自己运动’的钥匙”[383]。主要包括三个方面的内容：

(1) 矛盾的斗争性与同一性的对立统一关系。矛盾的斗争性和同一性相结合，构成了事物的矛盾运动，推动事物运动和发展。我们要学会在对立统一中把握矛盾的斗争性和同一性，片面地夸大任何一方而否定另一方的作用都是错误的。

这一原理要求我们在创建、运用大学生政治价值观教育方法时，要善于分析和把握教育过程中既对立又统一的矛盾的两个方面。比如，大学生政治价值观教育过程中的灌输方法和渗透方法就是对立统一的。灌输比较直接，渗透比较隐性，但都属于把科学的政治价值观念从外部注入学生的头脑的教育方法。因此，在具体的教育工作中，既要根据实际选用不同的方法，又要注意灌输与渗透、环境教育与自我教育等多种教育方法的综合运用，不能偏废任何一种科学的教育方法。

(2) 矛盾的普遍性与特殊性的对立统一关系。其基本内涵有三个方面：第一，矛盾存在于一切事物的发展过程的始终，即时时有矛盾，处处有矛盾，也就是矛盾的普遍性；第二，具体事物所包含的矛盾及每一矛盾的各个方面都有其特点，即矛盾的特殊性；第三，矛盾的普遍性与特殊性相互依存，在一定条件下又可以相互转化。矛盾的普遍性和特殊性的关系，是矛盾问题的精髓。

这一原理告诉我们，大学生政治价值观教育中的矛盾是普遍存在的，每种矛盾又都有其特殊性，矛盾在其不同的发展阶段也有其特殊性。因此，在教育过程中，我们既要针对大学生政治价值观中存在的共性问题开展教育、集中解决，又要看到不同的人身上存在的问题也不尽相同，要在工作中一切从实际出发，具体问题具体分析，有针对性地解决特殊问题。例如，在工作中我们可以发现，大学生政治价值观教育的过程中存在着许多特殊教育对象群体：少数民族学生群体、困难生群体等。他们较一般学生心理敏感，在学习、生活中遇到的一些细微问题就可能改变其政治价值观，甚至引发不当或非法政治行为。针对这种特殊群体或个人，就要采取特殊的教育手段与措施。

矛盾的普遍性与特殊性可以相互转化，这是大学生政治价值观教育中培优育优、树立榜样的主要理论依据。通过从大学生群体中培养、选拔优秀典范，充分发挥其示范和引导作用，带动其他学生的学习和发展，完成从一般到特殊，再从特殊到一般的转化过程。

(3) 事物的主要矛盾与次要矛盾，矛盾的主要方面和次要方面的对立统一关系。矛盾发展是不平衡的，有主要矛盾、次要矛盾以及矛盾的主要方面、次要方面之分，并在一定条件下可以相互转化。主要矛盾对事物发展全局起决定性的支配作用，矛盾的主要方面对矛盾的性质起决定性作用。这个原理告诉我们，在开展大学生政治价值观教育过程中把握教育的重点和非重点，认清主流和支流，避免舍本而逐末，从而制定正确的教育策略和方法，有效开展教育工作。

马克思主义唯物辩证法除了事物的普遍联系和永恒发展，对立统一规律外，还有很多其他内容，如质量互变规律，否定之否定规律，以及唯物辩证法的诸范畴：现象与本质，内容与形式，必然性与偶然性，原因与结果，可能与现实等等。这些都为大学生政治价值观教育方法的创建与运用提供了科学的理论指导，在这里就不一一阐述。

三、大学生政治价值观教育工作中的具体方法

大学生政治价值观教育工作中的具体方法是教育者实施教育影响的基本手段，是政治价值观教育过程中不可或缺的重要因素。方法得当，教育的内容就更容易为学生接受；方法不当，就难以达成预期的教育目标。因此，在教育的过程中必须注重工作方法的科学运用。

笔者从认知层面、情感层面、意志层面和行为层面入手，将大学生政治价值观教育方法凝练为："灌"、"谈"、"染"、"励"、"调"、"比"、"省"、"导"、"行"九字决，即政治理论灌输法、政治思想谈心法、政治文化熏染法、政治榜样激励法、政治心理调适法、政治现象比较法、政治素养提升法、政治行为规范法和政治生活体验法。

须要说明的是，大学生政治价值观教育工作中具体方法有很多，每一种单独的方法都不可能"包治百病"，各有自己使用的条件与范围，各有自己的优势与局限。教育的过程要注重各种方法的综合运用，使其优势互补，互相促进，形成合力效应，取得更好的教育效果。在大学生政治价值观教育的具体工作中，这九种主要方法互相联系，互相支撑，综合运用，共同构成了大学生政治价值观教育的方法论体系。

（一）灌：政治理论灌输法

"灌"字，来源于《庄子·逍遥游》"时雨降矣，而犹浸灌"。本意上是指"输水浇土"，在大学生政治价值观教育方法中，"灌"的含义是向教育对象直接输送知识与思想。

政治理论灌输法是指将政治理论知识与马克思主义的科学体系系统地、直接地向受教育者输送传递的方法，这是大学生政治价值观教育方法体系中最基本、最常用的教育方法。其主要通过理论传授、学习宣传等具体方式体现。

马克思主义关于社会主义意识灌输的原理是政治理论灌输法的理论依据。马克思主义认为，先进的社会主义思想不可能由群众自发产生，只能通过教育、宣传等自觉的方式从外面灌输进去。列宁在谈到对工人阶级进行无产阶级革命思想教育时提出："工人本来也不可能有社会民主主义意识，这种意识只能从外面灌输进去。各国的历史都证明：工人阶级单靠自己本身的力量，只能形成工联主义的意识……"[384]这个灌输的过程，"就是用马克思主义的立场、观点、方法武装群众头脑，引导群众树立科学的世界观和方法论的过程"[385]。

政治教育的方法种类繁多，不一而足。与其他方法相比较，理论灌输法具有直接性、系统性、简捷性等难以替代的优势。在国际共产主义运动发展史、尤其是我国社会主义革命和建设的历史上，这种优势已被实践反复证明。在教育的同时，我们也要看到，科学的灌输原理并非主张"硬灌"或者"全灌"，而是要具体问题具体分析，将灌输教育法与渗透教育法、自我教育法等其他多种教育方法有机结合，才能最大限度达到教育的效果。

政治理论灌输法具有以下几个基本特征：①直接性。即在教育的过程中，教育者与受教育者都明确意识到在开展或接受教育时，这一特征要求灌输法必须在受教育者发自内心接受教育的前提下才能有效实现。②系统性。理论灌输一般是一个相对长期的教育过程，面向比较稳定的受教育者群体，开展教育的时间地点也比较固定。这就为教育者进行充分的教育准备，完整系统地、有目的有计划、分步骤分阶段地开展政治价值观教育提供了现实可能。③易普及性。理论灌输简单易行，一般意义上，只要有一两名专业的政治理论教育者和足够大的教育场所，就可以面向上百名甚至数百名受教育者同时开展，比较适合我国教育资源有限、受教育者数量众多的现实国情。

对大学生群体进行政治理论灌输教育可以使其从根本上系统地掌握、理解一般政治理论知识与马克思主义的科学体系，避免资产阶级自由化思想的渗透腐蚀，避免学生产生“信仰危机”。目前，我国高校实施政治理论灌输法的主要途径为思想政治理论课教学。新时期面对高校大学生政治价值取向多元化、功利化等新问题，传统的、单一的理论灌输法已经难以满足大学生政治价值观教育的客观需要，必须对其加以创新发展，这是提高灌输有效性的关键。

首先，要实现灌输方法的创新。方法是连接主体和客体的桥梁，好的方法有利于促进灌输教育的顺利完成。方法创新必须立足于受教育者的变化和特征，注意激发受教育者的兴趣、参与意识。

其次，应注重灌输方法的互动性、情感性、实践性。摒弃过去单一、生硬、理论与实际相脱离的手段，在继承和发扬优良传统的基础上，根据不同灌输对象，充分运用各种新颖快捷、覆盖广泛的现代化手段。

最后，应通过一些潜移默化的灌输手段，把一些道理深刻、内容感人、形象生动的教育内容寓于各种生动活泼、丰富多彩的活动中，以达到润物细无声的教育效果。综上所述，马克思主义灌输理论只能加强，不能削弱特别是在思想政治教育面临新的挑战和课题的新形势下我们更应解放思想、实事求是，创新灌输理论，努力实现灌输方法的科学化和多样化，不断增强灌输教育的实效性与针对性。

一方面要创新发展政治理论灌输法的表现形式，把单一的理论灌输拓展为理论研讨、政策宣讲等多种形式；另一方面要注重以下两个结合：①直接性灌输与潜在性渗透相结合，针对当前部分大学生对“枯燥”的政治理论灌输教育有逆反心理等问题，我们要在教育的过程中，打破传统的“简单粗暴”的灌输方式，注重灌输与渗透的有效结合，贴近学生、贴近生活、贴近实际，润物无声地达到教育目的。②将政治理论灌输与传统文化教育相结合，充分利用我国传统文化中的宝贵精神财富，将理论观点孕育于文化教育中，发挥传统文化的精神影响。

（二）谈：政治思想谈心法

“谈”字，来源于《诗·小雅·节南山》：“忧心如惔，不敢戏谈”。其意是指彼此对话、讲论。如：交谈；座谈；高谈阔论。大学生政治价值观教育中的政治思想谈心法，是指以师生语言沟通交流的方式解决受教育者思想问题，尤其是与政治相关的思想问题的方法。根据教育对象的数量，政治思想谈心法可分为一对一谈心法与一对多谈心法；根据谈心的方式，可分为提问和对话两种基本类型，对话是主要方式。教育者运用谈心法开展工作的过程，就是一个发现问题、分析问题、解决问题的过程，一般包括四个基本步骤：①师生预约或临时安排；②师生建立对话，开始交谈；③教育者了解受教育者的思想情况，发现、捕捉思想信息及存在的问题；④教育者与受教育者达成共识，寻找办法，解决思想问题。

谈心法作为大学生政治价值观教育过程中比较常见的工作方法，具有以下两个基本特征：①可以“一对一”。当前我国大学生群体的政治价值观受多种价值文化思潮的影响，日益呈现出多元化、多样化的发展趋势。对于国际局势、国家政策与社会建设，基本上每名大学生都有自己个性化的观点和见解。一对一的谈心法具有极强的针对性，可以针对个体的政治价值观具体问题具体分析，对症下药。②可以“心连心”。每个大学生的内心都是一个独特的世界。如果教育者不能走进他们的心灵深处，做到推心置腹甚至“掏心窝”，从而与其产生情感上的共鸣与思想上的交融，就无法准确判断、把握学生真实的思想与心理活动，在此基础上开展的政治价值观教育也必然是不被学生接受、不符合教育规律的。谈心谈心，以谈交心，它可以有效弥补其他教育方法在这方面的不足。

政治思想谈心法的基本特征与规律要求我们在使用本方法时要

注重以下两个原则：第一，“以情感人”注重心灵相互沟通的原则，在进行思想谈心时，不要急于把自己认为正确的观点强加于人或马上纠正学生错误的观点，而是从内心深处与学生交流，站在受教育者的角度，以朋友的身份进行情感关怀，促使受教育者能够敞开心扉，从而把握受教育者真实的思想动态与关键的思想问题；第二，“以理服人”注重理性疏导的原则，在谈心过程中，既要注重情感关怀，也不能放弃原则。教育者要坚定立场，尊重事实，以平等的身份和公正的角度帮助学生正确认识问题，科学地分析问题，共同探索解决问题的途径与办法。

（三）染：政治文化熏染法

“染”字，源于《墨子·所染》：“见染丝而叹曰：‘染于苍则苍，染于黄则黄；所入者变，其色亦变。’”“一说从木、从水、从九。会意。古染料多来源于植物，故从木；染料须加工成液体，故从水；染须反复进行，故从九。本义：使布帛等物着色。”[386]大学生政治价值观教育中的政治文化熏染法是指通过运用与政治相关的各种文化，弘扬主流意识形态，使受教育者在无意识、不自觉的情况下，受到影响、熏陶、感染而接受政治教育的方法。

文化感染有两种不同的性质：顺向感染和逆向感染。“当受教育者对感染的情感产生亲和，接受感染体的内容，称之为顺向感染；当受教育者对感染的情感产生对立，不接受感染体的内容，甚至对感染体鄙视和排斥，称之为逆向感染。思想政治教育就是要使受教育者与教育者提供的感染教育产生感情上的‘共振’，争取顺向感染发生，防止逆向感染出现。”[387]

青年大学生思想活跃，情感丰富，又有一定的文化科学基础，多数学生身上具有诗人的品格和浪漫主义的气质，其情感易被激发。文化本身就是他们学习生活的重要组成部分，与他们联系密切。将政治价值观教育化解到他们熟悉的形式中，运用文化熏陶感染的方法对他们开展教育往往会起到事半功倍的效果。

当前，大学生政治价值观教育中运用文化熏染法的主要表现形式有四种：一是开展读书、看报、观看影视作品等文化作品赏析活动；二是在社会主义核心价值体系的指导下，加工、创造各种新的文化作品，影响感染他人；三是组织学生参加各种文化活动，如唱国歌、参加节日庆典等；四是以个人、班级、院系、学校或各级学生党团组织为基础营造群体文化，影响感染组织成员。

运用文化熏染法，须要把握以下几个原则：①形式上要喜闻乐见，要具有一定的吸引力和感染力，才能博得学生情感上的共鸣，达到熏染教育的目的。如最近热播的电视连续剧《恰同学少年》，该剧以毛泽东、蔡和森、向警予、杨开慧、陶斯咏等优秀青年风华正茂的学习生活为主线，生动讲述了那一代青年人的学习、理想与追求，切中了青年励志成才的时代主题，既符合了学生成长的客观需要，又成功地对学生进行了关于老一辈无产阶级革命家为国家兴亡而读书奋斗的红色教育。②注重发挥学生的主体性作用，引导和鼓励学生多参与各类文化活动，多创造高水平的文艺作品，让学生在文化的参与和创造中受到感染。

（四）励：政治榜样激励法

“励”字，源于《三国志·魏志·杨阜传》：“阜等率父兄子弟，以义相励。”其意是劝勉，鼓励。大学生政治价值观教育中的政治榜样激励法是指以政治先进典型人物为榜样，以其模范行为和人格力量激励、鼓舞学生，提高学生政治认识和政治觉悟的方法。其主要表现形式为事迹报告、榜样座谈等。

政治榜样激励法的哲学理论依据是马克思唯物辩证法中关于客观事物发展不平衡的观点。“客观事物都存在矛盾，发展是不平衡的，有差别的，人们的思想觉悟总是有高有低。”榜样就是从群体中遴选出的发展较快较好的那一部分。政治榜样激励法也有其心理学上的理论依据。“观察者能通过观察他人的行为习得认知技能和新的行为模式”，“榜样表现出观察者原本不具备的新的思想模式和行为模式，通过观察，观察者也能形成同样形式的思维和行为”[388]。榜样对人们思想行为的影响，是一个包括注意、保持、运动再现和动机作用四个环节的连续的心理活动与观察模仿过程。

在大学生政治价值观教育中，榜样激励法具有其他方法不能替代的作用。这是因为，此方法具有激励性、可学性、导向性等基本特征。一是激励性。从学生群体中选取榜样树立榜样可以有效地激发学生“他行我就行”的竞争心理，易形成争学典范力争上游的良好氛围。二是可学性。榜样典型将抽象的理论说教转化为生动形象的示范，其行为易模仿，后果易借鉴。榜样的思想与行为在模仿者认知水平与能力所及范围之内，具有极强的可学性。三是导向性。榜样典型的思想观念与模范行为就是一种导向。它能够形象地告诉大家这个社会中什么是真善美，什么是假恶丑，人们提倡什么，反对什么，引导学生树立科学正确的政治价值观念。

从榜样人物的选取来源上划分，可大致分为校园朋辈典型、校外朋辈典型、非朋辈典型。从榜样人物的性质上划分，首先是政治典型，其他相关典型的还有成才典型、学习典型、工作典型、困难生典型、就业典型、生活典型、创业典型、科研典型等。

当前，在大学生政治价值观教育中运用政治榜样激励法，要注意以下三个原则：①真实性原则。榜样的力量首先在于真实。“高大全”的英雄事迹，脱离人们的实际生活和精神世界，不可能在心灵深处震撼人，也就起不到榜样激励的作用。因此，榜样的树立及其内在精神挖掘，必须实事求是，不能人为夸大，这样才能在内心深处引起大学生对榜样的认同感。②时代性原则。“模范是时代的产物，而他的价值也在于时代的需要。”[389]因此，在政治榜样激励法的具体运用中，应选取与大学生具有相同或相近时代特点的榜样。过于超前的榜样反而不易为学生所理解和接受。③层次性原则。不同层次的受教育者具有不同的崇拜对象。因而榜样的选取既要有已为人所熟知的著名人物和社会成功人士，也要有近在眼前，“看得见”、“摸得着”、易于接受的朋辈榜样。

榜样激励法作为我党传统的思想政治教育方法，在新的时代背景下，同样需要与时俱进，不断创新。①要创建榜样团队体系，使其充分发挥集聚与辐射效应。如东北师范大学构建了比较系统的榜样团队体系，主要包括“理想与成才报告团”、“四个百人团队”（优秀学业学生百人团队、优秀学生党员百人团队、优秀学生干部百人团队、未来教育家百人团队）、“就业形象大使团队”、“东师信使团队”、“自强不息报告团”、“优秀校友报告团”、“红烛志愿者团队”等。②要将榜样培育、选拔制度化、长效化。如创建榜样评价、奖励体系，通过学生干部轮换制、党员联系制、学生党员暑假学校等多种制度形式培优育优，从中遴选先进典型。

（五）调：政治心理调适法

“调”字，源于《荀子·富国》：“其耕者乐田，其战士安难，其百吏好法，其朝廷隆礼，其卿相调议，是治国已。”其意指协调、调和，在本文中是调节、适应的意思。

大学生政治价值观教育中的政治心理调适法是指引入、借用心理学的知识和方法，主要通过心理咨询的方式对大学生在政治现象认知和政治参与过程中的政治心理活动进行调节，帮助其解决心理问题的方法。政治心理调适法是大学生政治价值观教育中一种新兴的特殊教育方法。

政治心理调适法是建立在政治心理与政治价值观相互作用的理论基础上的。政治心理和政治价值观是人们意识形态领域的两个重要维度，它们相互影响，相互制约，共同指导人们的政治行为。比较而言，政治心理是人们对于社会政治活动的不够深刻的、较直观的、经验的、低层次的反映形式；政治价值观是人们对于政治活动的相对稳定的、理性的、深层次的认识和评价，政治心理的进一步丰富、成熟和稳固、深化，进而形成政治价值观念。作为政治价值观念形成的心理基础，社会政治心理具有积极和消极双重效应，积极的社会政治心理是树立正确政治价值观念的巨大动力，而消极的社会政治心理常常对政治价值观的形成和发展产生一定的冲击力和破坏性。

大学生正处在人生发展的关键阶段，他们思维敏锐，感情丰富，社会经验不足，思想尚未定型，又极易受到社会变革的冲击和社会思潮的影响。当代大学生常见的政治心理障碍与问题主要有政治冷漠心理、怀旧心理（总感到不如从前）、局部失衡心理（安全感缺失）、相互攀比心理（均等感的消失）等。因此，对大学生进行科学的政治心理调适能够从政治认知方面制约着大学生政治价值标准的建立；能够从大学生个体内心确立政治价值判断的动力基础；能够从政治态度上引导着大学生的政治价值选择。

在政治心理调适法的实际运用中，教育者要注意协调大学生政治心理的矛盾与问题，使其符合政治价值观教育的客观要求。首先，疏导政治心理障碍。从心理问题产生的客观实际出发，了解、分析心理障碍的形成过程及产生的根源，通过启发、调动主观能动性等方式，调适校正受教育者的政治心理问题。其次，畅通参与渠道，倡导参与型政治心理，认同党和政府的路线、方针、政策。我国青年对政治事务的关心和参与程度是有差异的，既有热情参与型的，也有冷漠型的，这与他们的政治心理直接相关。对冷漠型政治心理要加以引导，使之向热情参与型转化。

（六）比：政治现象比较法

“比”字，来源于《诗·大雅·皇矣》：“王此大邦，克顺克比。”本意为和顺，现多指较量高低、长短、远近、好坏之意。俗语说：“不怕不识货，就怕货比货。”这揭示了比较法的基本功能，即在比较中鉴别事物的是非、真伪、好坏。政治现象比较法是指通过对古今中外各种政治现象与问题进行比较鉴别，从中引出正确的判读，从而达到政治价值观教育目的的方法。

政治现象比较法的运用一般可以分为两类：①纵比。就是将同一类政治现象进行历史的和现实的比较，从而得出正确结论，提高政治认知水平。纵比的优势是可以通过同一事物在不同阶段的比较，在把握变化中得出事物发展的规律和趋势。例如，我们在思想政治教育中常用的忆苦思甜法。在20世纪五六十年代，“人们通过回忆劳动人们在旧社会受压迫受剥削的痛苦经历，对比解放后劳动人民翻身解放的美好生活，极大地激发了人们对党和社会主义热爱与向往的感情”[390]。②横比。就是把同一时间发生各种政治现象与问题进行横向综合对比。其优势在于可以发现一种事物区别与其他事物的本质特征。例如，在1997年的东南亚金融风暴中，我国政府向世界明确表示在此期间人民币绝不贬值，愿意与遭受危机的国家一道携手渡过难关，我国这种强烈的责任感与使命感，与少数国家只顾自己置他国利益于不顾的冷漠行为形成了鲜明的对比。在这个比较中，学生可以充分认识到我国当前强大的综合国力与彰显出来的大国责任意识。

政治现象比较法是大学生政治价值观教育中的重要工作方法。一方面，这是由大学生信息来源的多元化决定的。社会的多元文化、网络技术的飞速发展、物质基础的极大丰富，以及大学生本身极强的探究心理，使得大学生接收的各种信息纷繁复杂甚至相互矛盾。加之西方发达资本主义国家有意从意识形态上对我国人民尤其是代表未来的青年学生进行渗透。这给我们引导大学生通过比较鉴别把握政治现象与问题的本质提出了现实需求。另一方面，这是由大学生政治判断能力的不足决定的。大学生群体虽然知识较丰富，但社会阅历较浅，对较复杂的政治现象与问题的深入分析和准确判断能力尚显不够，这是造成他们政治评价标准模糊的重要原因之一。变单一事物的描述为多个政治现象的比较，在比较中鉴别，在鉴别中认知，从而把握政治现象与问题的本质特点，确立科学正确的政治价值观。这是政治现象比较法的最终教育目的。

政治现象比较法要遵循以下原则：①启发性原则。政治现象林林总总，纷繁众多。我们不可能指导学生比较所有的政治现象。因此，我们要从不同类别中的政治现象中选取有代表性的案例进行比较示范，从而启发学生举一反三，触类旁通。②全面性原则。大学生在分析政治现象与问题时容易以偏概全、以点代面。这要求我们在教育时要注重指导学生全面比较、综合对比，引导学生深入挖掘事物的本质。例如，“把我国的社会主义制度与西方的资本主义制度相比，不仅要从经济、政治思想、文化、道德、社会风尚等各个方面进行比较，还要从未来发展的前景进行比较。只有这样，才能正确地认清资本主义制度的本质和我国社会主义制度的优越性”[391]。

（七）省：政治素养提升法

“省”（音 xǐng）字，意为查看、检查。在孔子的教育思想中将其解释为反省、内省，如“吾日三省吾身”（《论语·学而》）以及“见贤而思齐，见不贤而内自省也”（《论语·里仁》），强调人们要经常反省自身从而不断提升个人素养。

大学生政治价值观教育的政治素养提升法是指：大学生按照政治价值观教育的目标和要求，进行自我教育，以提高自身政治素养的方法。简单地说就是大学生自己教育自己的方法。

任何人的政治思想、政治觉悟、政治水平都不是凭空得来的，只有在长期的实践中不断进行自我改造，提升自我素养，才能适应社会和时代发展的需要，适应社会主义现代化建设的需要。正如教育家叶圣陶所说：“教育的目的是为了不教育。”

政治素养提升法的合理性建立在以下两方面的基础之上：“第一，任何价值观教育过程的实质都是主体价值观自我建构的实现。不通过主体自身的价值体悟与接纳，任何价值观念都无法让学生真正接受。第二，大学生正处在自我意识凸显的时期。他们会自觉、不自觉地对自己的政治思想与政治行为作出反思、反省，并会自觉、不自觉地约束自己的行为。”[392]

根据自我教育主体的数量，可分为个人的自我素养提升和群体的自我素养提升。根据素养提升的方式，可分为自我反省、自我反思和自我改造。一为自我反省，即自我省查，指引导大学生对以往的政治思想和行为进行检查对照和再认识，并从中寻找差距和不足，进而提高自身政治素养水平。刘少奇在《论共产党员的修养》一书中，提出要在自省、慎独等中国古代传统自我修养方法的基础上，进行必要的继承、改造和发展。目前，自我反省的主要方法有自我小结、自我鉴定、自我检讨、思想汇报等。二为自我反思，是指大学生以自我精神为对象，积极进行内心对话，寻找自我认识与正确政治原则、政治思想的差距和不同之处，从而把自我反思变成自我教育，并形成正确的思想认识。三为自我改造，即自我剖析、自我批评。充分鼓励大学生发挥主观能动性，自觉主动地进行自我批评、自我教育，提高政治思想觉悟。在三种方式中，自我反省侧重感性认知，自我反思侧重理性思考，自我改造侧重行为实践。

（八）导：政治行为规范法

“导”字，源于《孟子·离娄下》：“有故而去，则使人导之出疆。”其意为引导。大学生政治价值观教育中的政治行为规范法是指，教育者通过讲解与宣传帮助受教育者认知、了解一定的政治法律、法规或纪律，从而规范、引导其政治行为的方法。

政治行为规范法一般可以分为以下三类：①法规宣讲。通过宣传讲解与政治行为有关的法律法规，使被教育者能够明确区分合法政治行为与非法政治行为。如教育大学生学习《中华人民共和国集会游行示威法》，了解中国公民在行使正当的集会、游行、示威权利时应把握的原则和注意事项。②案例警示。通过宣传手册、案例分析等方式将非法政治行为的典型案例在青年学生中宣传讲解，使受教育者充分认识到非法政治行为对个人和国家的危害，从而起到警示的作用。③行为优化。在学生选择政治行为时，引导其比较鉴别采取不同行为方式的利弊，从中选出最优化的政治行为方案。

运用政治行为规范法面向大学生开展政治价值观教育是十分必要的。①因为青年大学生的政治热情较高，政治愿望理想化，需要对其政治行为加以规范和教育。近年来，经过一段政治低迷期后，大学生对政治的关注与热情开始逐渐“回暖”，而与之形成对比的是大学生对相关法律法规认知的相对匮乏。②政治行为引导是大学生政治价值观教育的关键环节。对大学生进行政治价值观教育，最终落脚点是帮助其确立科学的政治价值观，从而引导大学生采取正确的政治行为。行为教育与价值观教育既相互独立又相互渗透，相互补充。

（九）行：政治生活体验法

“行”字，源于《论语·述而》：“三人行，必有我师焉。”本意为走，步行，引申意为实践，与理论相对。大学生政治价值观教育中的政治生活体验法是指，通过组织大学生参与各种政治实践活动，在实践中体验真实的政治生活，提高政治认知能力的方法，这是一个通过改造客观世界而改造主观世界的过程。一般说来，政治生活体验法主要包括社会服务、专题调查、参观访问、社会考察、现实模拟等方式。

“马克思主义认识论和实践观认为，社会实践是人的正确思想形成发展的源泉，是人的思想发展的动力，是人的思想认识的目的，也是检验人的思想观念是否正确的唯一标准。”[393]这是政治生活体验法的主要理论依据。

政治生活体验法在大学生政治价值观教育中起着不可替代的作用。通过组织大学生感受现实政治生活，一方面可以使其在感性认识的基础上验证已经学习掌握的政治观点，有利于强化政治价值观教育的成果；另一方面可以在实践体验中总结得出新的政治观点。当人们对问题的认识模糊，对解决问题的方式疑虑时，仅仅靠教育者一般的讲道理，是不容易让他们信服的。而事实胜于雄辩，组织大学生积极参加政治生活实践，亲眼看、亲身做，自己感悟，从而使之信服教育者传递的思想。政治生活体验法为大学生将政治价值观理论教育成果转化为自己的言行标准、理论联系实践创设了条件。

在实施政治生活体验法时要遵循以下原则：①要建立实践体验的长效机制。“实践、认识、再实践、再认识是一个无限循环往复的过程。”[394]大学生的政治思想状况具有一定的波动性，期望仅依靠一次的政治生活体验就想达到教育效果是不现实的。应当建立政治生活体验的长效机制，根据新时期大学生政治价值观教育的新形势、新问题，灵活运用和积极创造各种适当的政治生活体验形式，逐步稳固强化大学生政治价值观教育的成果。②要对实践体验的过程加以指导和干预。未能进行科学组织的政治生活体验往往容易停于表面，流于形式。要想取得深入的教育效果，就必须加强对体验的过程加以指导和干预。首先，要从大学生政治价值观现状的客观需要出发，制定体验计划。其次，要在体验过程中指导学生有目的地观察记录。最后，要给学生提供相关理论支持和比较参考对象，指导学生深入分析研究，得到正确结果，并将体验成果与预期目标和总目标相比较，指导下一阶段的政治生活体验。

第九章 大学生政治价值观教育的具体实施

本部分从大学生政治价值观教育的载体、管理机制和队伍建设三个主要方面入手，探索构建了意识形态安全视角下的大学生政治价值观教育的特色载体体系、管理机制和队伍建设模式。

一、大学生政治价值观教育的载体建设研究

教育载体，是指教育过程中承载并传递思想政治教育信息，能为思想政治教育主体所操作并与思想政治教育客体发生联系的一种物质存在方式或活动方式。政治价值观教育载体是承载和传递政治价值观教育信息的一种物质存在方式或活动方式。在高校政治价值观教育活动中具有纽带、反馈、强化、渗透、储存、证实等功能。教育载体的科学选择和有效运用能够使我们的教育效果事半功倍。在研究中，我们将大学生政治价值观的教育载体按照教育性质分为基本载体、一般载体、特殊载体和复合载体。

（一）大学生政治价值观教育的基本载体

从宏观意义上说，社会、家庭、学校是对大学生开展政治价值观教育的基本载体，是开展大学生政治价值观教育的三个根本途径。其他类型的载体，如一般载体、特殊载体和复合载体，都包含在这三个基本载体的范畴之内，都是在基本载体的基础上发展变化而来的。

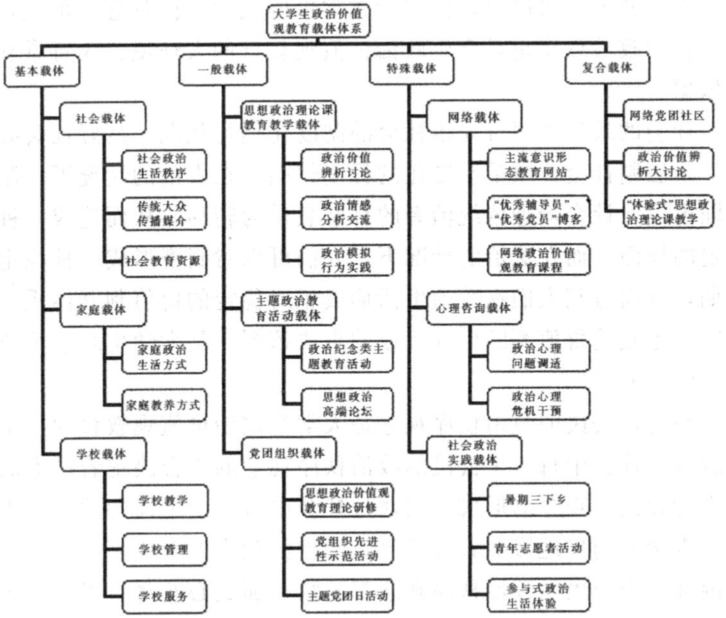

1. 社会教育载体

人是社会的存在，社会是大学生政治价值观教育最广泛的载体，无时无刻不在对大学生产生各种各样的影响。比较典型的社会教育载体有社会政治生活秩序、大众传媒、社会教育资源三个方面。

(1) 社会政治生活秩序

社会政治生活秩序是指社会政治生活中的人们根据一定规范活动，对社会政治的内在结构和各方面关系处于相对均衡、相对和谐、相对稳定的状态。政治生活秩序是一种政治生活的状态，它是用来描述政治生活的有序性、稳定性以及连续性的概念。社会的政治生活秩序制约和影响着每一个人的政治价值观念和政治参与行为。对于大学生而言，社会政治秩序是校园以外的一个重要的政治教育载体，它作为一种意识形态，对于大学生的教育作用不需要其他因素的介入，可以直接作用于大学生的政治价值观念的形成，同时，社会政治秩序也是学生政治价值观教育的大环境、大背景和重要依据。

社会的政治秩序首先指社会的制度化运行状况，良好社会必须是一个法制社会，政治制度化的程度较高。在人治的情况下，制度如同虚设，社会治理依统治者的喜怒哀乐为转移，从而造成一种不稳定的局面。而在法治的情况下，人们可以对制度形成一种稳定的预期，从而有利人们在政治生活形成相对稳定的价值判断体系。政治制度是政治价值判断标准形成的重要依据，是大学生政治价值观教育的重要载体。

同时，公民的政治秩序观念是大学生政治价值观教育的一个重要载体，社会中每一个公民的政治秩序观念的集合决定着国家的政治观念和民主观念的形成，它通过社会中每一个个体的政治行为示范，直接或间接地影响着大学生政治价值观念的形成。如果一个民族内部每个公民的政治秩序观念都较强，那么必然将会以一种观念遗传的方式影响其下一代，使青年一代在良好的政治秩序观念中成长，进而形成相对积极的政治价值观念。因此，要想更好地建设大学生的政治价值观，就要很好地培养社会中每一个公民的政治秩序观念，充分利用大学生生存环境中每一个个体的秩序观念这一有效的教育载体。

（2）传统大众传播媒介

大众传播媒介，又叫大众传媒，被称为“没有围墙的大学”。传统大众媒介一般是指报纸、杂志、书籍、广播、电视等旧的传播媒体。大众传媒以其时代性、互动性、形象化、易普及等特点，成为大学生政治价值观教育过程中的重要载体。从本质上说，政治价值观的教育过程实质上就是一个思想传播过程，而以物化为媒介（大众传播）的教育传播方式就成为政治价值观教育的一个有效载体。也就是说，社会意识形态借助于大众传播媒介，将其思想理论体系作为社会舆论的形式传播出去，在广大公民当中形成一种价值观念体系，从而影响公民的思想、生活和行为方式。大众传媒对于大学生政治价值观的教育意义主要表现在：能够传导相关信息，作为大学生树立政治价值观的信息来源；主流引导，在政治价值观重大议题和关注焦点上为大学生指明正确方向；隐性渗透，潜在的实现对大学生的教化功能。

当前，大众传媒在承载大学生政治价值观教育功能的同时，也存在各种各样问题。比如，主流意识形态的影响较小，未能充分发挥对大学生的政治价值观的正向引导作用；信息污染与外来多元文化对于大学生的政治价值观念的消极影响；可能会引致不良接受习惯，例如沉溺于电视导致一系列的心理问题，从而影响政治心理的发育；等等。对此，我们要注意加强大众传媒载体的建设，主要从以下几方面入手：

①坚持大众传媒的主旋律导向，确保大学生政治价值观的主流导向。要提高记者、编辑等传媒从业人员尤其是领导的政治价值观水平，充分发挥他们的把关作用。要以正面宣传为主，旗帜鲜明地坚持正面思想、道德、行为的选择和引导，给予大学生正面的政治价值观示范、经验。②注意引导不同传媒的优势互补，形成大学生政治价值观教育的全方位氛围。根据各个媒体的特点和大学生的需要，有针对性地开展政治价值观教育。以理论灌输为例，书籍，适于大学生专门、反复阅读，因此可以适当加重其理论色彩，引入深层思考；而报纸则是随看随丢，因此篇幅不宜过大，理论不宜过于艰深，要一看就懂，切中要点。③加强大众传媒的控制和监管，努力消除对大学生政治价值观的负面作用。一方面加强对国内国外传播的内容的监督和管理，杜绝国内国外不良信息甚至有害信息干扰大学生政治价值观；另一方面，要引导大学生建立正确接收传媒的心理和行为，甄别传播的信息。

（3）社会教育资源

社会教育资源主要包括政府机构或群众组织建立的文化设施、有特定教育意义的这种专门的教育场所和实践基地，以及大学和学生家庭所在的社区的政治文化教育资源等等。社会教育资源是大学生政治价值观教育的一个重要载体，它在帮助学生了解社会、体验社会，丰富高校的教育资源等方面有重要的意义。

政治实践基地。政治实践基地是大学生政治价值观教育开展社会实践活动的重要依托。它承担着大学生政治价值观教育的两项任务。第一，成为大学生政治知识的拓展地。实践基地为大学生观察、研究社会政治状况提供窗口，大学生在实践基地可以检验既有政治知识，丰富知识来源，提高其政治认知水平。第二，成为大学生政治生活体验的一个重要场所。正确的政治价值观应是来源于社会实践，并在实践中逐步成熟发展的，但是，校园内的政治实践机会少，种类单一，校外的实践基地正好扩充了校内的政治实践资源，为更多的学生提供了更多种类的政治实践机会。

社区政治文化。社区政治文化是指高校周边以及其他学生接触频繁的社区体现居民的政治价值观和政治行为的文化。主要包括社区的政治文明程度，政治正规化程度，政治秩序情况，政治民主氛围，员政治面貌及关注参与政治程度等。社区是缩微的社会，很大程度上承担着大学生政治价值观社会教化的功能。社区政治文化对大学生政治价值观的作用途径主要有：①大学所在的社区文化状况在一定程度上决定大学生政治价值观的“底色”，如社区民主氛围浓厚，学生政治参与程度也相对较高；②社区政治文化为大学生政治价值观教育提供丰富的“养料”，如社区内具有优秀的爱国主义传统，则为大学生爱国主义教育提供原材料；③社区政治文化承担着大学生政治价值观教育“交换器”的中介功能，如“八荣八耻”教育在社区的成效会潜移默化作用于大学生，帮助其内化，稳固政治价值观教育成果。

社区政治文化和实践基地蕴含着丰富的大学生政治价值观教育资源，但是目前发挥作用还不够明显，我们必须足够重视，深入地把握这些社会教育资源与学生政治价值观教育各个环节、各层次的关系，加以充分利用。①要降低门槛，充分满足大学获取社会教育资源的现实需求。如向大学生免费开放历史博物馆等爱国主义教育基地。②丰富并深入挖掘政治价值观教育素材。社区和实践基地内涵丰富，但处于自在自为的状态，这需要我们结合大学生政治价值观教育目的和内容体系，深入挖掘，认真整理其中有意义的素材。

2. 家庭教育载体

家庭是个体成长的主要环境，也是人生的第一课堂。即使孩子成年后，由于血缘关系，他们也极易受到家庭的影响。美国学者罗斯金等人指出：家庭具有其他任何机构所不能比拟的作用。由政府和学校所推行的“公开的社会化”，如与家庭价值取向冲突，通常都会失败。家庭是个体政治价值观的确立、基本政治生活规范的获得的重要载体。其途径主要有家庭的民主氛围与家人的宗教信仰情况、政治面貌状况、职业与政治的相关程度、关注政治与参与政治示范等。其中，较为典型的有家庭政治生活方式与家庭教养方式。

（1）家庭政治生活方式。家庭政治生活方式指家庭成员政治面貌、政治素质、政治投票、政治选举、政治结社、政治表达、政治接触、政治冷漠、政治学习、参加组织生活等。父母是孩子的第一任教师。子女的政治价值观很大程度上继承自父母。积极的家庭政治生活方式，传递给大学生政治价值观有益的经验与体验，树立正面的示范典型。例如家庭成员中党员较多时，学生在大学期间入党的积极性要比其他人强。反之，父母消极负面的政治生活方式，则会误导孩子的政治关注意识和政治参与行为。高校给予那些有家庭成员加入邪教的学生的政治思想状况特殊关注，就是这个原因。父母要重视自身政治生活对孩子的作用，尤其是即将踏入社会的大学生子女的作用，父母要不断加强并带领子女进行政治学习，提升政治修养水平，及时了解国际局势和意识形态安全状况，认真履行选举权与被选举权，理性表达政治见解。

（2）家庭教养方式。在现代家庭中，存在两种截然不同的教养方式：①对孩子溺爱娇惯，百依百顺。孩子要求什么，父母就答应什么，孩子愿干什么就干什么，父母对于孩子的不正当要求和不良言行从不予以干预和引导。②有的父母对孩子不讲道理，信奉棍棒教育。发现孩子有问题和过错，父母不是耐心地说服教育，引导孩子认识错误，改正错误，而是动口则骂，出手便打，给孩子的心灵造成严重的创伤。用这两种方法教育孩子，其结果只能使孩子或者以自我为中心，或者毫无主见，极端自负或者极端自卑，形成错误的政治价值观，孩子进入大学后，高校对学生的政治价值观教育严重受阻。父母应积极营造民主融洽的家庭政治教育氛围，父母在生活中平等地对待孩子，尤其是大学生大多已经成年，要积极鼓励他们以成年人的标准要求自己，成年人的视角看待政治现象，注意有意识地对其政治认同、理想信念等的培养。

3. 学校教育载体

学校是最规范、最重要的政治价值观教育载体。在大学生政治价值观教育中，也要发挥校园教育“主阵地”的功能。根据分工不同，大学的工作可分为教学、管理、服务三大块，教学、管理、服务只是三种不同的工作方式和手段，其出发点和落脚点还是育人的目的和宗旨。因此，在大学生政治价值观教育中，我们将学校教育载体具体细化为学校教学载体、学校管理载体、校园服务载体三部分。

(1) 学校教学

学校教学载体主要指高校教学过程中能够对大学生进行政治价值观教育的内容、环节、人和环境等，主要指思想政治理论课教学之外的其他课程内容、任课教师、教学氛围等等。首先，课程内容是大学生政治价值观的教育的一个重要信息来源，具有为其提供认知基础的功能。如大学外语课堂上传导的西方发达资本主义国家的选举制度，帮助大学生在中外比较中更好地认知我国的选举制度。其次，授课教师尤其是青年教师言传身教，他们对政治的关注程度、参与程度、党派选择等，给大学生确立政治价值观提供效仿榜样。最后，教学氛围是否民主，涉及政治问题是回避犹豫还是导向正确，将会潜移默化地感染大学生，影响其政治参与和选择。

当前，作为政治价值观教育的载体，教学环节仍然存在着一些需要完善和改进的地方。一方面，一些教学的组织者还没有充分认识到专业课教学对于学生政治价值观教育的渗透作用，在具体的教学环节中没有给予充分重视。另一方面，目前授课教师呈现青年化趋向，青年教师虽然视野开阔，但是由于他们缺少政治生活体验和政治锻炼，往往存在政治信仰不够坚定、政治价值取向容易波动等问题，会严重影响到大学生的政治价值观念的形成。针对这些问题，我们加强对教学载体的建设主要从以下两方面入手：第一，在课程内容上，要坚持思想性、科学性和知识性的有机结合。选择恰当的切入点，把政治价值观教育与智育有机地融为一体，使学生在学习各门学科知识的过程中，受到政治价值观教育的熏陶。第二，要将教师特别是青年教师的专业水平提升和政治理论素养提升相结合，加强专业教师的政治理论素养，要使其在政治价值观上给学生起到为人师表的作用。

(2) 学校管理

2004 年 10 月，中共中央、国务院发出的《关于进一步加强和改进大学生思想政治教育的意见》中明确指出，加强和改进大学生思想政治教育必须坚持教育与管理相结合的原则。因此，管理作为一种有效载体，也应在大学生政治价值观教育过程中越来越受到重视。

管理作为大学生政治价值观教育的重要载体之一，主要是指将大学生政治价值观教育内容渗透进管理活动中，通过规章制度和运行机制，以激发大学生的政治热情与动力，从而使大学生在严格管理的长期实践中逐渐确立正确的政治价值观的一种方法。它发挥着了解学生政治动态，规范监督其政治行为，潜在政治渗透和政治主流导向的重要作用，主要表现为高校政工干部等管理队伍、管理制度和运行程序等。

当前，加强对管理载体的建设，我们要注意以下三点：第一，加强教师工作队伍的管理。充分发挥各方面的积极性，形成政治教育观的强大合力，建立全员育人的政治价值观教育工作体系。第二，加强对学生的日常生活管理。规范学生的政治行为方式，帮助学生养成良好的政治生活习惯，使学生在严格的规范中学会做人做事的道理。

（3）学校服务

高校的服务工作覆盖教学、科研、生活各个方面，它沟通学校与师生情感，凝聚着师生向心力。校园内的服务机构主要包括后勤、学生食堂等部门，学校的服务部分在某种程度上也承担着育人的基本功能，一方面，学校服务人员吃苦耐劳的服务精神和热情周到的服务态度潜移默化地作用于大学生，引导其树立爱岗敬业、为人民服务的理想信念。另一方面，民主科学的服务制度和服务理念，会影响大学生对政治民主的理解，同时使人心情舒畅，产生一种奋发向上、昂扬进取的积极精神。

针对大学生现状和政治价值观教育需要，结合服务载体的特点，当前，加强学校服务载体的建设，主要注意以下几点：第一，提供安全、可靠、稳定的生活保障系统。与大学生生活密切相关的生活保障系统如果出现偏差，将会影响大学生对学校、国家的政治认同。如最近，全国物价普遍上涨引起高校食堂饭菜价格上涨，如果不作好相应的解释，大学生则有可能产生对学校的不满和对国家执政能力的怀疑，影响其对国家的信心。第二，创建洁净健康的校园环境。高校的校园环境场所，景观的设计与布置除了要符合实用美观的要求外，还应当赋予一定的政治教育寓意。如摆放爱国主义教育意义的校园雕塑和庆祝十七大胜利召开的校园条幅，建设对大学生政治价值观有益的环境。第三，提升员工的政治价值观水平和服务水平。员工在与学生面对面地接触与交流中，以其良好的服务态度对学生的政治价值观的确立起到感化作用，以其对政治事件的关注与评判，给予大学生以政治价值观的示范和榜样。

（二）大学生政治价值观教育的一般载体

大学生政治价值观教育的一般载体，即大学生政治价值观教育的通用载体，是对大学生开展政治价值观教育经常使用的载体，也是适用于大学生政治价值观教育一般情况的载体。下面重点就几个典型的一般载体进行论述。

1. 思想政治理论课教育教学

思想政治理论课是进行大学生政治价值观教育的主渠道和主阵地。通过思想政治理论课的教育教学，可以系统深入地向大学生传授马列主义、毛泽东思想、邓小平理论和“三个代表”重要思想等理论内容，可以广泛开展党的基本理论、基本路线、基本纲领和基本经验教育；中国革命、建设、改革开放的历史教育，基本国情和形势政策教育。通过思想政治理论课教学可以促使大学生正确认识社会发展规律，认识国家的前途命运，认识自己的历史重任，不断坚定在中国共产党领导下，走中国特色社会主义道路，实现中华民族伟大复兴的理想和信念。总的来看，高校思想政治理论课的教育教学在培养大学生政治价值观理论素养，坚定大学生政治信仰方面具有举足轻重的地位和不可替代的作用。

当前随着国内外形势的发展变化和我国社会的深刻变革，高校思想政治理论课教育面对着西方敌对势力政治价值观渗透，我国青年思想意识变化加速、差异化加剧等问题，在传统的思想教育体系中，政治价值观教育开始出现难以跟上客观现实发展变化的问题。具体表现在：政治价值观中的传统理论不适应国家安全新问题、新趋势的发展变化；思想政治理论课教育内容不能适应新世纪国际政治形势下国家安全观的客观需要；单一“灌输”教育方式不适应新时期青年批判性、独立性的认知行为。这些问题的存在严重制约了高校思想政治理论课这一重要教育载体在大学生政治价值观教育中的影响力和可信度。因而在思想政治理论课教学中确立新的载体，进一步丰富和推动思想政治理论课的教育教学来满足新形势的需要，已成为我们亟须解决的课题。新时期，进行大学生政治观教育应在以下几方面着重加强思想政治理论课教学的载体建设。

（1）在思想政治理论课教学中加入政治价值辨析讨论。随着国内外形势的变化，影响大学生思想政治的主客观条件也在变化，我们应依据与时俱进的原则，在教学中加入政治价值辨析讨论模式。基本方法是在传统“螺旋式”内容讲授的基础上，更多地采用综合比较辨析的方式，通过对当前存在的社会思潮、政治现象进行讨论、辩论，进而深入认识各种社会思潮存在的社会基础、历史脉络以及对当代社会政治、国家安全产生的重要影响，从而体会马克思主义原理的科学内涵，比较甄别出西方敌对势力的政治渗透和文化渗透。这种模式通过将马克思主义原理与现代政治学、国际关系学、社会学、伦理学、心理学等相关学科相结合，综合运用并将理论与实际相结合，改变了以往思想政治理论课教学中专注于马克思主义基本理论灌输的教育方式，增强了思想政治理论课教学中的贴近性，对学生的价值观念产生更为直接和深刻的影响。

（2）在思想政治理论课教学中加入政治情感分享交流。政治情感分享交流模式是积极运用网络多媒体、影视作品等现代化教育技术手段，着眼于受教育者在教育活动中对于政治活动、政治人物、政治事件的情感交流与分享。在具体实施过程中，通过现实生活中的人物、故事引发的社会影响与政治价值观教育相结合，积极引导学生对于我国社会生活的或积极肯定或消极悲观的情绪体验，帮助其在情感分享与交流的过程中形成科学理性的思想意识。如通过观看《感动中国》栏目，学生感受到中国众多向上向善的力量，从而将主流意识形态内化为自身的心理体验。

（3）在思想政治理论课教学中加入政治模拟行为实践。政治模拟行为实践模式是指在人为构建以真实情景为原型的情景，引导受教育者通过独立的实践探索，实现对于现实问题的分析判断和知识理论学习的把握。如通过“模拟联合国”的教学活动，可以充分了解当前国际政治关系的复杂与多变，明确国家主权和国家利益的集中表现以及国际社会的基本法则。在具体实施中，着重帮助受教育者更广泛的接触社会现实，使其亲身体验国家和社会的现实状况，在独立学习实践的基础上，进行多渠道、多角度的积极引导，帮助受教育者形成正确的价值判断，提高政治思想觉悟，崇高的社会责任感和历史使命感，增强思想政治理论课教学的吸引力和时效性。

2. 主题政治教育活动

选择活动作为教育载体“既是巩固思想教育成果的需要也是提高思想政治教育的有效性要求”[395]。从理论上看，政治主题活动是一种具有特殊意义，相对狭义的活动，其自身具有鲜明教育性和突出参与性的本质特征。作为大学生政治价值观的教育载体，政治主题活动将政治价值观教育孕育于活动之中，使政治价值观教育在潜移默化中实现对大学生的教育与影响。

政治主题教育活动在长期的发展过程中积累了许多宝贵的经验，其鲜明的教育主题与直接的影响方式对大学生的行为模式、价值取向、政治态度、心理发展、道德观念等都产生了极其重要的影响。然而新时期随着青年大学生的行为习惯和思想意识的变化，传统的政治主题活动也产生了一定的局限性，其鲜明的政治主题越发不适应学生的大众意识和草根文化。因此，在新时期需要我们不断创新活动载体，着力加强政治主体活动的感染力和时代性。在具体实施中，着重从以下几个方面入手：

（1）政治纪念类主题教育活动。即组织开展以重大纪念日为背景的政治主题教育活动，在对历史和革命的回顾中，激励大学生以史为鉴，以史为训。就载体的具体形式而言，可以分为以下三类：“一是以重大事件为主题的纪念活动。二是以缅怀英雄人物为主的纪念类活动。三是以具有现代意义的节日为背景的纪念类活动。”[396]此类活动载体相对传统的政治主题会议等活动而言，更侧重于对我国优秀传统文化、优良革命传统的继承发扬，在学生对于历史传统的了解回顾中，通过对历史人物、事件的深切怀念，激发学生对于历史的荣辱感，从而激发学生强烈的爱国热情。在开展此类政治纪念主题教育活动时，应紧紧抓住历史的教育契机，注重教育贴近性和丰富性，注重学生的主体地位和心理特点，注重时代精神和政治生活现实相结合，营造出良好的政治教育氛围，形成主旋律的积极影响，进一步优化政治价值观教育。

（2）思想政治高端论坛。即组织开展以国际国内宏观形势为基本内容的政治主题教育活动，在对国家政策解读和国际关系的审视中，激发大学生的使命感和责任感。在现代社会，国际社会形势风云变换，国内的社会发展日新月异，国际国内的发展变化对于大学生都具有很强的吸引力，当代大学生普遍拥有了解国家发展变化和历史进程的渴望与需求。通过思想政治高端论坛，一方面可以通过专家学者的理论探索给大学生带来全新的政治视野和深刻的思想观点，另一方面将传统的理论灌输转变为以政治现象、政治问题为核心的思想交互，通过大学生与专家学者的交流探索，真正实现思想的交流互动，进而激发大学生的内在动力，坚定马克思主义信念，肩负起时代赋予的历史重任。

3. 党团组织载体

将高校党团组织作为大学生政治价值观教育的重要载体是由于党团组织作为组织载体具备了“承载一定政治价值观教育信息和联系主客体的一种形式”的基本特征。从其基本内涵上看，党团组织是政治价值观教育主体通过一定的组织将教育客体有效地组织，并对其进行政治价值观教育的重要形式。在组织行为学中，一般认为组织具有汇聚人力资源和将人力资源放大的作用。由此我们可以看到，高校党团组织对于大学生一方面可以凝聚学生，促进学生政治价值观念的发展，另一方面也是政治价值观教育得以开展的重要基础和前提，这是为什么我们一贯加强党团组织建设的基本原因。

长期以来，高校党团组织在马克思主义理论的指导下，在高校校园文化建设、团员青年科研创新、社会实践和志愿服务等方面取得了巨大的成就。然而随着高等教育改革的不断深入和大学生思想价值观念的发展变化，高校党团组织也面临着多方面的挑战，具体表现为：基层党团组织过于庞大，职能弱化；党团组织自上而下的教育模式难以适应青年学生的思想变化等方面。因此，新时期的高校党团组织必须采用新思路，不断推动党团组织的载体建设。

（1）思想政治价值观教育理论研修。新时期高校大学生政治价值观教育的新形势客观上要求党团组织具备对于大学生政治价值观的教育和引导与作用。为实现这一要求，党团组织自身需要不断加强自身的理论修养。以政治理论研修为载体，一方面可以激发党团组织教育工作者进行理论创新的积极性，一方面可以通过理论的不断深化，可以进一步指导党团组织的实际工作，从而加强对学生政治价值观的指导和影响。因此，思想政治价值观教育理论研修是当前党团组织建设中重要而有效的载体。进行思想政治价值观教育理论研修应当注意以下几个方面：首先，要以理论研究、创新为主要内容，注重激发党团组织工作者自身的研究动力，不断鼓励他们在思想政治价值观教育活动中思考和总结，不断推动理论的创新发展；其次，要注重对于党团组织教育工作者理论水平的培训培养，帮助其不断提升理论水平，从而更好地进行大学生政治价值观的教育引导。

（2）党组织先进性示范活动。党的先进性建设不仅是党组织内部不断成长和完善的需要，更是更好地发挥党的示范、引导和带动作用的需要。通过学生党支部的先进性教育活动，一方面可以提升学生党员的政治理论修养，坚定党员的政治立场，完善党员的政治价值观体系，另一方面，也可以更好地发挥党员的先锋模范所用，促进党团组织在普通学生中的影响和带动作用，并形成良性的竞争机制。因此，要在学生党支部内部广泛开展先进性教育活动，把它作为党员群体和普通学生政治价值观教育的重要载体。

（3）主题党团日活动。主题党团日活动是通过具体设计对学生政治价值观具有指导意义的主题活动，充分发挥基层党团组织的主动性，形成丰富多样的主题教育活动。在进行主题党团日活动中应当注重以下几个方面的原则：①将加强活动的指导与激发党团组织的积极性相结合，鼓励党团组织自主筹划设计活动，要对其活动进行宏观把握，为其创造条件，确保充分发挥活动的教育功能。②在开展活动时，要讲求实际效果与活动形式丰富多样相统一。在注重活动形式创新的同时，注重活动的实际效应，避免形式主义，要根据自身情况，形成具有特色的主题党团日活动，切实保证大学生政治价值观教育功能的实现。

（三）大学生政治价值观教育的特殊载体

大学生政治价值观教育的特殊载体是指在政治价值观教育的过程中，在特殊环境、特定范围或遇到特殊问题时需要使用的教育载体。

1. 网络载体

在大学生政治价值观教育众多载体中，网络载体是一种全新的传媒载体，是高校大学生政治价值观教育最现代化的教育载体。其交互性、容量大、快捷性、多样性、虚拟性、普及性等特点对大学生政治价值观教育产生了深刻影响。新时期，在《中共中央国务院关于进一步加强和改进大学生思想政治教育的意见》中明确指出："要主动占领网络思想政治教育新阵地。要全面加强校园网的建设，使网络成为弘扬主旋律、开展思想政治教育的重要手段。"[397]由此可见，高校学生政治价值教育工作要充分发挥网络载体的重要作用，按照江泽民对信息网络化提出的"积极发展，加强管理，趋利避害，为我所用"[398]的16字方针，积极探索并不断创新，不断推动大学生网络政治价值观教育的网络化进程。

（1）主流意识形态教育网站

美国著名的未来学家阿尔温·托夫勒曾说："谁掌握了信息，控制了网络，谁就拥有整个世界。"[399]在现今的信息时代，随着网络在大学生学习生活的广泛普及，如果离开网络这一极具潜在实力的载体，主流意识形态的价值导向作用将会越发失去其自身的"话语权"。因此，高校要在人力、物力、财力等方面加大投资力度，建立一批专门的主流意识形态网站，或在校园网站、主页以及 BBS 聊天室和其他栏目里，渗透或开辟思想政治教育理论研究或主题讨论社区，融合最先进的技术手段，将政治价值观教育与信息传递同步进行，加强正面宣传与积极引导。通过弘扬科学精神，宣传党的路线、方针、政策和改革开放取得的成就，帮助大学生树立共产主义远大理想。就目前而言，我国高校中部分网站已经开始充分产生了一定的影响力，如清华大学的“红色网站”和“思想政治工作之窗”、“中国大学生”、“交大焦点网”等。这些网站在宣传党的指导思想，加强大学生的政治价值观教育方面都发挥了重要作用。

(2)“优秀辅导员”、“优秀党员”博客

新时期，以带有主流意识形态的网络博客为新载体可以构建全新的网络思想政治教育信息交互平台。信息时代，网络博客在大学生政治价值观教育中主要发挥以下几个方面的作用：首先，博客拓宽了思想教育的渠道，实现了从“面对面”到“键对键”的交流，思想教育者之间的博客应用和学生博客的应用（BBS 广场，博客个人房间）使思想政治教育的交流空间更为开放。其次，博客的交互性沟通更为广泛，在体现平等的网络环境中，大学生与教育者的交流是更为直接、更具真实的，在这种交流形式下，大学生也会容易对教育者产生更为真实的信赖，教育者对大学生的政治价值观的影响力也会产生最大效益。

要积极建设“优秀辅导员”、“优秀党员”网络博客，使其成为政治价值观教育的一个特殊载体。首先，充分发挥其交流作用，建立与学生的日常交流机制，通过定期对学生博客的浏览和观点的讨论，充分把握大学生政治价值观的思想动态。其次，充分运用博客的形象性和及时性特点，在自我博客的写作中，针对当前大学生群体在政治价值观方面的迷茫和困惑及时进行引导，及时帮助学生解决实际问题，从而树立正确的价值观念。

(3) 网络政治价值观教育课程

在现今知识经济时代，网络信息技术的飞速发展使人们的学习方式发生了根本性的变革，网络学习、网络课程的出现真正突破了地域与时间的界限，在教育方式上也更具开放性和自主性。面对这些教育学习方式的变革，大学生政治价值观教育也应当适应这一新的形势，积极开发网络政治价值观教育课程。

在大学生网络政治价值观教育课程的建设中，首先，要注意学生网络学习的基本特点，注重学习的交互性、开放性。在教育中，应当通过网络的多媒体手段，发挥网络信息海量储存、知识结构网络化的优势，旁征博引，选取多种观点相互比较，促使大学生政治价值观教育思想内容更为开放，更为丰富。其次，应当坚持学生主体性与教师主导性的相互统一。在学生进行自主学习的同时，通过控制和引导学生学习方向以及定期组织讨论与交流，启发学生运用理论来分析社会问题，使学生真正理解和接受马克思主义的基本理论，实现学生的知识、技能和理论素养的全面培养。最后，要注重信息反馈，注重课程的调研与评价，进一步完善这一新的教育教学模式。

2. 心理咨询载体

心理咨询载体是指教育者运用心理咨询专业知识和技能帮助学生心理调适，促进学生认识自我、完善自我的活动方式。心理咨询载体适应了政治价值观教育个性化、人性化的教育特点，具有规范性和专业性等特点，主要针对咨询者个体此刻具体存在的心理问题，启发和帮助咨询者自己发现问题、分析问题和解决问题，被咨询者不是简单采用被告知的方式，而是加以适当的引导，助人自助。在现实工作中我们发现，学生的政治问题、价值观问题和心理问题往往交织在一起，因此，心理咨询载体就成为了提高政治价值观教育实际效果的必需。

(1) 政治心理问题调适。对政治心理问题的及时调适和引导，为政治价值观形成奠定良好的心理基础。随着国家改革开放和市场经济的发展以及高等教育体制的变革，大学生群体的政治价值观念体系发生了深刻的变化，传统的价值观念体系正在逐渐解体，而新的价值观念体系尚未完全建立。在此过程中，社会变革和市场经济所具有的双重效应在大学生的心理变化上被体现出来，容易造成大学生心理上的失衡，形成痛苦、悲观、失望等消极的心理状态，不利于大学生树立正确的政治价值观。政治心理问题的调适能够帮助大学生更好地解决政治心理困惑，端正政治态度，形成完善的政治人格，为政治价值观教育奠定坚实的心理基础。

(2) 政治心理危机干预。学生一些极端的政治偏激思想和行为，往往以一定程度上的心理扭曲为基础，这类学生，当他的政治需求不能得到很好的满足时，就会产生不同类型的政治危机事件。比如，有些学生因为没有能够入党或某次学生干部选拔的过程中落选而产生消极或极端思想，进而引发反党反社会的情绪和态度，甚至采取自杀或其他破坏性行为。对于这部分学生单纯的说服教育是不能够从根本上解决问题的，要寻找其心理根源，采取一定的心理危机干预手段，从内心深处，帮他纠正错误的思维方式，建立正确的心理应对和问题解决模式，进而优化心理品质。

高校应该不断加强心理咨询的专业建设，充分利用心理咨询的教育载体，一方面，构建相对完善的心理咨询平台，及时、有效地帮助学生解决个性化的政治心理问题。学校要配备专业的心理咨询人员，成立心理咨询的专门机构，通过面谈咨询、网络咨询、书信咨询、团体咨询等渠道，帮助学生及时解决遇到的各方面的心理问题；另一方面，专业心理健康教育工作者要不断加强自身的政治理论修养，能够有效地把心理咨询作为大学生政治价值观教育的有效途径，在心理引导的同时关注大学生的政治观念和价值观状况，使传统的思想政治价值观教育有更好的心理基础；最后，高校思想政治工作者应该广泛掌握心理咨询的教育理念和教育技巧，通过心理咨询方式和手段的应用，全面提高大学生的思想、政治、道德、心理等方面的素质，提高价值观教育的针对性和有效性。

3. 社会政治实践

社会政治实践是开展大学生政治价值观教育的有效载体。一方面，通过广泛的实践活动，能够使大学生提高思想水平和认识能力。由于青年大学生缺乏一定的社会实践经验，对社会的认识存在着许多盲目性，对社会发展规律的认识还不够成熟。通过社会实践，可以使其深入社会、接触工农，在感悟和体验中接受生活中的政治教育，形成对社会、国情和民情的正确认识。此外，学生的社会实践是检验、坚持、调整政治认识的尺度，也是学生政治心理逐渐成熟的过程和基础，社会实践能够发展学生独立思考能力，明辨是非，提高运用马克思主义立场和方法观察问题的能力，引导他们走理论联系实际的成长道路。因此，社会实践环节是提高大学生政治认知，增强大学生社会政治责任感和使命感的必要手段和有效载体。

(1) 暑期三下乡。三下乡是较为传统的社会实践载体，其基本内容是科技、文化、卫生三下乡。本文认为，在暑期三下乡的具体运用过程中，应注意以下一些问题：①内容上要雪中送炭。三下乡的内容要根据实践地的社会发展需要来设计。特别是把农民的需要同三下乡的内容结合起来，把面上活动与雪中送炭结合起来。比如，在社会主义新农村建设中，广大农民对农业科技知识的需要日益强烈，需要法律知识维护自身权益。三下乡的内容应在此方面有所侧重。②形式上要喜闻乐见。大学生社会实践地多为农村地区，服务对象多为农民朋友，他们的知识文化水平较低，更加关注生产生活中实实在在的问题。为广大农民朋友服务，要符合农民的生活习惯和语言习惯，这样才能拉近与他们的距离，使他们对送到乡下的文化、科技、卫生能够自然地接受。③机制上要长期化、基地化。建立长期、稳定的社会实践基地，保证社会实践活动的长期、持续开展。

(2) 青年志愿者活动。志愿服务活动是一种比较特殊的社会实践方式，是学生政治价值观教育的一个重要载体，通过开展青年志愿者活动可以培养大学生的奉献精神和服务意识，强化学生对于国家建设的责任意识和进行社会主义建设的决心和信心，同时，志愿活动本身也是学生的一种政治体验形式，学生参加志愿活动的过程也是政治实践的过程。志愿服务活动在国外开展得比较成熟，一些国家甚至把志愿活动作为大学生评价标准之一。但在我国开展得比较晚，特别是缺乏关于志愿者的法律法规，这给大学生志愿活动的开展带来了一定的困难。新时期，不断完善青年志愿活动的管理机制和激励机制，在保证传统支援服务活动有序开展的同时，激励更多的青年大学生投入青年志愿服务活动中。

(3) 参与式政治生活体验。参与式政治生活体验是指让学生通过在校园内担任学生干部、党团干部等形式参与到学校的政治管理过程中，体验初级的政治生活，积累政治生活经验，进而从行为入手，促进政治价值观的形成。到目前为止，由于学生管理岗位的有限，能够得到政治锻炼的学生毕竟是少数，但是，学校可以通过班级干部联系制等途径和手段，加速学生干部的流动，为更多的学生提供参与政治生活体验的机会。

(四) 大学生政治价值观教育的复合载体

新时期，我国的大学生群体在思想、心理和行为等方面日益呈现出了各种新特征。与此同时，随着现代科学技术的迅速发展和我国社会的进步，各个学科领域、各项工作都出现了信息化、综合化的发展趋势。在大学生政治价值观教育的过程中，单纯对某一载体的独立运用已经越来越难以满足教育的发展需要。将不同载体整合，实现优势互补，可以有效改变从单一途径或渠道考虑问题、解决问题的做法。

大学生政治价值观教育的复合载体就是指，将两个或多个不同类型的政治价值观教育载体有机联系起来并综合运用，和谐配合，优势互补，从而发挥最大教育作用的一种特殊载体表现形式。如将网络与党团组织两种载体结合、将实践体验与思想政治理论课教学这两种载体结合等等。本文仅就网络党团社区、“体验式”思想政治理论课教学和政治价值辨析大讨论三种比较典型的复合载体予以阐述。

1. 网络党团社区

网络党团社区载体是指在现代互联网虚拟空间中开设、拓展传统意义的大学生各级党团组织建设，将网络与党团组织两种载体综合运用，从而达到大学生政治价值观教育目的的新式复合型载体。

网络党团社区与我们常提的“红色网站”既有相似之处，如都面向大学生网民开展红色教育等，又有本质意义上的不同。“红色网站”多指官方或学生自发建设的，以单向意识形态灌输为基本方式的马克思主义知识传播网络站点。而网络党团社区是现实生活中的大学生各级党团组织与网络虚拟社区的有机结合。它除了具有一般网站的优势与特点外，还具有以下三个复合优势：

第一，以现实组织为成员基础，可以有效保障教育方向。一般网站的使用者与浏览者多为匿名，身份很难确定，其在网络中的名字具有彻底的符号性。网络党团社区在实质意义上就是把现实生活中的大学生党团组织“搬”到了网上，其参与人群主要有三个层面：第一层面是核心成员，为现实生活中党团组织中的全部人员；第二层面为外围成员，主要为核心成员的同学、朋友，经其介绍接触参与社区互动；第三层面为其他所有浏览者。在三种人群中，核心成员最为关键，它不仅要通过各种网络活动来保证社区的日常运行，还承载着实现社区政治价值观教育的主要功能。每一位核心成员都是大学生党员或团员，具有确定的身份，能够有效保证社区政治方向的正确可控。

第二，以成员交互为主要教育方式，充分调动教育对象的主体性。社区是指进行一定的社会活动，具有某种互动关系和共同文化维系力的人类群体及其活动区域，它强调成员的交互性。虚拟社区与现实社区类似，也包含了一定的场所、一定的人群、社区成员参与和一些相同的兴趣、文化等特质。网络党团社区与现实社区一样，提供各种信息交流的手段，如讨论、通信、聊天等，目的是使社区成员得以互动，在各种互动中教育引导成员与浏览者确立科学正确的政治价值观念。

第三，具有自我教育和辐射教育的双重教育功能。网络党团社区的具体活动形式主要有时政评析、理论学习、网络讨论、思想调研等。除少数内容不宜公开外，其余大部分内容可以为任何大学生网民浏览。借助这一载体，不仅可以实现大学生党团成员的自我教育，更可以将教育内容辐射到全体大学生，影响教育其政治价值观。从这种意义上说，网络党团社区既是大学生党员团员在政治价值观方面开展自我教育的载体，也是引导教育其他大学生政治价值观的载体。

目前，网络党团社区这一复合载体在大学生政治价值观教育中仍罕有运用。但其易操作性、方向易控性等复合优势决定这一载体将会被越来越多的教育者了解、接受和运用。在具体操作中，我们还要把握以下几点：①要充分发挥教育者在网络党团社区的指导作用。大学生政治价值观教育的实施者，尤其是一线辅导员要通过参与各种社区活动、在社区开设辅导员博客等方式加强对网络党团社区的指导，牢牢把握社区的政治方向。②要通过多种渠道着力强化网络党团社区的辐射教育功能。网络中频繁的党团组织活动容易形成各种“小圈子”，使社区核心成员形成所谓的“优越感”，这不利于大学生群体的团结和社区辐射教育功能的充分发挥。要借助党团学习、调研讨论等主题活动扩大社区影响，吸引非核心成员了解社区，积极参与社区活动，在融入社区正面氛围的过程中提升政治素养。③要整合社区资源，注重发挥网络党团社区的集群效应。零星稀少的网络党团社区在互联网的茫茫海洋中就像一座孤岛，不仅难以实现其辐射功能，还有可能随时被咆哮的海浪淹没。建设网络党团社区，首先要以高校为基本单位，从寝室党（团）小组、班级党（团）支部、年级党（团）总支、学院分党委（分团委）一直到学校党委（团委），各级党团组织同时“搬”进网络社区，横向纵向积极互动，社区发展到一定程度后与周边或同类同级高校连点成线，交线成面，将红色孤岛变为互联网海洋中的红色大陆。

2. “体验式”思想政治理论课教学

“体验教育的过程是受教育者对所处环境的感知和理解，产生与环境相关联的情感反应，在思想上、情感上和心理上逐步形成认识，从而达到教育目的的教育过程。”[400] “体验式”思想政治理论课教学是指受教育者以思想政治理论课政治理论知识为基础，通过政治生活实践的切身体验与领悟，在心理上从被动接受教育到主动吸纳教育，从而提升自身政治素养，形成科学政治价值观的教学过程。“体验式”教学是将思想政治理论课教学与政治生活体验两种载体有机结合、综合运用而形成的新的大学生政治价值观教育复合载体。这一新载体的合理运用可以有效克服传统思想政治理论课教学模式在实践环节上的缺陷和政治生活体验缺少理论指导的问题，用理论指导实践、用实践验证理论，从而实现理论与实践的紧密结合。

把政治实践体验融入思想政治理论课教学，可以从两个方面达到育人的目的：①纵向引导，通过教育者在体验过程中对受教育者的引导，使体验活动成为自身的一种行为习惯，从心理学角度看，它包括四个阶段：获得体验阶段，进行抽象概括阶段，检验适应阶段，再反思产生新经验阶段。②横向引导，通过开展一系列体验活动，使学生在体验的过程中能够立足于社会生活的广阔空间，全方位、多角度体验社会、生活等各个层面的事物，达到加速大学生的社会化进程的育人目的。

体验式教学载体的运用主要包括主题政治实践、国情调研、政治生活模拟、原著研讨、课堂辩论等具体形式。①主题政治实践。即以思想政治理论课中的马克思主义理论知识为指导，组织大学生通过政府会议观摩、社会援助等方式参与、感受社会现实政治生活，内化学到的政治理论知识。②国情调研。组织大学生运用所学到的关于社会调研的基本理论与技能，深入社会主义改革和现代化建设的第一线去，深入人民群众，通过调研了解国情，经受锻炼，增长才干。③政治生活模拟。即指导学生模拟社会政治生活的组织形式，如成立“模拟联合国”等，在仿真政治体验中感悟消化所学的理论知识。④原著研讨。根据学生能力，有针对性地组织其集体阅读学习马克思、恩格斯、列宁、毛泽东、邓小平、江泽民等马克思主义经典作家的重要著作和中共中央的重要文献，使学生在自我阅读和交流研讨中加强对马克思主义科学体系的认知和理解。⑤课堂辩论。针对教材中的难点、重点问题组织学生开展辩论讨论活动，激发学生的思想火花，启发思维，在教师的指导下形成共识。

在运用体验式思想政治理论课教学载体的过程中要注意把握以下几点：①要充分发挥学生的主体性作用。注重发挥受教育主体的自我教育、自主发展能力，让学生在受教育的过程中充分发挥自身的主观能动性，通过自我的感悟和反省获得自身的成长。②要注重情感的融入。体验式教学是个体在实践中亲身经历的一种心理活动，更多的是一种情感活动，是对情感的一种切身的体会和感受。教育者为受教育者提供一种背景，让受教育者尽可能在不知不觉中，在很自然的状态下进行的一种自我教育。③要强化经验分享，充分发挥正面经验的影响作用。每一名大学生都有不同水平的马克思主义理论知识基础，即使参加同样的政治实践，体验也会有正有负，有多有少，有深有浅。要实现体验式教学效果的最大化，就要注重选取优秀体验个体，通过活动总结等方式将其体验充分分享给周围的学生群体，影响带动其他学生。

3. 政治价值问题大讨论

政治价值观的形成过程不仅仅是知识获得的过程，更是个体进行价值辨析并进一步内化为价值判断标准的过程。“价值澄清理论”指出教育应该通过一系列价值澄清策略教给学生一些澄清自己价值的技巧和自我评价、自我指导的能力，提高感知社会问题的敏感度和适应社会生活的能力，形成适合自己的价值观体系，并帮助他们把这种能力转化为行为。在我们的政治价值观教育中，如果只是注重简单的知识灌输和低层次的政治实践，而不注重将知识和实践转化为个体内在的政治价值观念，就很难使学生获得完整的、内化的、可应用的价值观念体系。

在这一理论思想基础上，我们设计了新的教育载体“政治价值问题大讨论”，即通过课内、课外相结合，教师讲授和学生讨论相结合的形式，设计与政治相关的一些具体的、可辨析的问题，在全校范围内，通过思想政治理论课和思想高端论坛两种途径，同时在校内展开，吸引更多的学生参与的相关问题的讨论中来，政治理论课教师在课内和课外分别给予学生以相应的方向性引导，让学生在政治讨论和价值辨析的过程中，深化对于政治问题的理解，内化自身的政治价值观念。“政治价值问题大讨论”教育活动有以下几点注意事项：

首先，话题的选择要具技巧性。讨论话题要即体现时代感，要具备辨析的价值和可能，同时，又要避免一些极端敏感的、可能导致负向影响的社会问题。可以选择与生活有较为紧密联系的话题，比如“大学生毕业是否应该到国外发展”、“中国体育教练是否应该到国外执教”等有关爱国主义的教育话题，也可以选择一些传统的讨论话题，比如“当前社会主义与资本主义的势力消长”等社会主义教育话题。

其次，在讨论过程中要充分发挥学生的主体性和教师的导向性。要鼓励更多的学生参与到话题的讨论中来，让他们更多的思考政治话题，提高对于政治问题的关注度和敏感度，提升分析和处理政治问题的具体能力，同时，充分发挥学生在交流讨论过程中的自我教育作用，促进学生之间的相互引导和相互支持。此外，要时刻注意发挥思想政治理论课教师或其他专业教师在学生政治讨论过程中的方向引导作用，及时纠正政治讨论过程中错误方向和行为，教师要把握好自己的角色和责任，既不能过分的限制学生，也不能放纵学生。教师要在每一次的讨论过后给予一定的专业点评，帮助学生完成进一步的理论提升。

最后，要注重知识、情感和行为的有效结合。政治问题的讨论是学生运用已有的政治理论知识和已有的政治价值观念，掺入自身的主观政治情感色彩，作出的政治价值判断的过程，是一个政治观点表达的过程。经常的政治问题讨论可能引发学生只重口头辩论，忽略行为实践的问题。使教育活动陷入形式主义的弊端之中，导致大学生知行脱离，学生不愿为自己的政治言论负责，责任感弱化。因此，在活动开展的过程中，还要注重引导大学生将问题讨论与具体的行为实践结合起来，使他们充分认识到要对自己的言论负责，要做到知行统一。

“政治价值问题大讨论”是政治价值观教育的一个特殊方法，在具体的运用过程中还有很多问题需要解决、完善，但是，作为一种相对独立的、目的性较强的教育方法值得我们进一步关注和推广。

（五）四类人群的特殊教育载体

在大学生政治价值观教育中，党员大学生、困难生、少数民族学生和研究生四类人群有其特殊性，对他们的教育应从不同的角度考虑，采用相对特殊的教育载体。

1. 党员大学生政治价值观教育的特殊载体

对党员大学生进行政治价值观教育采用特殊的教育载体有两方面的考虑：①党员大学生是大学生中的精英分子，对普通学生起着模范带头作用和辐射作用，他们的言行举止、思想觉悟都对其他大学生有着直接的影响。实践教育经验证明，在一个学生群体中，党员学生的作用发挥如何，往往对学生群体的整体认识水平和思想觉悟的提高都有着重要的作用。②少数党员学生的思想意识也不同程度地存在着一些问题。主要是：少数学生党员政治素质不高，理想信念不够坚定；入党动机多样化、功利化；少部分学生党员的党性意识不强，在学生群体中的威信有待提高等等。因此，在其政治价值观念形成发展的过程中，难免会受到某些错误观点的影响，造成一部分党员大学生认识上出现偏差，思想觉悟不高，甚至政治上迷茫、困惑。

基于以上认识，本文认为，对党员大学生开展政治价值观教育，需要从以下三个方面入手：一是提高党员学生自身素养；二是形成党员学生和普通学生的双向互动；三是充分发挥学生党员的先锋模范作用。

(1) 以党员集中培训为载体，提高党员学生自身素养。将党员学生集中起来，在一个相对固定的时间内，如暑假、寒假等，采取统一开设课程、邀请相关专家学者作报告、组织社会实践、自主学习等方式，集中开展党员先进性学习。开展党员集中培训应注重以下几个原则：①在形式上把党员先进性教育同学生日常政治价值观教育结合起来，把提高学生党性修养和增强人文修养结合起来。具体在教学计划的设计上，既要有提高党员学生党性的内容，也要从促进大学生全面成长成才考虑，开设国际形势、西方哲学史等课程。②在内容上把先进性和广泛性要求结合起来。具体在教学内容设计上，既应当包括党的路线方针政策学习，如何发挥党员学生的先锋模范作用，和谐校园与党员学生的先进性，优秀校友事迹报告等内容，也要有党员学生怎样写好自己的大学历史，党员学生怎样处理好考研、出国、就业等方面问题。③在教育对象上，要注意区分层次，有的放矢，注重实效第一。针对党员学生在思想上入党的问题，大学生在入党后的积极性和主动性问题，党员学生怎么发挥模范带头作用等问题，我们有必要加以区分对待，按教育对象的不同，举办不同层次的集中培训，如入学积极分子培训、预备党员培训、正式党员培训等。

(2) 以学生党员联系制为载体，形成党员学生和普通学生的双向互动。学生党员联系制具体是指，通过建立党员学生与普通学生的联系制度，充分发挥学生党员的先进性作用，也促使普通学生对党员学生进行监督。例如，东北师范大学生的学生党员教育就采用了“学生党员联系制”的方法，具体内容是：实行 1 名学生党员联系 5 名入党积极分子，1 名入党积极分子联系 5 名普通同学，31 人组成一个联系组，以学生党员和入党积极分子为核心和纽带。这种载体在党员学生教育中起到了重要的作用，既促进了广大党员学生的学习和工作，也树立了学生党员的良好形象，形成了党员学生“从我做起，向我看齐，对我监督，有困难找我”的良好风气。在无形中对普通学生正确价值观念的形成起到了积极的促进作用。

以学生党员联系制为载体，实施党员学生政治价值观教育，应做到以下几点：①要切实发挥党员的带头作用。只有学生党员以身作则，率先垂范，才能使广大学生信服，对其他学生实施正确的影响。②党员学生要把握学生思想动态，如发现特殊情况应及时向党组织汇报，发挥其政治价值观教育的工作触手作用。③要及时了解学生诉求，积极协助教师为广大学生解决各方面的实际困难，实现朋辈带动和教育影响。

（3）以优秀党员榜样示范为载体，发挥党员学生先锋模范作用。每个党员就是一面旗帜。特别是在学生群体中，优秀学员模范带头作用发挥得如何，直接影响着党在普通大学生中的形象，对普通大学生政治价值观念的形成有着不可低估的作用。因此，本文认为，在大学生中选取优秀党员，发挥其榜样示范作用，是一种有效的载体。在具体工作中，可以采取如下做法：

①选取优秀党员学生组成党员团队。成员的选取要注重其先进性和全面性，要选取“学习成绩佳、道德品质优、群众基础好、思想觉悟高”的党员学生。如东北师范大学组建的“优秀学生党员百人团队”，即是在全校范围内按严格要求层层选拔出来100名最具代表性的学生党员。他们既是广大学生学习的楷模，也是工作的典范，更具备人格的魅力，在校园内对广大普通学生发挥了带动引领作用。②积极组织开展党员服务活动。优秀党员的榜样示范作用，不能只把目光放在自身的进步和提高上，更应当积极地广大同学谋利益，作贡献，开展服务活动，使学生党员的先进性看得见，摸得着，使广大普通学生对党员学生形成“值得尊重、值得学习、值得信任”的良好印象。③要注重不断提升优秀党员学生的思想认识水平。一方面不能使党员学生产生优越感，不能让他们产生比普通同

学“高人一等”的想法；另一方面，也要积极开展党员同学之间的相互学习，相互借鉴活动，不断提升其思想觉悟，改正错误的思想观念，帮助其树立科学正确的政治价值观念。

2. 困难生政治价值观教育的特殊载体

高校困难生主要包括三类，即学习困难学生、就业困难学生和家庭经济困难学生。心理学知识告诉我们，人的情感往往会影响人对各种事物的价值判断。困难生是大学生群体中具有相对的特殊性，由于一些问题的存在，使他们在学习、就业、家庭经济方面存在一定的困难。如果这些困难不得到及时、有效的解决，自身得不到关心和照顾，就会疏远他们对党和国家的情感，影响到他们对党和国家路线方针的认识和判断，进而会影响到他们正确政治价值观念的形成和发展。因而，本文把困难生的政治价值观教育划为特殊一类，对他们开展政治价值观教育，应当采取不同的教育载体。

(1) 以“本科生导师制”为载体，开展学习困难学生政治价值观教育

学习困难学生主要指受社会、家庭、教育制度以及自身原因等各种因素的影响，在正常的教学条件下，学业成绩不能达到相应的标准或是不能取得应有进步的学生群体。

实施本科学生导师制度，一方面导师以其丰富的知识和深厚的科研能力，能够给学习困难学生以最佳的指导；另一方面，教师良好的思想道德品质和人格会给大学生以潜移默化的影响。引导全体教师认同学生的主体地位，倾听学生的利益诉求，主动把握学生的思想脉络，对学生政治思想中出现的问题及时加以指导和纠正，十分有助于学生正确政治价值观念的形成。据了解，目前在我国许多高校中都不同程度地实行了本科生导师制，但具体形式不尽相同。东北师范大学生实施的“11420”工程，是对本科生导师制具体运用的一个比较典型的案例。“11420”工程的主要内容是：原则上由1名教授（博士生导师）联系1名博士，1名博士联系4名硕士，每名硕士联系5名本科学生，26人组成一个联系组，以教授（博士

生导师）为核心，重点对学习困难学生的学习、思想进行引导和帮助，使学生逐渐学会学习，学会思考，提高思想认识。这种实施方法的优势显而易见，既可以避免导师将大量宝贵的精力直接用于对本科学生的指导，又可以充分发挥博士生、硕士生的主观能动性，还可以对学生中出现的各种思想问题及时加以指导，收到了良好的教育效果。

（2）以“就业援助”为载体，开展就业困难学生政治价值观教育

就业困难学生是指因各种原因暂时无法得到就业岗位的学生群体。高等教育改革、高校招生规模扩大，使得近年来就业困难学生逐渐增多。能否有效就业是关系学生生存、发展切身利益所在。学生就业问题解决得不好，会滋生就业困难学生对国家和社会的不满情绪，进而影响其正确政治价值观念的形成。对此类学生应开展多渠道的就业援助，解决其就业困难，并在其中开展政治价值观教育的有效载体。东北师范大学针对就业困难学生推出的“发展式就业援助”就是一个比较典型的例子。“发展式就业援助”是主动、超前地对学生求职过程中遇到的能力、心理、经济等困难进行援助。具体是指针对学生求职过程中的能力需求，学校不仅定期开展以常年的市场开发为依据的就业形势报告，为学生提供一对一的预约就业指导服务，还邀请校内外专家进行个性化职业指导，帮助学生依据自己的“口味”选择工作。为了帮助学生理性就业，“发展式就业援助”还推出“职业素质测评”、“困难学生就业一个都不能少”等措施。“发展式就业援助”不仅把学生就业困难消灭在萌芽中，还通过资助培育了学生回报社会、报效祖国的意识，这一模式真正做到了“水不到先修渠，水到渠成”。

（3）以“双线资助”为载体，开展家庭经济困难学生政治价值观教育

实践反复证明，实际问题解决得不好，往往容易引导学生在心理、思想层面的问题。家庭经济困难学生多来自农村家庭、下岗家

庭，或因突发事件导致经济困难的家庭。然而无论上述哪一种家庭，都属于社会的“弱势群体”。因此，在家庭经济困难学生中，既存在着经济困难，又存在着对党和国家的不满的潜在情绪。如果不能很好地解决这些问题，就极有可能激发这些矛盾，从而导致困难学生对国家经济形势和教育政策的误解和认识偏差。因而，对家庭经济困难学生进行政治价值观教育，应以“双线资助”为载体，即坚持“财力支持”和“素质支持”两条线，既要对经济困难学生给予资助，帮助学生解决顺利就学问题，也要同时对其加强教育引导，帮助其了解党和国家的教育政策，理解国家在社会主义现代化建设中的困难，并使其认识到这些困难都是发展中的问题，在不久的将来都可以得到很好的解决，从而树立正确的政治价值观念。

(4) 以“一对一”个性化指导为载体，认真帮助困难学生解决实际问题

在以上三种教育载体的具体运用中，采取“一对一”的个性化指导都是最为直接和有效的教育方式。一方面，困难学生在学生群体中毕竟属于少数，另一方面，只有在切实把握学生的个性特点和实际需要的基础上采取个性化的指导，才能准确把握学生思想脉搏。因此，在困难学生中，以“一对一”个性化指导是可行的，也是十分必要的。

3. 少数民族学生政治价值观教育的特殊载体

少数民族学生政治价值观教育有其特殊性，主要在于：①在很多高校中，少数民族学生虽然相对人数不多，但绝对数量较大，他们的政治价值观念状况不仅仅关系到个体的政治导向问题，更关系到国家的统一；②许多少数民族学生都有自己的宗教信仰，如藏族学生多信仰西藏喇嘛教，维吾尔族学生、回族学生多信仰伊斯兰教，少数民族学生的宗教信仰往往会影响其政治观念的形成；③其本民族文化与社会主流文化往往存在较大差异，进而也就导致其在政治价值观上的理解不同等等。因此，在大学生中开展政治价值观教育必须对少数民族学生加以区别对待。

在教育过程中要注重以下原则：①教育引导少数民族学生树立正确的宗教观；②充分尊重少数民族的民族文化和民族传统；③要加强对少数民族学生的思想监控；④加强少数民族与汉族学生的沟通。这样才能拉近少数民族学生与教育者的情感距离，才能有助于政治价值观教育的开展。据此，我们认为，少数民族学生的政治价值观教育载体应从把握少数民族学生思想动态，加强少数民族学生与汉族学生情感联络，加强汉族学生对少数民族民族文化的了解，帮助少数民族学生学习，解决实际问题四个方面入手，主要包含以下内容：

（1）以调研反馈机制为载体，及时反馈少数民族学生思想动态，了解少数民族学生实际需要。在我国，民族问题往往与宗教问题联系在一起。无论民族问题，还是宗教问题，都是我国政治领域的敏感问题。特别是在当前，达赖等分裂势力气焰猖獗，对我国意识形态安全已构成严重威胁。反映在高校中，加强对少数民族学生的思想动态监控就显得十分必要。在具体工作中，应当把握内紧外松，监控为主的工作原则，保持少数民族学生的情绪稳定。

（2）以民族联谊活动为载体，加强少数民族学生与汉族学生情感联络。据调查了解，在校园生活中，少数民族学生与本民族学生联络较多，但与汉族学生联络较少，甚至少部分少数民族学生群体中存在着对汉族学生的冷漠、不合作心理。民族联谊活动则不失为一个少数民族学生与汉族学生间增加联络，增进情感的有效载体。

（3）以民族风情展为载体，展示少数民族民族文化，加强多民族的理解与融合。我国少数民族的民族文化在世界范围内有着重要的艺术价值和研究价值。少数民族学生一般都有着强烈的民族自尊心，开展民族风情展等活动，能够体现对少数民族学生与其民族文化的尊重与欣赏，拉近与教育者之间的情感距离，为政治价值观教育创造有利条件。

（4）以少数民族学生和汉族学生“一对一结对互助工程”为载体，帮助少数民族学生解决实际问题，形成主流价值观的直接引导。少数民族学生因其在语言文化上的差异，使其在学习上存在一定的困难。据了解，国内许多高校都采用降低少数民族学生成绩标准的方法，以确保其顺利完成学业。但是，这是治标不治本的方法。要解决这个问题，还必须从少数民族学生自身入手。开展少数民族学生和汉族学生“一对一结对互助工程”，采取一帮一的方法，既能帮助他们学习专业知识，解决实际问题，也能使少数民族学生在内心产生对汉族学生的认同和感激，为政治价值观教育创造了十分有利的条件。

4. 研究生政治价值观教育的特殊载体

研究生政治价值观教育有其特殊性的主要原因。①研究生处于我国高等教育的最高层次，国家在其培养、发展上投入了大量的人力物力。研究生有没有正确的政治信仰，对国家重大改革措施能否作出正确的判断，能否正确理解党的路线方针政策，直接影响着国家的人才培养的方向和效果。②研究生流动性强，分散性突出，集体主义和奉献精神较差，相对本科生来说，他们更加关注自身的发展，政治意识淡化。因此，对研究生开展政治价值观教育，必须加强特殊对待。本文认为，对研究生开展政治价值观教育，必须从意识形态安全角度考虑，并结合其自身实际和个性特征，采用特殊的教育载体。

(1) 以硕博论坛为载体，为研究生创造交流思想、切磋学问、展示才华的交流平台。相对于本科生来说，研究生较为分散，流动性强，缺少展示才华的空间与舞台；他们普遍政治意识淡化，却对其自身领域的学术科研问题十分关注。因此，以硕博论坛为载体，通过积极开展学术交流活动，引导他们树立正确的学术研究观念，抵制学术腐败，强化竞争意识，则对他们有较强的吸引力。通过对论坛内容的规范和引导，就可以为开展政治价值观教育提供有利条件。

(2) 以研究生会为载体，引导研究生自我教育、自我管理、自我服务。在一个群体中最容易培养人的集体主义精神和奉献精神。

以研究生会为载体，通过开展政治理论论坛和丰富多彩的校园文化活动，一方面，在思想上引导研究生积极关注政治，形成正确的政治价值观念；另一方面，可以加强研究生之间的沟通与联系，增强研究生的组织、协调能力，增强研究生的协调配合意识。这在实际上增强了教育者对研究生的把握与掌控能力，也就进而为研究生政治价值观教育提供了有利条件。

(3) 以导师“一对一教育”为载体，导学问，导人生，导思想。研究生导师对研究生的培养起着至关重要的作用，他们的一言一行对研究生都有着重要的影响。正如人们常说的“身教胜于言传”。而所谓导师，也不仅仅是导学问，还应该导人生，导思想。伟大的英国哲学家培根曾说：“知识就是力量”，这句话本身并无错误，但是，知识只有用于正确的方向，才是先进的力量，才是推动社会进步的力量。研究生导师作为与研究生联系最为紧密的教育资源，其作用绝不仅仅是导学问，更要导人生、导思想。具体说来，就是要教育引导研究生树立正确的人生态度和价值观念。因此，充分发挥研究生导师作用，开展研究生政治价值观教育不仅是可行的，而且是十分必要的。

二、大学生政治价值观教育的管理机制研究

机制，原是机械学上的概念，指机器的内部构造、运转过程中各零部件之间的相互关系及工作原理，教育机制是指教育运行过程中各构成要素由于某种机理形成的因果联系和运转方式。要保障政治价值观教育顺利、有效地开展，就要建立健全科学化、民主化的管理机制，制定一套行之有效的规章制度和管理办法，依靠制度的规范性、制约性和可操作性，提高教育的整体水平。

（一）管理体系

1. 构建“一体化”大学生政治价值观教育机制

一体化是指日常的政治价值观教育以及日常的专业教育紧密配合思想政治理论课教学内容展开，要落实全员德育、全方位德育、全过程教育的一套组织体系和指导原则。

学校要高度重视学生政治价值观教育，形成党委统一领导、党政齐抓共管、部门分工协作的领导体制，构建学生工作一体化、本研一体化、教育教学一体化的学生政治价值观教育工作机制。学校党委要从总体上把握学生政治价值观教育方向，制定学生政治价值观教育工作方针政策和目标，实行学生工作一体化；党委学生工作部门要统一规划本科生、研究生政治价值观教育工作，协调学生工作相关部门，加强学生政治价值观教育队伍建设，实行本研一体化；要落实大教育观的指导思想，将学生政治价值观教育工作纳入学校教育的大环节之中，贯穿和渗透到学校教学、科研、管理等各项工作中去，课内课外紧密衔接，实行教育教学一体化。

按照学生成长成才规律配置学校教育资源，切实保障全员育人的一体化工作机制顺利运行。全员育人的一体化工作机制把政治价值观教育作为学校教育大环节之中的一环，体现出不可替代性。对大学生进行政治价值观教育绝不只是思想政治理论课程的责任，学校的所有课程都有育人功能，所有教师都负有育人职责。要从强化专业课教师的政治价值观教育意识入手，要求广大教师把政治价值观教育融入到大学生专业学习的各个环节，渗透到教学、科研和社会服务的各个方面；从改进专业课教学质量评估体系入手，切实加强政治价值观教育的评估分量。深入发掘各类课程的政治价值观教育资源，在传授专业知识过程中加强政治价值观教育，使学生在学习科学文化知识过程中，自觉加强思想道德修养，提高政治觉悟。

2. 构建“横纵联动”的大学生政治价值观教育体系

建立纵向联动体系。主要是构建分级负责的由学校校长——学院院长——系主任——年级/班级辅导员——寝室的五级联动体制，实现各部门齐抓共管，全员育人。

建立横向联动体系。①构建高校内部的横向联动体系。高校要建立大学生政治价值观教育工作联合体，由校长担任组长，分管学生工作的副校长任副组长。领导小组成员由校办、教务处、学生处、团委、宣传部、后勤处、科研处、财务处、资产处、研究生处、图书馆等职能部门和各院系分管领导组成。明晰责任，实现全员育人。②要构建学校与家庭和谐互动的大学生政治价值观教育机制。中共中央、国务院《关于进一步加强和改进大学生政治价值观教育的意见》中明确指出："学校要探索建立与大学生家庭联系沟通的机制，相互配合对学生进行政治价值观教育。"学校和家庭在学生教育中起着并不完全相同的作用。要努力探索学校教育与家庭教育思想、方法和谐统一的支撑点，以及家庭参与学校教育的有效途径和方式，切实发挥教育的合力作用。学校与家庭和谐互动的政治价值观教育机制主要有及时有效的沟通机制、快捷的信息通报与反馈机制、共同教育与管理的协商机制、定期的双向汇报交流机制等。具体可以使用以下方法：①家长要主动与学校取得联系，积极配合学校做好子女的政治价值观教育工作，密切关注其在社会上可能受到的不良影响。②学校也要主动与学生家长联系，及时寻找家庭配合学校思想政治教育的新途径。高校可通过家访、家长接待日、家长座谈会、咨询会、联谊会等形式，吸收学生家长参与学生政治价值观教育过程，使学校大学生政治价值观教育工作由校内向校外延伸。把学校教育、家庭教育结合起来，注重合力，全方位优化教育环境。③学校学院领导干部、专职团干部、辅导员要通过开通个人信箱、信函、电话、手机短信等方式，与学生家长架起多个联系沟通的桥梁，形成学校教育与家庭教育互动的工作机制。

（二）实施机制

教育的具体实施要依据不同教育客体的实际状况和客观需求，

不同年级、不同性别的学生在思想观念、心智成熟程度以及面临的现实问题等都有所不同，因此，教育要分阶段，政治价值观教育要想取得良好的效果，也要使实施阶段依据不同阶段群体的特点，开展分阶段教育。

开展“一本三向六段式”的大学生政治价值观教育，“一本”即以完善大学生政治价值观念和意识形态安全意识，促进学生的政治社会化为根本，这是我们开展一切教育活动的思想基础。三向即面向大一年级的导向教育、面向二、三年级的定向教育、去向即面向毕业年级的去向教育；六段即把大一年级按照上、下两个学期分为两段，二、三年级各为一段，大四年级按照上、下两个学期分为两段。

在导向教育阶段，开展政治基础理论知识教育和意识形态安全意识教育，培育大一年级学生政治心理和政治人格，从认知层面引导学生形成相对完善的政治价值知识体系，奠定政治价值观念形成和完善的心理基础；在定向教育阶段，开展爱国主义教育、集体主义教育和社会主义教育，强化学生的政治认同，同时，通过开展政治生活体验教育和民主意识教育增强大学生的政治宽容度，通过马克思主义教育和理想信念教育坚定大学生的政治立场，使大学生具有明确的政治方向和政治价值判断标准；在去向教育阶段，结合毕业离校教育开展形式政策教育和公民意识教育、法制教育和政治行为规范教育，增强学生对政治的关注程度，规范学生的政治参与行为，为学生步入社会，参与更为广泛的政治生活奠定基础。这三个阶段的教育内容在依据学生在学习过程中“六个阶段”的不同特点进行具体的划分，例如，在大一年级刚入学的第一个阶段开展知识的普及教育等。当然，这些教育阶段也不是绝对严格划分的，教育内容可以根据不同阶段学生的不同特点而有所交叉，但是，大体上要遵循学生政治成熟的基本规律，科学有效地、循序渐进地开展政治价值观和意识形态安全教育，使学生形成完整的、系统的政治价值观念体系。

与此同时，教育也要充分考虑不同类型、不同性别学生的教育特点，比如，对于政治理论上相对比较成熟的学生，采取政治体验教育，让他们通过实践活动深化对教育理论的理解，进一步形成政治情感和坚定的政治意志；对于政治观念不很成熟容易产生极端思想和错误观念的学生，采取重点关注和个别指导等措施和手段，强化其对主流思想的认同，纠正其不良的思维方式和行为特点等。

（三）评价机制

“评价是一种价值判断的活动，是客体满足主体需要程度的判断。”[401]评价机制是评价主体根据所开展的专项教育的基本特征，按照科学的评价原则和标准，运用适当的评价方法，对教育的整体绩效进行价值判断的机制。建立什么样的评估机制，是提升大学生政治价值观教育评价水平，取得正确结果的前提，对于工作开展具有明显的导向性功效，是提高教育效率的必然要求。因此，提出并最终建立一套行之有效的教育评价，给出相应的评价指标，提供可行的一些评价方法，是全面了解教育工作决策的执行、落实情况重要依据，也是确保大学生政治价值观教育有效实施的重要保障之一。

1. 明确评估标准。一是大学生政治价值观教育必须满足个体成长成才的需求，教育的一个目的就是促进个体自我价值的实现，政治价值观教育也要遵循这一主要标准，力求在学生政治社会化的教育过程中发挥重要作用，引导大学生正确、有效地参与国家政治生活，进而满足自身的政治需求，促进政治观念和政治行为的完善。此外，学生政治价值观教育必须以国家的政治文明建设要求为标准和依据，切实做到有利于党的路线、方针、政策在大学生群体内部的贯彻落实，有利于巩固和发展安定团结的政治局面，有利于经济建设的持续、快速、健康发展。

2. 确立评估原则。制定大学生政治价值观教育评价机制，需要遵循一些基本原则。所谓原则是观察问题、处理问题的准绳。学生政治价值观教育评价原则是教育者基于对此项教育评价规律的认识，对思想政治教育评价提出的基本要求。归纳起来，大学生政治价值观教育评价原则要包括以下几个原则，即坚持定性和定量相结合，动态与静态相结合，长远目标和近期目标相结合，过程和效果相结合等四个原则。

3. 确立评价指标。评价指标即评价范围，是与大学生政治价值观教育的目标相联系的，我们必须将这些目标分解为可测、可比并且能反映大学生政治价值观教育效果最本质东西的物质表现形式。针对大学生政治价值观教育需评估的诸要素及与其相关的教育的主体、内容、方式与方法、环境等，分别制定与之相适应的指标体系。评价的指标是多方面的，具有可变性，随着时代的发展，形势的变化以及党和国家对思想政治教育工作要求的变化，思想政治教育评价指标也将随之变化。新时期的大学生政治价值观教育应根据时代对于大学生政治价值观的客观要求，国家安全对于大学生群体意识形态安全意识的实际需要等方面来进行准确的评价，在制定指标体系时同样应注意层次性和差异性，指标体系在操作的过程中，在保持相对稳定的基础上，可根据教育的目标与任务的变化作相应的调整。

4. 优化评价方法和程序。评价方法和评价程序是进行大学生政治价值观教育评价的最终实施环节，是否有科学、有效的评价方法和相对完善的评价程序是教育评价成败的决定性要素。大学生政治价值观教育评价方法可以包括学生思想状况调研法、教育者自我评估法和专家集体评议法等评价方法，几种方法的综合运用更有利于客观地反映教育的实际效果。评估活动一般包括确定评估目标、制定评估指标体系、收集评估资料、进行实地评估等工作程序，评估必须按程序进行。同时，评估必须坚持统一的标准，指标体系一旦制定就必须严格执行，不能随意变动，以保证评估的公正性与科学性。

（四）激励机制

激励是教育过程中一个异常重要的功能，在教育目标的实现中起着非常重要的作用，在大学生政治价值观和意识形态安全教育中，激励的对象包括对教育客体的激励和教育主体的激励，运用激励机制有助于提高大学生政治社会化的自觉性和积极性，有助于加强促进教育者不断完善教育方法和教育理论，促进教育效果的达成。在建立健全大学生政治价值观教育体系的过程中应该注意以下几个方面：

① 要正确把握大学生的政治需要，设立合理的激励措施。了解和满足大学生的政治需要是激励的起点，是强化思想政治教育的基础和保证。教育工作者要深入了解青年大学生在政治生活中的现实需求，区分其中合理政治的需要和不合理的政治需要，现实的政治需要和潜在的政治需要，以主导性政治需要为教育主体和核心内容设置行为目标。与此同时，注意引导、培养大学生的高级政治需要，消除不合理的政治需要。比如，针对大学生积极入党的现实需求，建立有效的激励机制，引导学生在积极入党的过程中，不断学习党的理论知识，深化对党的理解和认识，把学生入党的组织过程转化为开展政治价值观教育的过程。

② 要科学把握政治价值观教育的实际过程，优化教育工作的激励机制。到目前为止，政治价值观教育还没有成型的做法和典型的教育过程，因此要积极调动教育工作者的能动性和创造性，要建立专项评优奖励制度，鼓励思想政治教育工作者创新教育方法和教育途径，形成典型的、富有成效的教育模式，学校要定期评比表彰教育工作先进集体和个人，树立、宣传、推广一批先进典型，采取典型案例报告和典型示范教育等途径方法，引导广大教师学习先进做法，进而带动整体政治价值观教育水平的提高。而对抓思想政治教育工作不力的领导班子要及时调整，造成不良后果的，要追究有关单位领导的责任。

③ 要正确选择实施激励的方法。要使激励能够达到目的，我们必须从实际出发有针对性地运用激励方法。常用的激励方法有物质激励、精神激励、目标激励、榜样激励、竞争激励、行为激励、强化激励、管理激励等。运用激励机制时，教育者应准确地了解和掌握各种激励方法并灵活运用。通俗地讲，激励要因人、因时、因事、因地制宜，综合运用精神和物质的奖惩手段，达到鼓励、调动人工作的积极性和创造性的目的。教育者只有根据大学生每个人不同的政治需要采取不同的激励方法，才能产生好的效能，实现大学生政治社会化的预期目标。

此外，更要重视的就是重视激励过程中的公平与公正，按照美国心理学家亚当斯的公平理论，如果一个人感到公正就会心情舒畅，努力学习、工作，并受到激励。反之，就会满脸怒气、激情受挫。所以，教育过程中的激励机制要想真正地发挥作用，就必须以公平公正为首要原则，保障大学生政治价值观和意识形态安全教育在科学、民主、和谐的氛围中开展。

三、大学生政治价值观教育的队伍建设研究

2004年，中共中央国务院《关于进一步加强和改进大学生思想政治教育的意见》中指出：“大学生思想政治教育工作队伍主体是高等学校党政干部和共青团干部，思想政治理论课和哲学社会科学课教师，辅导员和班主任。这三支队伍中辅导员（班主任）是处于学生思想政治工作第一线的主要组织者与教育者，特别是专职辅导员，他们的工作直接关系到学生思想政治工作能否落到实处。”由此可见，辅导员队伍、思想政治理论课教师和日常思想政治教育工作干部，这三支队伍是大学生的思想政治教育、政治价值观教育过程中的核心力量，是教育得以有效实施的重要保证。要加强大学

生政治价值观教育，首先就要加强这三支教育队伍的建设。

（一）辅导员队伍建设

辅导员是大学生思想政治教育第一线的指挥员，高校学生辅导员首先是学生的政治引导者，肩负着用马克思主义科学思想理论来武装和教育学生、培养学生，帮助学生树立正确的人生观、世界观和坚定正确的政治方向的艰巨责任和使命。辅导员生活和工作在学生身边，是与学生联系最为紧密的教师群体，他的一言一行都极大地影响着学生政治价值观念的形成，而目前，大部分学生辅导员都是年轻教师，政治生活经验较少，在政治观念上往往存在一些不够成熟的地方，这将在很大程度上影响青年学生的政治价值观念体系。因此，努力建设一支政治素质过硬、结构合理且相对稳定的高校辅导员队伍，是切实加强和改进新形势下大学生政治价值观教育的关键所在。加强辅导员队伍建设要从以下几个方面入手：

第一，严格选留制度。高校必须坚持超常规选拔人才，高起点聚合精英，不拘一格，广纳贤才，严把辅导员“入口关”。对于辅导员的选拔，首先，从素质结构上讲，学生辅导员要具备坚定的政治素质和较高的理论水平，有广博的知识素质和管理能力，有一定的人格魅力和健康的心理素质，有良好的职业道德素质并乐于从事辅导员工作。其次，从专业结构讲，应物色本校或外校的思想政治教育、管理学、教育学、心理学等专业的硕士毕业生或博士毕业生担任辅导员工作，让他们将所学的专业知识较直接地运用到教育工作实践，增强思想政治教育的成效。最后，还可以打破传统做法，适当考虑从各级党政机关、大中型企业、兄弟院校聘请思想素质较高、学术成果较丰、实践经验较强的专业人员，或从高校的专业课或思想政治理论课教师队伍中挑选合适的人选兼职辅导员工作，打破传统的学生工作思维模式，从不同的视野来开展学生工作，有助于学术交流和管理经验的交汇。

第二，建立五项管理制度。辅导员作为学生的管理者，其自身的管理更需要一套科学合理的机制体系来确保其工作的针对性和有效性。对于辅导员的工作管理可以通过以下五项制度，即走访制度、谈心制度、案例收集制度、辅导员工作讨论班制度、三维辅导制度，帮助辅导员贴近学生、贴近实际、贴近生活，充分发挥其大学生思想政治教育的骨干作用，迅速成长为“学生的人生导师和健康成长的知心朋友”。走访制度，即要求每名辅导员一个月至少走访两次学生班级、走访两次学生寝室，走访了解到的情况要及时解决或反映；谈心制度，即要求每名辅导员除进行随机的谈心活动外，每学期针对每名同学至少进行一次目的明确、计划明晰、效果明显的谈心活动，了解学生的心理状况与生活状态；案例收集制度，既要求每名辅导员一学期上交一定数量的具有典型意义的教育案例，并对教育手段、教育效果进行深入分析；辅导员工作讨论班制度，即辅导员要主动学习和掌握大学生思想政治教育方面的理论与方法，定期开展相关工作调查和研究，加强理论修养，不断提升工作能力；“三维辅导制”即在学校统一配备专职辅导员的基础上，建议各学院以班级为单位自行聘请或由学院统一安排一名学科专业导师和一名课外辅导员对学生进行全方位的指导。

第三，完善六项考核制度。加强高校辅导员队伍建设，还应根据辅导员的工作内容，制定科学合理、易于操作的工作考核制度，重点考察思想政治素质、理论政策水平、工作能力、工作业绩、业务学习、理论研究能力等。考核可以包括学生评价、学院评价、学生工作职能部门评价、岗位技能测试、综合素质测试与述职六个环节。学生评价，即由学生工作职能部门组织学生填写调查问卷进行考评；学院评价，即被考核人员所在学院学生工作组成员根据其实际表现和工作效果填写调查问卷进行考评；学生工作职能部门评价，即由党委学生工作部、学生处、学生资助管理中心、学生就业指导服务中心、校团委、研究生教育处等学生工作职能部门根据被考核人员工作完成的实际情况对其进行评价；岗位技能测试，即学生工作部门围绕辅导员岗位职责、工作技能等内容进行命题并组织测试；综合素质测试，即学生工作部围绕辅导员工作应具备的个人综合素质等内容进行命题并组织测试；述职，即被考核人员对聘期内工作进行全面总结，在党委学生工作部组织的经验交流会上进行述职。

最后，建立辅导员培训机制。培训培养是提升辅导员专业素养，保持辅导员旺盛职业生命力的基本保障。“基地化培训培养模式”是当前辅导员培训的主要途径，国家主要以教育部高校辅导员培训和研修基地为核心和纽带来推进国家的示范性培训培养，设立教育部高校辅导员培训和研修基地，搭建了辅导员培训培养的平台，进一步整合了各方面力量，加大了辅导员培训力度，加强了辅导员工作研究和交流，科学规范地提高辅导员工作水平。要加强辅导员培训基地建设，每年定期组织岗位培训和专题培训，科学规划基地的培训内容，把岗前培训与日常培训有机结合，理论培训与实务培训有机结合，系统培训与专题培训有机结合，集体培训与骨干培训有机结合，请进来与送出去有机结合，学术研讨与专业进修有机结合。在积极培训的基础上，开展辅导员队伍建设及大学生思想政治教育等方面的难点、热点问题的研究，加强辅导员队伍建设及大学生思想政治教育相关理论探索和创新。

（二）思想政治理论课教师队伍

第一课堂理论教学是第二课堂活动教育的基础，思想政治理论课是大学生政治价值观教育主渠道，思想政治理论课教师队伍状况决定了学生政治价值观念知识体系的建立效果，因此，要加强思想政治理论课教师队伍建设，提升思想政治理论课教师的理论素养和教师技能，第一课堂教学的有效进行，促进学生的知识吸收和理论深化。

首先，注重提升思想政治理论课教师的理论素质。一方面，思想政治理论课教师要具有较高的理论素养，如果没有深入学习马克思主义理论，就不可能深刻领会马克思主义理论的精神实质，也就无法达到对马克思主义活学活用的境界，在教学过程中难免会出现照本宣科、生硬空洞的现象。另一方面，思想政治理论课教师要具有坚定的政治立场，鲜明的政治观点，敏锐的政治观察力，坚定不移地贯彻、执行党的基本路线，还要具有强烈的政治责任感，要从我国社会主义的兴衰、民族的安危和中华民族复兴的高度，深刻认识到自己对国家、社会和大学生所肩负的重大责任。

其次，通过多种方式提升思想政治理论课教师的教学水平和教学艺术。现代教育的一个特征就是教育的艺术性，思想政治教育的艺术就是教育者灵活的、创造性的运用具有感染力的技能和技术的总和。传统思想政治理论课教学活动是教师的“一言堂”，教师习惯于使用“填鸭”、“说教”方式，学生则被动接受居高临下的安排，师生关系呈沉闷压抑、紧张僵硬状态，无法达到有效的沟通交流，学生不乐意听课，极大影响了知识的传授和吸收。因此，要通过一系列教育技能培训、精品教学课程聘选、课件制作大赛等多种引导方式，鼓励教师运用多媒体等辅助教学，支持鼓励教师学习掌握教育学、心理学、美学等知识，并在教学实践中积极探索新的教学模式，创建富有个性、开放适用的教学方法和风格，提高讲授、指导、咨询艺术，实施针对学生个体差异性和多样化的个性教学。

再次，建立思想政治理论课教师的科研、培训体系。思想政治理论课本身要进行研究，没有研究就没有发展，要提高思想政治理论课的教学质量也必须以科学研究为依托。学校要设立思想政治理论课教育专向科研基金，鼓励思想政治理论课教师主动加强教学内容和教学方法的研究，特别要加强教学重点难点和人们关心的社会热点问题的研究。同时，要重视思想政治理论课教师的培养工作，不断拓宽培养途径，采取脱产进修、攻读思想政治理论课硕士学位、名师指导、社会考察、国内外学术交流等措施培训学术带头人和骨干教师，形成多层次、多渠道的培训格局，进而提升思想政治理论课教师的研究能力和科学素养。

最后，完善思想政治理论课教学的管理机制。新形势下的思想政治理论课教学实际要求进一步科学规范教学管理制度，建立具有各校特色的思想政治理论课教学管理机制。如可借鉴西南师范大学的“五定”制度，坚持“五统、四查、三评估”的教学管理体制。“四检查”，即检查教师教案、课堂教学、课外教育、考试及考察评卷；“三评估”，即专家督导评估、期中及期末总结评估、课堂教学与日常德育工作相结合的考核评估。

（三）日常思想政治教育工作队伍建设

日常思想政治教育工作队伍主体是高等学校党政干部和共青团干部，也就是学生政工干部。学生政工干部不仅仅是学生工作的管理者，更是学生的教育者和服务者，与学生日常生活联系比较紧密，是开展学生政治价值观教育的一支重要力量。随着形势的变化，新时期高校学生工作发生了很多变化，学生工作的一些职能转化了，一些职能弱化了，一些职能强化了。学生工作由过去重管理向现在重教育、咨询、服务转化。加之青年大学生的思想问题和实际问题更加复杂多样，这就意味着要有效地解决这些问题，仅靠以往的经验、习惯和热情是远远不够的，加强日常思想政治教育工作队伍建设就要把这支队伍从“事务型”向“专家化、学者型”转变。

首先，强化教育工作的职业意识和理论修养。学生政工干部是日常思想政治教育工作和政治价值观教育工作的主体，他们一方面通过学生党团组织建设直接引导大学生的政治价值趋向，另一方面通过管理育人、服务育人，潜移默化地影响大学生的政治价值观念的形成。因此，为了提高政治价值观教育工作的针对性、实效性和吸引力、感染力，要求每一位工作人员都要有满腔的热情、强烈的进取心和无私的奉献精神，以“干事业、做学问”的姿态全身心地投入育人工作；不断加强对学生政治价值观教育工作的研究，形成调查研究的习惯，增强对工作的理性思考，及时总结经验教训，把握工作规律，对各工作有超前的预设，在科学规划的基础上果断决策；以学者的修养、儒雅的气质和良好的个人修养来从事政治价值观教育工作，找到政治价值观教育工作与学生学习、生活的契合点，通过知识和情感的沟通，人格和精神的感化，最终达到心灵的共鸣。

其次，提升实际工作的服务意识和服务水平。管理正在向教育和服务转向，这就要求日常思想政治教育工作队伍要不断转变观念，提高服务意识和服务水平，提高自身帮助学生解决实际问题的能力和素质。就当前专门从事学生政治价值观教育工作的队伍整体而言，虽然在政治素养、敬业精神、个人品德上是合格过硬的，但在驾驭、解决实际问题的能力和本领上还与现实要求有较大差距，在不同程度上存在着“本领恐慌”。一些人带着固有的陈旧观念和思维定势面对学生，不了解、也不理解当代学生与以往迥然有别的内心世界和真实想法，甚至在语境上都难以与学生沟通，形成了“代沟”和隔膜；一些人虽充满热情，但缺乏相关的基本训练和专业知识，甚至在信息的获取和熟悉上还不及学生，难以对学生产生真正有效的指导。显而易见，“本领恐慌”状态下与学生产生的隔膜，既解决不了学生的实际问题，更难以解决学生的思想问题。它会使教育者在工作时事倍功半。只有专职从事学生政治价值观教育工作的人都能在某一个方面成为行家里手，成为为学生所钦佩、所信赖的人生挚友，才能完全胜任新时期的学生政治价值观教育工作。

最后，完善保障机制和激励机制，切实加强“专家化、学者型”队伍建设。在实际工作中，要以工作的专业化带动队伍的专家化、学者型，要加强措施保障，鼓励和支持全校学生思想政治工作干部安心本职工作，积极为专职从事学生思想政治工作的学生政治价值观教育工作干部提供多岗锻炼、工作培训、考察进修等机会，像重视教学业务骨干那样选拔和培养日常思想政治教育工作队伍，像关心教学业务骨干的成长那样关心日常思想政治教育工作队伍干部的成长，通过多种途径提升工作队伍的理论素养和实践能力，形成科学的“养用结合”机制。确保专职学生思想政治工作干部工作有条件、干事有平台、发展有空间，调动和发挥工作的积极性和主动性，推动学生政治价值观教育干部队伍实现由“事务型”向“专家化、学者型”的拓展。

结　　论

当前我国意识形态安全面临诸多新形势、新挑战和新问题。大学生是社会主义事业的建设者和接班人，其政治价值观是影响意识形态安全的关键因素。大学生政治价值观教育要站在意识形态安全的高度与视角下进行设计、规划与实施。通过本文的研究，得出如下结论：

1. 当前我国意识形态安全现状基本良好，但面临诸多威胁与挑战。以美国为首的西方资本主义国家把中国的崛起看做 21 世纪“最具挑战性的重大事件”，利用“人权外交”、“西藏问题”、“台湾问题”加紧对中国的“西化”、“分化”图谋，同时重点针对我国青年一代开展“文化输出”与“价值渗透”。此外，随着中国进一步发展壮大，一些周边国家对中国的发展也抱有一些不必要的担心。

2. 马克思主义的科学体系是指导我们开展意识形态安全与大学生政治价值观教育研究的理论基础。主要表现在两个方面：一是马克思主义的世界观、方法论和马克思主义中国化的理论成果是指导本研究的理论基础；二是马克思主义关于国家的学说、关于意识形态的学说和关于青年的学说等是本研究的直接理论依据。

3. 意识形态安全与大学生政治价值观紧密联系，相互作用。意识形态安全状况是制约政治价值观形成和发展的重要因素，大学生的政治认知、政治认同、政治立场等对国家政治稳定与发展有着重大且深远的影响。

4. 我国当代大学生政治价值观现状总体尚好，但不容乐观。

如政治知识水平参差不齐，政治认识不够深刻等；大学生政治价值观教育作为一项关系到意识形态安全的重要教育内容，还没有得到应有的重视，教育的内容、方式与具体实施等方面也存在一系列的问题。

5. 西方政治思潮和我国传统政治思想是影响我国当代大学生政治价值观的两个重要因素。新自由主义、第三条道路等西方政治思潮一方面在自由、平等、民主等方面对大学生政治价值观的形成与发展有一定积极促进作用，另一方面其资本主义意识形态的本质又决定其对我国大学生的政治信仰、政治认同等方面有很大的负面影响。同时，当代大学生政治价值观还受到我国传统政治思想的积极与消极影响。

6. 开展大学生政治价值观教育需要充分尊重大学生政治价值观的形成规律和接受机制。具体地说，就是要尊重大学生政治价值观形成的教育、环境、个人三维规律和渐进性规律，切实把握大学生政治价值观接受过程的动力机制、加工机制和调节机制等个体接受机制。

7. 大学生政治价值观教育需要站在意识形态安全的高度与视角下进行系统规划、设计与实施。本文主要在青年思想心理、价值观念形成和发展规律的基础上，从认知层面、情感层面、意志层面和行为层面四个维度构建了包括政治理论基础知识教育、国家安全意识教育、政治认同教育、政治宽容教育、政治立场教育、政治关注教育、政治参与教育等“七项教育”在内的大学生政治价值观教育内容体系，以政治理论灌输法、政治思想谈心法、政治文化熏染法、政治榜样激励法、政治心理调试法、政治现象比较法、政治素养提升法、政治行为规范法和政治生活体验法等九个具体方法为核心的大学生政治价值观教育方法论体系，以基本载体、一般载体、特殊载体和复合载体为主体的大学生政治价值观教育载体体系，以及政治价值观教育的管理机制与队伍建设模式等。

本文试图对意识形态安全视角下的大学生政治价值观教育进行

比较系统的研究，并力求提出一些个人的见解，对相关问题的研究作出一些贡献。在研究的过程中也存在一些不足之处，主要是理论无法趋于完善。大学生政治价值观的理论研究在我国刚刚起步，从意识形态安全的角度构建大学生政治价值观理论体系尚属空白，有待于进一步研究和完善；实践探索有待于进一步验证。已建立的教育模型还没有经过完整的实践验证，还存在一定的局限性，未来我们将在进一步的实践探索中不断修正和完善。

参 考 文 献

[1]陈先达.马克思主义哲学原理[M].北京:中国人民大学出版社,2002:185.

[2]陈先达.马克思主义哲学原理[M].北京:中国人民大学出版社,2002:185.

[3]马克思,恩格斯.马克思恩格斯选集:第4卷[M].北京:人民出版社,1995:253.

[4]张光博.坚持马克思主义国家观[M].长春:吉林人民出版社,2007:19.

[5]马克思,恩格斯.马克思恩格斯选集:第4卷[M].北京:人民出版社,1995:174.

[6]马克思,恩格斯.马克思恩格斯选集:第1卷[M].北京:人民出版社,1995:284.

[7]马克思,恩格斯.马克思恩格斯选集:第1卷[M].北京:人民出版社,1995:278.

[8]许开轶,周婕.世纪之初的中国国家政治安全问题[J].中南民族大学学报(人文社会科学版),2005(07).

[9]马克思,恩格斯.马克思恩格斯选集:第1卷[M].北京:人民出版社,1995:252.

[10]郑永廷等.社会主义意识形态发展研究[M].北京:人民出版社,2002:22.

[11]陈秉公.思想政治教育学原理[M].沈阳:辽宁人民出版社,2001:54.

[12]姚大志. 现代意识形态理论[M]. 哈尔滨:黑龙江人民出版社,1993:291—294.

[13]梁树发. 意识形态"多元论"与坚持马克思主义[J]. 理论探讨,2002(02).

[14]邱柏生. 论意识形态功能及其与思想政治教育价值的关系[J]. 理论前沿,2007(10).

[15]邱柏生. 论意识形态功能及其与思想政治教育价值的关系[J]. 理论前沿,2007(10).

[16]王国敏,李玉峰. 挑战与回应:坚守马克思主义在意识形态领域的主流地位[J]. 马克思主义研究,2007:11.

[17]马克思,恩格斯. 马克思恩格斯选集:第1卷[M]. 北京:人民出版社,1995:60.

[18]马克思,恩格斯. 马克思恩格斯选集:第1卷[M]. 北京:人民出版社,1995:243.

[19]马克思,恩格斯. 马克思恩格斯全集:第16卷[M]. 北京:人民出版社,1964:217.

[20]毛泽东. 毛泽东选集:第5卷[M]. 青年团的工作要照顾青年的特点,1953:65.

[21]马克思,恩格斯. 马克思恩格斯全集:第26卷,第1分册[M]. 北京:人民出版社,1964:444.

[22]马克思,恩格斯. 马克思恩格斯选集:第3卷[M]. 北京:人民出版社,1995:575.

[23]邓小平. 邓小平文选:第2卷[M]. 北京:人民出版社,1993:40.

[24]邓小平文选:第3卷[M]. 北京:人民出版社,1993:377.

[25]李辉,许文贤. 中国化马克思主义[M]. 北京:人民出版社,2005:232.

[26]李刚. 美国中情局对华的十条诫令[J]. 党政论坛,2001(9).

[27]约翰·B.汤普森.意识形态与现代文化[M].南京:译林出版社,2005:31.

[28]仲崇东.经济全球化与我国的意识形态安全[D].中共中央党校,2003.

[29]葛娅娜.互联网络的发展与我国的意识形态安全[D].青岛大学硕士学位论文,2005:

[30]刘祎.意识形态安全:政治安全的灵魂[J].新乡师范高等专科学校学报,2006(03).

[31]罗云等.安全文化百问百答[M].北京:北京理工大学出版社,1995:8.

[32]楚树龙.国际关系基本理论[M].北京:清华大学出版社,2003:290.

[33]刘祎.意识形态安全:政治安全的灵魂[J].新乡师范高等专科学校学报,2006(03).

[34]黄建明,杜阿奇.积极构建我国意识形态安全体系[J].湖北行政学院学报,2005(04).

[35]戚水贞.加入WTO与我国的意识形态安全[J].世纪桥,2003(02).

[36]马振超.转型期的意识形态安全与政治稳定[J].公安大学学报,2001(03).

[37]何林.论全球化背景下我国社会主义意识形态安全[J].玉林师范学院学报(哲学社会科学),2007(01).

[38]杨化.论我国的意识形态安全.西南政法大学硕士学位论文[D],2007.

[39]王水雄.论制度变迁中的意识形态安全[J].江海学刊,2007:126.

[40]张骥,张爱丽.论社会主义核心价值体系与我国意识形态安全[J].社会主义研究,2007(6):53.

[41]夏保成. 国家安全论[M]. 长春:长春出版社,1999.

[42]石中英. 论国家文化安全[J]. 北京师范大学学报(社会科学版),2004(03).

[43]秀正矩,王瑾. 国家至要[M]. 重庆:重庆出版社,2006.

[44]金钿. 国家安全论[M]. 北京:中国友谊出版社,2002.

[45]倪健民. 国家安全[M]. 北京:中国国际广播出版社,1997.

[46]马维野. 全球化时代的国家安全[M]. 武汉:湖北教育出版社,2003:10.

[47]陆忠伟. 非传统国家安全论[M]. 北京:时事出版社,2003.

[48]夏保成. 国家安全论[M]. 长春:长春出版社,1999.

[49]何林. 论全球化背景下我国社会主义意识形态安全[J]. 玉林师范学院学报(哲学社会科学),2007(01).

[50]秀正矩,王瑾. 国家至要[M]. 重庆:重庆出版社,2006.

[51]戚水贞. 加入 WTO 与我国的意识形态安全[J]. 世纪桥,2003(02).

[52]葛娅娜. 互联网络的发展与我国的意识形态安全[D]. 青岛大学硕士学位论文,2005.

[53]戴焰军. 党的执政能力建设与意识形态工作[M]. 北京:党建读物出版社,2005.

[54]朱虹. 意识形态与政治息息相关[J]. 新华文摘,1991(05).

[55]马敏. 政治象征:作为意义和价值阐释的功分析. 辽东学院学报. 2006(03).

[56]Denzau, Arthur T., North, Douglass C.. *Shared Mental Model: Ideologies and Institutions*. Kyklos,1994:47(01):4.

[57]张耀灿等. 现代思想政治教育学[M]. 北京:人民教育出版社,2001.

[58]马克思,恩格斯. 马克思恩格斯选集:第 1 卷[M]. 北京:人民出版社,1995:98.

[59]李辽宁. 当代中国思想政治教育意识形态功能研究[M]. 武汉:武汉大学出版社,2006:11.

[60]马克思,恩格斯. 马克思恩格斯全集:第3卷[M]. 北京:人民教育出版社,1964:43.

[61]马克思,恩格斯. 马克思恩格斯全集:第3卷[M]. 北京:人民教育出版社,1964:52.

[62]马克思. 政治经济学批判:序言. //马克思,恩格斯. 马克思恩格斯选集:第2卷[M]. 北京:人民教育出社,1995:82—83.

[63](美)莱斯利·辛克莱. 相互竞争之中的多种全球化概念. 梁展编选. 全球化话语. 上海:三联书店,2002:46—47.

[64]王玉恒. 全球化与价值冲突的讨论综述[J]. 学术界,2000(03).

[65]马克思,恩格斯. 马克思恩格斯选集:第1卷. 北京:人民出版社,1995.

[66]王永贵. 经济全球化与社会主义意识形态建设研究[M]. 北京:人民出版社,2005.

[67](美)汤因比. 历史研究(上)[M]. 曹末风等译. 上海:上海人民出版社,1959:45.

[68]仲崇东. 意识形态与文化建设[J]. 天府新论,2003(01).

[69]王元骧. 文化与意识形态刍议[J]. 高校理论战线,1997(07).

[70]王强. 文化与意识形态的非对称性[J]. 学习与探索,1997(04).

[71](英)汤林森:文化帝国主义[M]. 上海:上海人民出版社,1999.

[72]邹广文. 常晋芳. 当代大众文化的本质特征[J]. 学海,2001(05):68.

[73]John Fiske. *Understanding Popular Culture*[M]. NewYork:UnwinHyman,1989.

[74]许文郁.大众文化批评[M].北京:首都师范大学出版社,2002:46.

[75]朱首献,叶晓艳.当代大众文化的人文批判[J].河南师范大学学报,1999(03).

[76]曾志平.论军事权[D],中国政法大学硕士论文,2006.

[77]马克思,恩格斯.马克思恩格斯选集:第4卷[M].北京:人民出版社,1995:161.

[78]K.F.克劳塞维茨战争论:第1卷[M].

[79]马克思,恩格斯.马克思恩格斯选集:第1卷[M].北京:人民出版社,1995:26.

[80]列宁.列宁全集:第8卷[M].北京:人民出版社,1985:531.

[81]温金权.心理战概论[M].北京:解放军出版社,1990:279.

[82](法)阿尔都塞:保卫马克思[M].北京:商务印书馆,1984.

[83]俞吾金.意识形态论[M].上海:上海人民出版社,1993.

[84]王庆生.论意识形态的科学性和科学化的意识形态[J].青海师专学报,2002(06):14—17.

[85]Jurgen Habermas. *Toward a Rational Society*.

[86]李德顺.价值新论[M].中国青年出版社,1993:34.

[87]马克思,恩格斯.马克思恩格斯全集:第19卷[M].北京:人民出版社,1963:406.

[88]陈振明.政治学概念.理论和方法[M].北京:中国社会科学出版社.

[89]"10年来中国青年价值取向演变"课题组.社会变革中的中国青年价值取向[J].青年研究,1990(11).

[90]陈晓阳.对大学生政治价值观的思考[J].山东医科大学学报(社会科学版),1995(01).

[91]楼益松,龚惠香,徐赢.研究生政治价值观现状剖析[J].中国高教研究,2001(09).

[92]陈晓阳. 对大学生政治价值观的思考[J]. 山东医科大学学报(社会科学版),1995(01).

[93]施雪华:政治科学原理[M]. 中山大学出版社,2001:580.

[94]马克思,恩格斯. 马克思恩格斯选集:第 1 卷[M]. 北京:人民出版社,1995:123.

[95]马克思,恩格斯. 马克思恩格斯选集:第 3 卷[M]. 北京:人民出版社,1995:125.

[96]俞吾金. 意识形态论[M]. 上海:上海人民出版社,1993.

[97]马克思,恩格斯. 马克思恩格斯选集:第 1 卷[M]. 北京:人民出版社,1995.

[98]汤家玉. 论意识形态与国防[D]. 国防大学博士论文,2004.

[99]桑玉成,商红日. 政治价值. 意识形态和政治信仰:关于当代中国政治哲学基本问题的断想[J]. 江苏行政学院学报,2002(04).

[100]毛泽东. 毛泽东选集:第 2 卷[M]. 北京:人民出版社,1991:687.

[101]宋惠昌. 当代意识形态研究. [M]. 北京:中共中央党校出版社,1993.

[102]哈贝马斯. 交往与社会进化[M]. 重庆:重庆出版社,1989:188—189.

[103]郭晓东. 重塑价值之维:西方政治合法性理论研究[D]. 吉林大学博士学位论文,2004(04).

[104]虞新胜. 政治价值与政治活动的追求:探析政治概念的二元结构[J]. 西南大学学报(社会科学版),2008(01).

[105]桑玉成,商红日. 政治价值. 意识形态和政治信仰:关于当代中国政治哲学基本问题的断想[J]. 江苏行政学院学报,2002(04).

[106]桑玉成,商红日,政治价值. 意识形态和政治信仰:关于当代中国政治哲学基本问题的断想[J]. 江苏行政学院学报,2002(04).

[107]亚里士多德. 政治学[M]. 北京:商务印书社,1959.

[108]虞新胜.政治价值与政治活动的追求:探析政治概念的二元结构[J],西南大学学报(社会科学版),2008(01).

[109]杰克·普拉诺等.政治学分辞典[Z].北京:中国社会科学出版社,1986.

[110]朱士群.政治存在.政治价值和政治话语[J].学术界,2000(03).

[111]陈振明.政治学:概念.理论和方法[M].中国社会科学出版社,2007.

[112]马克思,恩格斯.马克思恩格斯全集:第2卷[M].北京:人民出版社,1964:112.

[113]孙国华.法学基础理论[M].北京:中国人民大学出版社,1987:281.

[114]辞海[M].上海:上海辞书出版社.1999:301.

[115]李水海.世界伦理道德辞典[M].西安:陕西人民出版社.1990:858.

[116]于本源.中国伦理学百科全书·宗教伦理学卷[M].长春:吉林人民出版社,1993:13.

[117]罗国杰.中国伦理学百科全书·伦理学原理卷[M].长春:吉林人民出版社,1993:285.

[118]哈贝马斯.公共领域的结构转型[M].曹卫东译.上海:上海学林出版社,1999:76.

[119]恩格斯.家庭、私有制和国家的起源.马克思恩格斯选集:第4卷[M].北京:人民出版社,1995:167.

[120]宋静.大学生政治价值观教育内容分析[J].思想政治工作研究,2006(03).

[121]孙召路.邓小平的青年政治价值观及其时代意义[J].连云港师范高等专科学校学报,2003(02).

[122]孙召路.邓小平的青年政治价值观及其时代意义[J].连云

港师范高等专科学校学报,2003(02).

[123]洪雁,论当代大学生政治价值观教育[J].思想政治工作研究.理论月刊,2004(11).

[124]王天哲,赵绥生.当代大学生政治伦理与政治价值观调查[J].九江职业技术学院学报,2007.

[125]张新福.青年大学生政治价值观研究[J].西华师范大学学报(哲学社会科学版),2005(02).

[126]黄希庭,张进辅,李红,等.当代中国青年价值观与教育[M].成都:四川教育出版社,1994:101—141.

[127]陈晓阳.对大学生政治价值观的思考[J].山东医科大学学报(社会科学版),1995(01).

[128]秦位强.大学生政治价值观现状调查及对策思考[J].重庆工学院学报,2005(12).

[129]张国华.当代大学生价值观的时代特征[J].江苏高教,2008(01).

[130]郑志谦.当代大学生政治价值观问题研究[J].集美大学学报(哲学社会科学版),2007(03).

[131]黄希庭,张进辅,李红,等.当代中国青年价值观与教育[M].成都:四川教育出版社,1994.

[132]孟东方.当代研究生政治价值观的调查研究[J].当代青年研究,1996(06).

[133]陈晓阳.对大学生政治价值观的思考[J].山东医科大学学报(社会科学版)[J].1995.

[134]谢忠保.研究生政治价值观实证分析[M].北京青年政治学院学报,1999.

[135]夏凌翔.论中国人的政治价值观[J].内蒙古农业大学学报(社会科学报),2003(03).

[136]陈国祥.对当代大学生政治观的调研与思考[J].中国高教研究,1998(06).

[137]秦位强. 大学生政治价值观现状调查及对策思考[J]. 重庆工学院学报,2005(12).

[138]张树平. 理性政治知识与中国古代政治的现代化及其限度. 人文杂志,2007(02).

[139]彭忠益,肖昭理. 论政治知识与政治责任的关系[J]. 湖南第一师范学报,2002(01).

[140]彭忠益,肖昭理. 论政治知识与政治责任的关系[J]. 湖南第一师范学报,2002(01).

[141]杨祖恩. 论中国共产党坚定的政治立场[J]. 求实,2004(06).

[142]马清江. 马克思主义最鲜明的政治立场[J]. 人民日报,2003-09-25.

[143]唐勇. 江泽民关于讲政治思想研究[D]. 西南大学,2007(05).

[144]张传华. 新形势下的政治立场分析[J]. 山东社会科学,1997(06).

[145]中国大百科全书:政治学[M]. 北京:中国大百科全书出版社,1992:501.

[146]张爱芳. 当代大学生的政治认同分析[J]. 高等农业教育,2005(08).

[147](美)罗伯特 E. 道森. 政治系统与政治社会[J]. 永清译. 国外社会科学情况,1988(03).

[148]方旭光. 政治认同的基础理论研究[J]. 复旦大学,2006(04).

[149]杨明伟. 政治宽容:政治文明的内在特点[J]. 广西社会科学,2007(12).

[150]杨明伟. 政治宽容:政治文明的内在特点[J]. 广西社会科学,2007(12).

[151]俞睿.政治宽容与和谐社会的和谐政治[J].天府新论,2007(04).

[152]王浩斌,王飞南.政治宽容与社会主义和谐社会的文化政治[J].山西师大学报,2007(03).

[153]宋衍涛,陈明磊.政治宽容与政治冲突的互动关系研究[J].燕山大学学报(哲学社会科学),2004(11).

[154]杨明伟.政治宽容:政治文明的内在特点[J].广西社会科学,2007(12).

[155]王浩斌,王飞南.政治宽容与社会主义和谐社会的文化政治[J].山西师大学报,2007(03).

[156]罗志.探讨当代大学生政治参与意识和参与能力[J].高教探索,2003(02).

[157]李清清.中国政治文化视野下公民的政治参与意识[J].沧桑,2006(04).

[158]孙勇,刘庆丰.扩大学生有序参与,反映学生利益诉求[J].安徽农业大学学报,2008(01).

[159]王浦劬.政治学基础[M].北京:北京大学出版社,1995:207.

[160]刘彤,柏维春.论政治文化的内涵和结构:兼义我国政治文化的研究取向[J].

[161]马克思,恩格斯.马克思恩格斯全集:第1卷[M].北京:人民出版社,1972:291.

[162]马克思,恩格斯.马克思恩格斯选集:第3卷[M].北京:人民出版社,1960:544.

[163]郑志谦.当代大学生政治价值观问题研究[J].集美大学学报(哲学社会科学版),2007(03).

[164]陈晓阳.对大学生政治价值观的思考[J].山东医科大学学报(社会科学版),1995(01).

[165]彭忠益,肖昭理.论政治知识与政治责任的关系[J].湖南第一师范学报,2002(01).

[166]安东尼,奥罗姆.政治社会学[M].上海:上海人民出版社,1989:317.

[167](美)加布里埃尔 A.阿尔蒙德,西德尼·维巴.公民文化:五国的政治态度和民主.马殿君等译.杭州:浙江人民出版社,1989:117.

[168]师康建.简论大学生政治社会化的意义和内容[J].云南师范大学学报,1999(04).

[169]师康建.简论大学生政治社会化的意义和内容[J].云南师范大学学报,1999(04).

[170]李海林,鹿军.当代大学生政治社会化重要意义探析[J].胜利油田职工大学学报,2007(06).

[171]潘吉平.大学生政治社会化的内容与倾向研究[J].2006(02).

[172]彭忠益,肖昭理.论政治知识与政治责任的关系[J].湖南第一师范学报,2002(01).

[173]张传华,新形势下的政治立场分析[J].山东社会科学,1997(06).

[174]江泽民.在中央纪委第三次全体会议上的讲话[N].人民日报,1994-03-06.

[175]张传华.新形势下的政治立场分析[J].山东社会科学,1997(06).

[176]韩晓峰.大学生政治认同状态模型理论构建与实证研究[D].吉林大学,2006.

[177]韩晓峰.大学生政治认同状态模型理论构建与实证研究[D].吉林大学,2006.

[178]李帆.近代中国的民族认同和民族精神的弘扬[J].史学集

刊,2008(01).

[179]于静.试论大学生民族精神的培育与弘扬[J].南昌航空工业学院学报,2006(01).

[180]郭艳.全球化时代的后发展国家:国家认同遭遇"去中心化"[J].世纪经济与政治,2004(09).

[181]韩晓峰.大学生政治认同状态模型理论构建与实证研究[D].吉林大学,2006.

[182]韩晓峰.大学生政治认同状态模型理论构建与实证研究[D].吉林大学,2006.

[183]刘娜.从民族认同到国家认同[D].中国民族大学,2007.

[184]郭艳.全球化时代的后发展国家:国家认同遭遇"去中心化"[J].世纪经济与政治,2004(09).

[185] Angus Campbell. *The American Voter M*. New York: John Willey &Sons,1960:121.

[186]侯外庐.中国大百科全书·政治学[M].北京:中国大百科全书出版社,1992:501.

[187]李素华.对认同概念的理论述评[J].兰州学刊,2005,145(4):201—203.

[188]柴宝勇.政党认同在西方:综述与评价[J].浙江工商大学学报,2007(05).

[189]柴宝勇.政党认同在西方:综述与评价[J].浙江工商大学学报,2007(05).

[190]韩晓峰.大学生政治认同状态模型理论构建与实证研究[D].吉林大学,2006.

[191]邹雯娟.论党的执政能力和政治价值观建设[J].徐州师范大学学报(30)2004,11(06).

[192]郑传坤.政治学基本理论研究[M].成都:四川人民出版社,1999:345.

[193]罗建平.论邓小平的政治宽容思想[J].厦门理工学院学报,2007:12.

[194]俞睿.政治宽容与和谐社会的和谐政治[J].天府新论,2007(04).

[195]梁莹.现代政治知识成长中的"信任"因素研究:实证层面的解析[J].人文杂志,2007(06).

[196]张新福.青年大学生政治价值观研究[J].西华师范大学学报(哲学社会科学版),2005(02).

[197]刘振勇.论公民有序政治参与与和谐社会的构建[J].山西师范大学学报,2006.

[198]孙建军.政治参与:和谐社会的基石[J].行政与法,2005(06).

[199](美)亨廷顿.变革社会的政治秩序[M].北京:华夏出版社,1998:56.

[200]蔡娟.公民有序政治参与与和谐社会的构建[J].马克思主义与现实,2008(01).

[201](法)孟德斯鸠.论法的精神.北京:商务印书馆,1987:64.

[202]墨子·尚贤(上)[M].上海:古籍出版社,1996:16.

[203]蔡娟.公民有序政治参与与和谐社会的构建[J].马克思主义与现实,2008(01).

[204](美)塞缪尔·P.亨廷顿.变化社会中的政治秩序[M].王冠华,刘为,等译.北京:三联书店,1989:141.

[205]石海兵.对建国后青年价值观教育的理性审视[J].徐州师范大学学报,2005(07).

[206]石海兵.对建国后青年价值观教育的理性审视[J].徐州师范大学学报,2005(07).

[207]荆学民.社会转型与信仰重建[M].太原:山西教育出版社.

[208]张好收. 对大学生政治信仰演变的思考[J]. 平原大学学报,2002(10).

[209]姚本先. 新时期大学生价值观演变的轨迹、特点及原因[J]. 高等教育研究,2007(08).

[210]姚本先. 新时期大学生价值观演变的轨迹、特点及原因[J]. 高等教育研究,2007(08).

[211]辛淑英. 对大学生价值观演变的思考[J]. 思想政治教育研究,2002(01).

[212]姚本先. 新时期大学生价值观演变的轨迹、特点及原因[J]. 高等教育研究,2007(08).

[213]姚本先. 新时期大学生价值观演变的轨迹、特点及原因[J]. 高等教育研究,2007(08).

[214]张敬慈. 浅议改革开放过程中大学生的思想变化及对策[J]. 西南民族学院学报,2002(05).

[215]中共贵州民族学院委员会宣传部. 从非典谈大学生国家安全教育[EB/OL]. http://www.xauat.edu.cn.

[216]刘庆龙,张明武. 思想政治上的偏离与期望:首都大学生政治观的纵向研究报告[J]. 当代青年学研究,2001(05):14.

[217]刘强. 吉林省高校大学生思想热点分析与预测[J]. 青年学研究,2003(11):31.

[218]朱立新. 对当前大学生政治价值观的调查分析与思考[J]. 黑龙江高教研究,2004(10).

[219]黄希庭,郑涌. 当代中国青年价值观研究[J]. 北京:人民教育出版社,2003:90.

[220]刘昌雄. 发展中国家政治参与的障碍因素及其祛除[J]. 探索,1999(04).

[221]孙婷,刘细良,(SIT)小组. 大学生政治参与问题的调查研究:以长沙市岳麓区三所高校为例[J]. 金融经济,2008(2). 系湖南大学 SIT 项目(062709)阶段性成果.

[222]杨光斌.政治学导论[M].北京:中国人民大学出版社,2007:301.

[223]59.7%的大学生参加校内社团.新华网[EB/OL].http://news.xinhuanet.com/newscenter/2005—05/02/content_2906286.htm.

[224]萧功秦.世纪之交中国各阶层政治态势与前景展望[M].中国选举与治理.http://www.chinaelections.org/NewsInfo.asp·NewsID=79157.

[225]徐英善,改革开放二十年大学生政治思想变化特点浅析[J].青年探索,1994(04).

[226]祖嘉合.思想政治教育方法教程[M].北京:北京大学出版社,2003:118.

[227]唐昆雄,赵春风.当代大学生政治价值观及其教育探析:贵州大学生政治价值观的调查、分析与教育对策[J].湖北社会科学,2007(11).

[228]爱弥尔·涂尔干.实用主义与社会学[M].渠东译.上海:上海人民出版社,2000.

[229]徐大同.20世纪西方政治思潮[M].北京:高等教育出版社,2006:45.

[230]毛泽东.毛泽东选集:第2卷.北京:人民出版社,1991:694.

[231]加强意识形态工作大参考[M].北京:红旗出版社,2005:189.

[232]俞可平.当代西方政治思潮概述[J].教学与研究,2004(6).

[233]桑玉成.政治价值观与政治生活的改善[J].解放日报,2005-11-13:8.

[234]王永贵.经济全球化与社会主义意识形态研究[M].北京:人民出版社,2005:103.

[235]刘书林.民主社会主义思潮.北京:高等教育出版社,2004.

[236]埃克·考普夫.欧洲社会主义失败的教训[J].国外理论动态,2002(9):27.

[237]人民日报,2006-12-22(09).

[238]俞可平.当代西方政治思潮概述[J].教学与研究,2004(6).

[239]王永贵.经济全球化与社会主义意识形态研究[M].北京:人民出版,2005:123.

[240](英)弗奥哈耶克.通过奴役之路.王明毅等译.北京:中国社会科学出版社,1997:101.

[241]俞可平.当代西方政治思潮概述[J].教学与研究,2004(06).

[242]段忠桥.当代国外社会思潮[M].北京:中国人民大学出版社,2004:280.

[243](法)丹尼尔·本沙德.新的中派和第三条道路[J].外交世纪,1998(12).

[244](英)帕特里克·哈林顿.第三条道路:答布莱尔.//杨雪冬主编.“第三条道路”与新的理论[J].

[245]王永贵.经济全球化与社会主义意识形态研究[M].北京:人民出版社,2005:103.

[246]俞可平.当代西方政治思潮概述[J].教学与研,2004(06).

[247]马克思,恩格斯.马克思恩格斯全集:第3卷[M].北京.人民出版社,1964:54.

[248]范林娅.从战略高度看中国加入WTO.科学与决策[J].2003(01).

[249]布热斯基.大失败与大混乱[M].北京:中国社会科学出版社,1995:39.

[250]何秉孟.自由主义评析[M].北京:科学文献出版社,2004:163—164.

[251](美)威廉·奥弗霍尔特.中国的崛起[M].北京:中央编译出版社,1996:75.

[252]刘书林.民主社会主义思潮[M].北京:高等教育出版社,2004:156—157.

[253]萧功秦.与政治浪漫主义告别[M].武汉:湖北教育出版社,2001:163—164.

[254]邓小平.邓小平文选:第3卷.北京:人民出版社,1993:311.

[255]刘超武.后现代思潮对当代大学生价值观的冲击[D].南京大学硕士论文,2004.

[256]李透忠.传统文化与当代大学生思想教育.湖南大学学报,1995(02).

[257]杨幼炯.中国政治思想史[M].北京:商务印书馆,1937.

[258]曹德本.中国政治思想史[M].北京:高等教育出版,2004.

[259]刘泽华.中国传统政治思想文化[M].北京:三联书店,1987:221.

[260]曹德本.中国政治思想史[M].北京:高等教育出版,2004.

[261]曹德本.中国政治思想史[M].北京:高等教育出版,2004.

[262]曹德本.中国政治思想史[M].北京:高等教育出版,2004.

[263]曹德本.中国政治思想史[M].北京:高等教育出版,2004.

[264]杨幼炯.中国政治思想史商务印书馆[M].北京:商务印书馆,1937:310.

[265]徐远和.儒学与东方文化[M].北京:人民出版社,1994:153—154.

[266]程潮,钱耕森.儒家"内圣外王"及其现代价值[J].学术月刊,1998(08).

[267]黄东成.审视帝王崇拜[J].求是,2005(18).

[268]林松波.试论孔子的"大一统"思想[D].广州:华南师范大

学,2005.

[269]汪高鑫.试论董仲舒的大一统政治观.辽宁教育学院学报,1997(06).

[270]范文澜.中国通史简编(修汀本).北京:人民出版社,1958:65.

[271]杨伯峻.论语译注[M].北京:中华书局,1980:64.

[272](影印)文渊阁四库全书·经部(一一〇)·礼类·礼记注疏[M].台北:台湾商务印书馆发行,1987:352.

[273](宋)朱熹.四书章句集注·中庸章句[M].北京:中华书局,1983:17.

[274]田文军.道德的中庸和伦理的中庸[J].周易研究中心,2001:63.

[275]刘光育.《中庸》思想研究[D].河北大学.

[276]列宁.列宁全集:第55卷[M].北京:人民出版社,1990:127.

[277]列宁.列宁全集:第55卷[M].北京:人民出版社,1990:128.

[278]张耀灿,郑永廷等.现代思想政治教育学[M].北京:人民出版社,2001:73.

[279]张世欣.思想教育规律论[M].上海:三联书店,2008:123.

[280]张庆林.改革中人们政治观念的调查分析.//张大均,张庆林.改革的社会心理研究[M].成都:四川大学出版社,1991.

[281]黄希庭,郑涌等.当代中国青年价值观研究[M].北京:人民教育出版社,2005:85—86.

[282]勒温.拓扑心理学原理[M].高觉敷译.北京:商务印书馆,2003.

[283]郭连太.论大学生价值观形成和发展的条件.天津纺织工学院学报,1997(03).

[284]柳海民.教育原理[M].长春:东北师范大学出版社,2000:232.

[285]吴忠海.略论青年政治观的形成与教育[J].思想理论教育导刊,2005(10).

[286]马克思,恩格斯.马克思恩格斯选集:第1卷[M].北京:人民出版社,1995:17—124.

[287]马克思,恩格斯.马克思恩格斯选集:第1卷.[M].北京:人民出版社,1995:52.

[288]马克思.政治经济学批判·序言[M].//马克思,恩格斯.马克思恩格斯选集:第2卷,1995:82.

[289]马克思,恩格斯.马克思恩格斯全集:第42卷[M],北京:人民出版社,1964:125.

[290]孙正聿.哲学通论[M].沈阳:辽宁人民出版社,1998:191.

[291]刘永芳.价值观形成与发展的条件、过程、规律初探[J].山东师大学报(社会科学版),1998(01).

[292]马克思,恩格斯.马克思恩格斯选集:第1卷[M].北京:人民出版社,1995:17—124.

[293]黑格尔.美学:第1卷[M].北京:商务印书馆,1979:39.

[294]刘永芳.价值观形成与发展的条件、过程、规律初探[J].山东师大学报(社会科学版),1998(01).

[295]仓道来,徐闻.中西方青年价值观的冲撞与交融[M].石家庄:河北人民出版社,2001.

[296]杨德广,晏开利.中国当代大学生价值观研究[M].上海:上海教育出版社,1998:50—54.

[297]张进辅.论青年价值观的形成与引导[J].西南大学学报(社会科学版),2007(05).

[298]李元青,李斌雄.科技发展与青少年政治观的形成过程[J].青年研究,2000(01).

[299]L. Kohlberg. *The Philosophy of Moral Education*[M]. San Francisca: Harper Row,1984:136.

[300]王玄武. 政治观教育通论[M]. 北京:人民出版社,1999:185.

[301]林崇德. 发展心理学[M]. 北京:人民教育出版社,1999:381.

[302]马克思,恩格斯. 马克思恩格斯全集:第20卷[M]. 北京:人民出版社,1964:40.

[303](德)姚斯. 接受美学和接受理论[M]. 沈阳:辽宁人民出版社,1987:24.

[304]刘先义. 论德育接受机制[J]. 教育研究,1991(11).

[305]刘先义. 接受理论:教育研究的新领域[J]. 教育理论与实践,1998(2):6.

[306]邱柏生. 思想政治教育接受学[M]. 太原:山西人民出版社,1992.

[307]张耀灿. 郑永廷:现代思想政治教育学[M]. 北京:人民出版社,2001:135.

[308]陈秉公. 21世纪思想政治教育工作创新理论体系[M]. 长春:吉林教育出版社,2000:245.

[309]王海平. 军队思想政治教育接受论[M]. 北京:军事科学出版社,2002:48—80.

[310]潘玉腾. 现代思想道德教育论[M]. 福州:海风出版社,2003:26.

[311]王敏. 思想政治教育接受论[M]. 武汉:湖北人民出版社,2002:131—168.

[312]路杨. 论思想政治教育的接受机制[J]. 江汉论坛,2004:38—40.

[313]黄世虎. 论思想政治教育的接受机制[J]. 求实,2001(05).

[314]陈秉公. 21 世纪思想政治教育工作创新理论体系. 长春：吉林教育出版社,2000:211—215.

[315]王敏. 思想政治教育接受论[M]. 武汉：湖北人民出版社,2002:168—170.

[316]张世欣. 思想政治教育接受规律论. 北京：三联书店,2005:88.

[317]黄世虎. 论思想政治教育的接受机制[J]. 求实,2001(05).

[318]刘东建. 思想政治教育中的灌输与接受[D]. 郑州大学硕士学位论文,2002.

[319]林楠. 大学生道德教育接受心理研究：兼论大学生情感性道德教育模式[D]. 福建师范大学硕士学位论文,2003.

[320]朱智贤. 心理学大词典[M]. 北京：北京师范大学出版社,1989:35.

[321]黄希庭. 简明心理学辞典[M]. 合肥：安徽人民出版社,2004:89.

[322]刘东建,思想政治教育中的灌输与接受[D]. 郑州大学硕士学位论文:2002.

[323]马克思,恩格斯. 马克思恩格斯全集：第 2 卷,北京：人民出版社,1964:153.

[324]黄希庭,当代中国青年价值观与教育. 成都：四川教育出版社,1994:25.

[325]苗慧兰. 青少年需要是值得重视的课题[J]. 齐齐哈尔师范学院学报,1982(02).

[326]中国心理学会主编. 全国第五届心理学会学术会议论文摘选集,1984.

[327]黄希庭. 徐凤姝主编. 大学生心理学. 上海：上海人民出版社,1988:131－181.

[328]李淑梅. 人的需要结构及其历史发展[J],教学与研究,

1999(08).

[329]徐永赞.思想政治教育接受过程研究[M],吉林大学博士学位论文,2006(12).

[330]马克思,恩格斯.马克思恩格斯全集:第3卷[M].北京:人民出版社,1964:33.

[331]毛泽东.毛泽东选集:第1卷.北京:人民出版社,1991:131—132.

[332]马克思,恩格斯.马克思恩格斯全集:第3卷[M].北京:人民出版社,1964:33.

[333]王敏.思想政治教育接受论.武汉:湖北人民出版社,2002:12,58.

[334]杨光斌.政治学原理[M].北京:中国人民大学出版社,1998:94.

[335]中共中央文献研究室.十五大以来重要文献汇编[C].北京:人民出版社,2001:879.

[336]苏崇德.比较思想政治教育学[M].北京:高等教育出版社,1995:24.

[337]王浦劬.政治学基础[M].北京:北京大学出版社,1995:355—400.

[338]胡卫东.思想政治教育接受理论研究[D].合肥工业大学硕士学位论文,2003(05).

[339]阴国恩等编著.普通心理学.上海:南开大学出版社,2000:285.

[340]杨广让.苏霍姆林斯基教育思想概述.湖南教育.

[341]中国大百科全书·心理学[Z].北京:中国大百科全书出版社,1991:257.

[342]转引自林之达.传播心理学新探[J].北京:北京大学出版社,2004:248.

[343]毛彦.思想政治教育中的情感作用[J].山东科技大学学报(社会科学版),2001(03).

[344]阴国恩等编著.普通心理学.上海:南开大学出版社,2000:315—325.

[345]李斌雄.我国社会主义核心价值体系教育的内容结构[J].思想理论教育(上半月),2007(1):27.

[346]王浦劬.政治学基础[M].北京:北京大学出版社,1995:16.

[347]王浦劬.政治学基础[M].北京:北京大学出版社,1995:18.

[348]丁士松.关于政治学基础理论课程教学改革的思考.武汉大学学报(人文社会科学版),2000(11).

[349]政治观教育通论[M].教育部社会科学研究与思想政治工作司.北京:高等教育出版社,1999:106.

[350]姜宪明.当代国际关系概论.南京:东南大学出版社,1998.

[351]姜宪明.当代国际关系概论.南京:东南大学出版社,1998.

[352]冯绍雷.国际关系新论.上海:社会科学院出版社,1994.

[353]尹淑燕.后冷战时代的中国政治安全[D].北京:中共中央党校研究生院,2004.

[354]姜宪明.当代国际关系概论.南京:东南大学出版社,1998:41.

[355]杨存社.警惕敌对势力意识形态渗透[N].解放军报,2000-09-06.

[356]徐大同.当代西方政治思潮.天津:人民出版社,2001.

[357]刘建军.当代中国政治思潮的兴起与变迁.复旦大学,2003(5).

[358]毕红梅.全球化视野中的思想政治教育.北京:中国社会科学出版社,2006:129.

[359]毕红梅.全球化视野中的思想政治教育.北京:中国社会科学出版社,2006:133.

[360]李东燕.试论联合国与国家主权关系的演变.世界经济与政治,2000(5).

[361]邢晓红.经济全球化对发展中国家国家主权的挑战.2006年南京师范大学(硕士论文).

[362]阮建平.全球化进程中的主权与人权.武汉大学学报,2003(01).

[363]邓小平.邓小平文选:3.

[364]阮建平.全球化进程中的主权与人权.武汉大学学报,2003(01).

[365]花建.软权力之争:全球化视野中的文化潮流[J].北京:高等教育出版社,2001:4.

[366]戴维·赫尔德.全球人变革:全球化时代的政治.经济与文化[M].杨雪东等译.北京:社会科学文献出版社,2001:456.

[367]美国中情局对华的十条诫令.党政论坛,2001(09).

[368]宋国涛.金歌.中国国际形势问题报告.北京:中国社会科学出版社,2002.

[369]毕红梅.全球化视野中的思想政治教育[M].北京:中国社会科学出版社,2006:192.

[370]江泽民论社会主义精神文明建设[M].北京:中央文献出版社,1999:141.

[371]邱伟光.理性审视大学生集体主义教育[J].思想理论教育,2006(07—08).

[372]袁伟菊,袁金祥.当前高校坚持与加强集体主义教育刍议[J].浙江科技学院学报,2004(12).

[373]王科.政治心理学[M].成都:四川人民出版社,1988.

[374]王严.当代青年学生群体政治心理的分析与引导[D].南京师范大学,2005.

[375]马克思,恩格斯.马克思恩格斯选集:第2卷[M].北京:人民出版社,1972:218.

[376]毛泽东.毛泽东文集:第8卷[M].北京:人民出版社,1999.

[377]荆惠民.思想政治工作概论[M].北京:中国人民大学出版社,2007:99.

[378]红旗大参考编写组.建设社会主义核心价值体系大参考[M].北京:红旗出版社,2007:73.

[379]郑永廷.思想政治教育方法论[M].北京:高等教育出版社,1999.

[380]郑永廷.思想政治教育方法论[M].北京:高等教育出版社,1999.

[381]毛泽东.毛泽东选集:第1卷.北京:人民出版社,1995:139.

[382]张澍军,张慧君.马克思主义哲学原理[M].北京:高等教育出版社,2003:69.

[383]列宁.列宁全集:第5卷[M].北京:人民出版社,1986:306.

[384]列宁.列宁选集:第1卷[M].北京:人民出版社,1995:317.

[385]陈秉公.思想政治教育学原理[M].沈阳:辽宁人民出版社,2001:54.

[386]汉典网站[EB/OL].http://www.zdic.net/zd/zi/ZdicE6Zdic9FZdic93.htm.

[387]郑永廷.思想政治教育方法论[M].北京:高等教育出版社,1999.

[388](美)A.班杜拉.思想和行为的社会基础:社会认知论·上册[M].林颖等译.上海:华东师范大学出版社,2001:63.

[389]刘秉华.榜样示范法在高校思想政治工作中的应用[J].山西高等学校社会科学学报,2001(05).

[390]郑永廷.思想政治教育方法论[M].北京:高等教育出版社,1999.

[391]郑永廷.思想政治教育方法论[M].北京:高等教育出版社,1987.

[392]禮传宝.德育原理[M].北京师范大学出版社,2006:229.

[393]陈万柏,张耀灿.思想政治教育学原理.北京:高等教育出版社,2007(07):224.

[394]王玄武.思想政治教育方法论[M].武汉:武汉大学出版社,1985:207.

[395]陈秉公.思想政治教育原理[M].沈阳:辽宁人民出版社,2001:204.

[396]张澍军等.高校学生思想政治教育载体研究[M].北京:北京出版社,1999:169.

[397]中共中央.国务院关于进一步加强和改进大学生思想政治教育的意见[N].北京:人民日报,2004-10-15(03).

[398]胡启立.中国信息化探索与实践[M].北京:电子工业出版社,2001.

[399]阿尔温·托夫勒,海蒂·托夫勒.创造个崭新的文明[M].陈峰译.北京:三联书店,1996.

[400]陈建华.体验式教育的心理学分析与实践探索[J].理工高教研究,2006(1—25).

[401]陈玉琨.教育评价学[M].北京:人民教育出版社,1999.